Charlotta – Gräfin von Potsdam

IGOR VON PERCHA

CHARLOTTA – Gräfin von Potsdam

Roman

Weltbild

Besuchen Sie uns im Internet:
www.weltbild.de

Genehmigte Lizenzausgabe für Verlagsgruppe Weltbild GmbH,
Steinerne Furt, 86167 Augsburg

Umschlaggestaltung: Studio Höpfner-Thoma, München
Umschlagmotive: AKG, Berlin
Gesamtherstellung: Oldenbourg Taschenbuch GmbH,
Hürderstraße 4, 85551 Kirchheim
ISBN 3-8289-7770-7

2008 2007 2006 2005
Die letzte Jahreszahl gibt die aktuelle Lizenzausgabe an.

1

Drei Männer spielten in Charlottas Leben eine wichtige Rolle: Dem ersten verfiel sie; er war ihre erste Liebe. Den zweiten verehrte sie; ihm galt ihre Achtung und Dankbarkeit. Und der dritte…

Zuweilen geschieht etwas Wundersames: Zwei Menschen stehen sich zum erstenmal gegenüber, und im gleichen Augenblick scheint sich ihr Leben zu verdichten wie die Strahlen der Sonne, die sich unter einer Linse zum Brennpunkt vereinen. Ihr Sein: das, was sie sind, das, was war und das, was ist, verknotet sich zu einem unentwirrbaren Geflecht, das nur brutale Gewalt lösen kann.

Dies ist die Geschichte zweier solcher Menschen. Sie begegneten einander, sie wußten, daß sie zueinander gehörten, aber sie gingen in die Irre, und es schien, als gäbe es keine Möglichkeit, den Abgrund zu überbrücken, der sie trennte.

Die Ursachen dessen, was heute geschieht, liegen stets in der Vergangenheit. Und so stoßen wir auf der Suche nach Mosaiksteinen, die uns Charlottas Leben, ihre Rolle in der Berliner Gesellschaft nach der Jahrhundertwende und ihre Beziehung zum Kaiserhof erklären, auf jenen Abend, als sie sich, damals noch ein Kind, in den Schloßpark von Sanssouci eingeschlichen hatte und sich plötzlich in eine verzauberte Märchenwelt versetzt sah…

Im Frühsommer 1895 beschloß Kaiser Wilhelm II., seinen Hofmaler Adolph von Menzel zu dessen 80. Geburtstag auf eine ganz besondere Art zu ehren. Menzel, einer der bedeutendsten deutschen Maler des neunzehnten Jahrhunderts, hatte unter anderem versucht, in seinen Gemälden, Holzschnitten und Lithographien die friderizianische Epoche möglichst lebensnah darzustellen. Besonders berühmt sind seine Bilder »Die Tafelrunde von Sanssouci«

und »Das Flötenkonzert Friedrichs des Großen«. Diese Gemälde inspirierten den Kaiser zu seinem Einfall.

Ein kleiner Kreis auserwählter Personen wurde aufgefordert, zum Geburtstagfest des greisen Malers in Rokoko-Kostümen zu erscheinen. Sanssouci, das Lieblingsschloß Friedrichs des Großen, wurde genauso hergerichtet, wie es zu seinen Lebzeiten gewesen war. Der Kaiser selbst gruppierte im Musikzimmer die Gäste genau nach dem Vorbild auf Menzels Gemälde. Dann wurde von einem Adjutanten »die kleine Exzellenz«, wie Menzel genannt wurde, abgeholt.

Verwundert passierte der alte Mann Posten und Lakaien in Uniformen einer längst vergangenen Zeit. Die »großen Kerls«, die Grenadiere, die er mit solcher Akribie gezeichnet hatte, erwiesen ihm Ehrenbezeigungen mit dem alten Präsentiergriff. In der Halle begrüßte ihn der Kaiser in der grünen, reichbestickten Uniform eines Generals des großen Königs, führte ihn in das Musikzimmer, wo er plötzlich sein zum Leben erwecktes Gemälde im Schein der Kerzen vor sich sah... Der zu Tränen gerührte Künstler wurde zum Ehrenplatz gebracht. Das Konzert konnte beginnen. Später soupierte man im Marmorsaal. Anschließend wurden die Türen geöffnet, und die Gäste traten hinaus in den milden Sommerabend.

Niemand bemerkte zwei Zaungäste, die hinter einem blühenden Jasmin versteckt das Fest beobachten: Charlotta und Gustaf, ihr Freund. Charlotta war in diesem Frühjahr gerade fünf Jahre alt geworden. Gustaf war zehn, aber sie konnte ihn mühelos um den Finger wickeln.

Gustaf war der Sohn des kaiserlichen Stallknechts August Schmolke, und die Leute sagten, er sei nicht besonders helle, ansonsten aber harmlos. So hatte er nur ergeben genickt, als ihm Charlotta eröffnete, sie wolle sich in den Schloßpark von Sanssouci einschleichen und er müsse ihr dabei helfen.

»Der Großvater sagte, daß es dort ein großes Fest geben wird.

So wie in alten Zeiten. Und das will ich sehen. Er sagte, der alte König wird wieder dasein und Prinzen und Prinzessinnen und die großen Soldaten … Alle, die schon längst gestorben sind.«

»Wie können sie dasein, wenn sie nicht mehr leben?« hatte Gustaf gefragt.

»Der Großvater sagte es.«

Den Weg vom Gesindetrakt des Neuen Palais in Potsdam, wo sie mit ihren Großeltern lebte – der Großvater war einer der kaiserlichen Gärtner –, hinauf zum Weinberg mit dem Schloß Sanssouci war sie schon oft gegangen. Und es war auch kein Kunststück gewesen, sich an den Posten, die den Park bewachten, vorbeizustehlen. Nun hockte sie mit Gustaf hinter dem Jasmin unterhalb der Terrasse, und es war ihr, als erlebte sie ein Märchen.

Die weiße Fassade des Schlosses vor dem dunklen Sternenhimmel. Die steinernen Riesen und die nackten Marmorkörper der Göttinnen, vom rötlich flackernden Licht der Fackeln zu einem unheimlichen Leben erweckt. Kerzenschein auf funkelnden Kristallgläsern, weißgepuderte Perücken, wie Elfenbein schimmernde Frauenschultern, glitzernder Schmuck, und aus dem Hintergrund eine verzaubernde, süße Musik, wie sie Charlotta noch nie gehört hatte. Gustaf war allerdings bei weitem nicht so beeindruckt wie seine fünfjährige Freundin.

»Alles Schwindel!« flüsterte er geringschätzig. »Das sind ja gar nicht die Leute von früher. Den Großen kenn ich.« Er zeigte auf einen der riesigen Soldaten, die am Fuß der Treppe standen, die schnurrbärtigen Gesichter in ernste Falten gelegt. »Und der dort – das ist der Kaiser. Hinten, an der Tür, steht die Kaiserin. Und gleich daneben der Hofmarschall.«

»Pst!« zischte Charlotta.

»Den Alten Fritz gibt's auch nicht«, flüsterte Gustaf nach einer Weile. »Die haben sich nur verkleidet.«

»Du lügst!« sagte Charlotta und blickte Gustaf mit unmutig zusammengezogenen Augenbrauen an. Wenn das, was er sagte, stimmte, dann zerstob dieses Märchen, dessen Zeugin sie war, in Nichts. Das aber durfte nicht wahr sein!

»Es ist wahr!« verteidigte sich Gustaf lahm.

»Es ist *nicht* wahr!« In Charlottas Augen spiegelten sich ganz klein die Flammen der brennenden Fackeln. Diese Augen… Manchmal ganz dunkel, zornig, so wie jetzt… Ein andermal wieder goldbraun, voller Sonne… Gustaf senkte verwirrt den Blick.

»Und eines sage ich dir«, hörte er Charlotta so nahe flüstern, daß er ihren warmen Atem an seiner Wange spürte. »Eines Tages werde ich in einem Schloß wohnen, Kerzen werden brennen, Soldaten werden Wache stehen, für mich; ich werde die Prinzessin sein und noch viel schönere Kleider tragen, und alle Leute werden mir die Hand küssen, die schönsten Offiziere und selbst der Kaiser!«

»Du spinnst!« sagte Gustaf.

»Wir gehen!« sagte Charlotta, huschte zwischen den Rosenbeeten davon und verschwand in der Dunkelheit zwischen den Bäumen.

Die Kinder gingen den gleichen Weg zurück, den sie gekommen waren. Gustaf trottete ergeben hinter Charlotta her und grübelte nach, was er denn wieder falsch gemacht habe. Kurz vor einer Lichtung in dem dichtbewaldeten Teil des Parks blieb Charlotta plötzlich stehen und klammerte sich ängstlich an Gustafs Arm.

»Dort… Hast du gesehen? Ein Mann…«

Jetzt sah auch Gustaf den Mann: eine dunkle Gestalt, die unter den Bäumen auf die helle, vom Mond beschienene Rasenfläche trat, merkwürdig schwankend stehenblieb, weitertorkelte…

»Ein Betrunkener«, flüsterte Gustaf. »Paß auf, daß er uns nicht sieht. Komm!«

Aber Charlotta rührte sich nicht. Wie gebannt starrte sie den Mann an, der jetzt nur noch wenige Schritte von ihnen entfernt war. Im Licht des Mondes war sein Gesicht von einer erschreckenden, geisterhaften Blässe, wie das Gesicht eines Toten, sein Mund war weit offen, und man hörte deutlich seine angestrengten, rasselnden Atemzüge. Wirklich nur ein Betrunkener?

Charlotta war es, als hülle sie plötzlich etwas Eisiges ein. Aber es war nicht die kindliche Angst vor einem Betrunkenen; diese Angst kannte sie. Oft genug hatte sie betrunkene Männer gesehen. Es war etwas anderes. Etwas Seltsames, das ihr ein unerklärliches Grauen einflößte, sie an Flucht denken ließ und sie zugleich festhielt, so daß sie keiner Bewegung fähig war. War es der Atem des Todes?

Der Mann streckte die Arme plötzlich vor, als versuchte er sich an etwas Unsichtbarem festzuhalten, und schlug dann mit einem gräßlichen, durch Mark und Bein gehenden Stöhnen der Länge nach hin. Dabei fiel etwas Dunkles zu Boden. Der Mann tastete danach, versuchte sich aufzurichten, drehte sich auf den Rücken, sein Körper bäumte sich noch einmal auf und blieb dann reglos liegen.

»Du meine Fresse – sternhagelvoll!« sagte Gustaf grinsend, trat vor, bückte sich und hob das Päckchen auf, das dem Mann entfallen war.

Charlotta kümmerte sich nicht um ihn. Wie von einem seltsamen Traum befangen, ging sie langsam zu der reglosen Gestalt des Mannes, blickte auf das bleiche, eingefallene Gesicht mit den emporgezogenen, blutleeren Lippen über den weißschimmernden Zähnen, den weit offenen Augen, in denen sich das gebrochene Licht des Mondes spiegelte.

»Er ist nicht betrunken – er ist tot«, sagte sie bestimmt, ohne zu wissen, was dieses rätselhafte Wort bedeutete, und doch voller Ahnung, es sei etwas Endgültiges, Unwiderrufliches.

»Tot?« fragte Gustaf verständnislos.

Vom Neuen Palais her näherten sich rufende Stimmen. Jemand brach sich Bahn durch das Gebüsch. Lichter huschten zwischen den Bäumen. Charlotta riß sich von dem Anblick des Toten los, wich zurück in die Dunkelheit unter den Baumkronen und lief davon. Gustaf folgte ihr – und merkte erst eine ganze Weile später, daß er das verschnürte und versiegelte Päckchen noch immer in der Hand hielt. Sollte er es nicht lieber wegwerfen?

Aber da wurde seine Neugierde wach. Er wollte sehen, was der tote Mann verloren hatte. Und so steckte er das Päckchen unter die Jacke und wußte auch bereits, wo er seinen Fund untersuchen und verstecken würde. Die Uhr der Garnisonskirche schlug elf, als sie endlich vor dem Gesindetrakt des Neuen Palais ankamen.

»Was wird deine Alte sagen?« fragte Gustaf, bevor sie sich trennten.

»Nichts. Sie schläft schon.«

»Du hast es gut. So eine Großmutter möchte ich auch haben. Meinst du wirklich, daß der Mann tot war?«

»Er war tot.«

»Wir dürfen niemandem etwas sagen, hörst du?«

Charlotta nickte.

»Schau, was ich mitgenommen habe.« Gustaf zog das Päckchen vor und zeigte es Charlotta. Dabei grinste er über das ganze Gesicht. »Wollen wir morgen nachschauen, was drin ist?«

»Nein – nein ...« Charlotta wich zurück und starrte mit großen Augen auf das Päckchen. »Deine Hand ... Was hast du dran?«

»Weiß nicht.« Gustaf brachte die Hand vor die Augen. »Sieht aus wie Blut.«

»Es ist sein Blut«, flüsterte Charlotta. »Ich will es nicht sehen!«

»Das kann man abwaschen. Morgen schauen wir nach. Möchte wissen ...

Aber Charlotta hörte ihm nicht mehr zu. Ihre kleine Gestalt verschwand in der Dunkelheit des Torgangs, und dann hörte Gustaf von dort ein unterdrücktes, zitterndes Schluchzen, als hätte sich das Entsetzen des Mädchens über das, was sie erlebt hatten, erst jetzt Bahn gebrochen.

Na, denn nicht, dachte er niedergeschlagen, steckte das Päckchen wieder unter die Jacke und machte, daß er wegkam. Sein

Interesse an dem Inhalt des Päckchens war erloschen. Jetzt mußte er das Ding besonders gut verstecken, damit ja niemand etwas davon erfuhr…

Den Toten fand man noch in derselben Nacht. Er konnte als ehemaliger Lakai identifiziert werden, der vor Jahren wegen fortgesetzten Diebstahls zu einer längeren Gefängnisstrafe verurteilt worden war. Nach ihrer Verbüßung – so hieß es in dem abschließenden Polizeibericht – habe er sich seine Kenntnis von den Räumlichkeiten des Neuen Palais zunutze gemacht und sei eingebrochen. Als er das Palais durch ein Obergeschoßfenster des Nordflügels wieder verließ, wurde er von einer Gendarmeriestreife beobachtet und gestellt. Da er auf wiederholte Anrufe nicht stehenblieb, gab ein Gendarm einen gezielten Schuß auf ihn ab; trotz seiner schweren Verwundung sei es ihm jedoch gelungen, vorläufig zu entkommen, er konnte aber bald darauf in dem bewaldeten Teil des Schloßparks tot gefunden werden. Bei dem Toten – so hieß es im Bericht weiter – fand man keine Diebesbeute. Das ließe darauf schließen, daß er bereits im Palais selbst in seinem Vorhaben gestört worden sei… Charlotta und Gustaf hielten das Versprechen, von ihrem nächtlichen Abenteuer niemandem etwas zu erzählen. Sie erwähnten auch nie das Päckchen, als scheuten sie sich, darüber zu sprechen.

Die Kinder konnten natürlich nicht wissen, daß sie an diesem Sommerabend einem der großen, ungelösten Rätsel des deutschen Kaiserhofs auf die Spur gekommen waren. Gustaf vergaß die Ereignisse jener Nacht schon nach einigen Wochen. Und auch Charlotta dachte bald nicht mehr daran. Doch die Erinnerung an den Toten und sein Päckchen blieb in einem kleinen Winkel ihres Gehirns verborgen und schien nur darauf zu warten, im richtigen Augenblick hervorgeholt zu werden…

Dieselben Augen, unter deren Blick Gustaf so oft in Verwirrung geraten war, brachten im Sommer des Jahres 1908 auch einen

Mann in Verlegenheit, der sich dagegen längst gefeit glaubte. Allerdings gehörten sie jetzt nicht mehr einem Kind, sondern einem verwirrend hübschen Mädchen in einem einfachen Arbeitskleid, und diese Begegnung fand nicht in Potsdam statt, sondern in Rom.

Das Mädchen beugte sich über ein Blumenbeet des großen, parkartigen Gartens hinter der Villa der Marchesa Pansa und lockerte mit einer kleinen Harke die Erde um die Rosenstauden auf. Als es die Schritte des Mannes auf dem Kiesweg herankommen und hinter sich verharren hörte, blickte es ihn über die Schulter an.

»Sie wünschen, mein Herr?«

»Mein Name ist von Villingen. Freiherr von Villingen... Habe ich die Ehre, mit Marchesa Lucia...«

»Die haben Sie nicht«, unterbrach ihn das Mädchen auf deutsch, und in seinen Augen blitzte es belustigt auf. »Marchesa Pansa und ihre Nichte, Marchesa Lucia, sind ausgefahren. Ich heiße Charlotta und bin nur die Gärtnerin.«

»Oh...« Das war alles, was der junge Mann in diesem Augenblick hervorbringen konnte. Er hätte sich dafür ohrfeigen können. Und weil ihm nichts Besseres einfiel, betrachtete er dieses junge Mädchen, das sich Charlotta nannte und behauptete, eine Gärtnerin zu sein, erst einmal ungeniert – die beste Methode, einen anderen in Verlegenheit zu bringen, wie er aus Erfahrung wußte.

Ein eigenwilliges Gesicht, beschattet von der breiten Krempe eines verbeulten Strohhuts. Das weiche Oval der Wangen, eine gerade, feinmodellierte Nase, die ein wenig vorgeschobene, eigensinnige Unterlippe, ein rundes, festes Kinn. Und die Figur... Absolute Klasse! Das konnte man trotz des Arbeitskittels sehen. Ein hübsches, junges Ding, das auf dem besten Weg war, sich zu einer Schönheit zu entwickeln. Einer Schönheit – und auch das wußte der junge Mann aus Erfahrung –, die erst nach Liebe, Leidenschaft und Hingabe voll erblühen würde.

Als er zu dieser Feststellung gekommen war, wurde er sich plötzlich der Tatsache bewußt, daß dieses Mädchen zu seinen Füßen weit davon entfernt war, unter seinem Blick in Verlegenheit zu geraten. Im Gegenteil. Sie erwiderte den Blick. Sie musterte ihn genauso ungeniert, wie er sie. Und ihre Augen ... Goldbraun, tief, mit einer Spur von Ironie in den Winkeln und einer Spur von etwas anderem, dem er keinen Namen geben konnte ...

Der Blick dieser Augen zog ihm den Boden unter den Füßen weg. Er beendete seine Musterung und fragte sich verwirrt, ob der Knoten der Krawatte nicht zu locker saß, ob der gestärkte Hemdkragen nicht unter der Hitze seine Fasson verloren hatte.

Seine Befürchtungen waren grundlos; er machte eine ausgezeichnete Figur. Schlank, straff, gekleidet mit der ein wenig nachlässigen Eleganz eines Mannes, der sich die besten Schneider leisten konnte. Ein bartloses, schmales, sehr aristokratisches Gesicht, mit dichtem, nach hinten gescheiteltem Haar. Blaue, verwegene und ein wenig leichtsinnige Augen. Ein gutgeschnittener, vielleicht ein bißchen zu weicher Mund.

»Sehr heiß heute«, sagte er schließlich lahm. »Ist das hier immer so?«

»Im Sommer fast immer.« Sie nickte ernsthaft.

»Ein herrlicher Garten ... Ich habe schon in Berlin davon gehört. Und fast mitten in der Stadt. Eine Oase. Schön, erfrischend ...«

»Sie kommen aus Berlin?«

»Gerade eben. Kennen Sie es?«

»Und ob ich Berlin kenne!«

»Gut?«

»Und wie! Vor allem die Erde. Sie ist dort viel sandiger.« Auch das klang ernsthaft. Und doch schwang in ihrer Stimme etwas mit ... Machte sie sich am Ende über ihn lustig?

»Die Erde, ja ...« Der junge Mann hüstelte. »Sagen Sie – machen Sie das alles ganz allein?«

»Was meinen Sie?«

»Die Blumenbeete, den Rasen ...«

»Wo denken Sie hin! Ich bin nicht viel mehr als ein Lehrling.

Und mein Chef, der Obergärtner, ist ein strenger Mann. Zum Glück ist er nicht in der Nähe. Leeres Geschwätz mag er nämlich nicht. Vor allem, wenn es von der Arbeit abhält.« Das ironische Lächeln in Charlottas Augen vertiefte sich. »Erwarten die Damen Ihren Besuch?«

»Eigentlich nicht. Ich wollte sie überraschen.«

»Tun Sie das. Am besten, Sie gehen in die Halle. Dort werden Sie einem alten, würdigen Herrn mit weißem Schnurrbart begegnen. Er sieht aus wie ein leibhaftiger Lord. Lassen Sie sich dadurch nicht verwirren; er ist unser Butler und heißt – wie könnte es anders sein? – James. Wenn Sie ihm eine Freude machen wollen: reden Sie ihn englisch an. Jede andere Sprache hält er für barbarisch.«

Für Charlotta schien damit das Gespräch beendet. Sie beugte sich wieder über das Rosenbeet und setzte die unterbrochene Arbeit fort. Der junge Mann, der sich auf Reisen gern Freiherr von Villingen nannte (keineswegs unberechtigt; denn zum Familienbesitz gehörte auch eine Baronie unter diesem Namen), blieb noch eine Weile hinter Charlotta stehen und kam sich dabei ziemlich albern vor. Das war ihm – weiß Gott! – noch nie passiert. Diese junge Person brachte es doch fertig, ihn einfach abblitzen zu lassen!

Er unterdrückte seinen aufkeimenden Ärger und beschloß, die Angelegenheit von einer anderen, angenehmeren Seite zu betrachten. Diese von Onkel Bertram, dem Fürsten von Dommes-Barrach, befohlene Italienreise und der als lästige Pflicht empfundene Besuch bei Marchesa Pansa und ihrer Nichte Lucia gewannen plötzlich ganz neue Aspekte, sagte er sich, als er über die weißen Kieswege hinüber zur Villa schlenderte. Um genauer zu sein: den Besuch hatte er eigentlich nur unternommen, um Lucia kennenzulernen, von deren Schönheit er in Berliner Salons sprechen gehört hatte. Doch hinter dem Gesicht dieser süßen, kleinen Gärtnerin verblaßte das Bild, das er sich von Marchesa Lucia in der Vorstellung gemacht hatte. Eine junge Marchesa, mochte sie noch so schön sein … Nichts Neues mehr für ihn.

Eine Gärtnerin aber fehlte in der langen Galerie seiner Eroberungen. Eine Gärtnerin, die so aussah …

An diesem heißen Junitag begann also die erste Liebesromanze in Charlottas Leben.

Der junge, blonde Mann mit dem aristokratischen Gesicht war nicht der einzige, der sich um sie bemühte. Marchesa Pansa führte ein großes, gastfreundliches Haus, in dem sich die Creme der Gesellschaft traf. Sie hatte Charlotta aus Berlin mitgebracht – ihr Mann war dort italienischer Botschafter –, und manch ein ältlicher Galan oder junger, abenteuerlustiger Sproß einer vornehmen Familie hatte bereits versucht, ihr seine Unwiderstehlichkeit zu beweisen: mal mit feurigen Liebeserklärungen, mal mit kleinen oder auch größeren Geschenken.

Bei Liebesbeteuerungen lächelte Charlotta, die Geschenke steckte sie ein, bedankte sich artig – und behielt im übrigen einen klaren Kopf. Der Mann aber, der sich Freiherr von Villingen nannte, berührte in ihr eine Saite, deren Klang sie mit einer süßen, erwartungsvollen Unruhe erfüllte. Sie war achtzehn und bereit, die Schwelle der Jungfräulichkeit in das verzauberte Land der Liebe zu überschreiten. Das änderte sich auch nicht, als sie erfuhr, wer dieser junge, blonde Mann in Wirklichkeit war. *»Eines Tages werde ich in einem Schloß wohnen, Kerzen werden brennen, Soldaten werden Wache stehen, für mich; ich werde die Prinzessin sein und noch viel schönere Kleider tragen, und alle Leute werden mir die Hand küssen, die schönsten Offiziere und selbst der Kaiser …«* Erinnerte sich Charlotta an die Worte, die sie als fünfjähriges Mädchen im Park von Sanssouci gesprochen hatte?

Sicher nicht bewußt. Doch die Sehnsucht nach einem glanzvollen und sorglosen Leben war in ihr geblieben. Hoffte sie, durch diesen Mann die Welt betreten zu können, deren Zaungast sie bisher gewesen war? Vielleicht. Aber das spielte jetzt nur eine untergeordnete Rolle.

Sie war verliebt. Zum erstenmal in ihrem Leben. Drei Wochen nach ihrer ersten Begegnung küßte er sie: ein scheuer, zarter Kuß im Dämmerlicht einer mit wildem Wein vollkommen bewachsenen Laube, der nach und nach fester wurde, besitzergreifender, bis sich ihre Lippen öffneten und ihn erwiderten.

»Ich liebe dich, meine kleine Gärtnerin … Nein, nein, ich sage es nicht zum erstenmal. Aber es war immer so, als hätte ich gesagt, *ich habe Hunger*, ohne den wirklichen Hunger zu kennen. Jetzt kenne ich ihn. Ich habe Hunger. Nach dir. Ich liebe dich.«

Ein heißer, trunkener Sommer. Zitternde, ungeduldige Erwartung und beseligte Augenblicke des Zusammenseins. Kleine, wie zufällige Berührungen ihrer Hände. Das stumme Versinken in den Augen des anderen, die immer fordernder werdende Frage in den seinen, das Ausweichen und Versprechen und das Wissen, daß es eines Tages geschehen würde, in den ihren … Eines Tages … Bald.

Spaziergänge in der weichen Dämmerung der Sommerabende auf dem Pincio, mit dem weißen Gemäuer der Villa Medici hinter Blumenbeeten, smaragdgrünen Rasenflächen, fröhlich plätschernden Brunnen und verschwiegenen Wegen unter exotischen Bäumen. Eine nächtliche Bootsfahrt auf dem Tiber und ein leidenschaftlicher Kuß unter der Brücke della Rovere, der auch in ihr das Verlangen nach einer Umarmung weckte, die kein Ende nehmen dürfte.

»Ich liebe dich, meine kleine Gärtnerin … Ich liebe dich!«

»Du lügst. Du hast mich schon immer belogen. Seit dem ersten Tag, Freiherr von Villingen.«

»Seit wann weißt du's?«

»Schon lange.«

»Und? Bist du mir böse?«

»Stell dir vor – deine Karriere!«

»Was, zum Teufel, bedeutet mir eine Karriere ohne dich?«

»Das ist dein Leichtsinn. Marchesa Lucia kratzt mir eines Tages die Augen aus. Das arme Mädchen. Marchesa Pansa, die Tante, vergnügt sich an der Riviera, und Lucia ist nur deinetwegen hiergeblieben. Du läßt dich aber gar nicht sehen. Sie liebt dich.«

»Ich werde dich heiraten«, sagte er. »Ich werde hingehen und sagen: rutscht mir alle den Buckel 'runter, und werde dich heiraten.«

In diesen Augenblicken glaubte er selbst an das, was er sagte. Und ahnte zugleich, daß er für diesen Schritt nie den Mut aufbringen würde, daß Charlotta für ihn nur eine Episode bleiben mußte. Ahnte es auch sie?

»Du wirst hingehen und sagen: rutscht mir alle den Buckel hinunter, und dann wirst du mich heiraten«, flüsterte sie. »Das wirst du tun, bestimmt…«

»Jetzt lachst du mich aus!« sagte er mißmutig. »Warum nimmst du nie etwas ernst?«

Aber Charlotta lachte nicht. Über ihr abgewandtes Gesicht liefen Tränen, ihr war sterbenselend zumute, und sie wußte ganz genau, daß all dies nur ein Traum war. Der Traum von einem Mädchen wie an jenem Abend im Park von Sanssouci. Und so wie damals durch den Mann mit dem geheimnisvollen Päckchen, der vor ihren Augen gestorben war, würde es auch jetzt ein böses Erwachen geben. Aber bis dahin…

»Kommst du morgen abend zu mir?« flüsterte er.

»Ich komme zu dir«, sagte sie. »Morgen – übermorgen – oder in einer Woche. Aber ich komme zu dir.«

Als Charlotta an diesem Abend nach Hause kam, leise die Hintertür der Villa aufschloß und in den Dienstbotengang schlüpfte, hatte sie die Tränen von vorhin vergessen. Mit einem glücklichen Lächeln auf dem Gesicht lief sie die Treppe hinauf – und blieb mit einem Ausruf des Erschreckens stehen, als ihr oben der alte englische Butler James entgegentrat.

»Mein Gott, James, wie kannst du mich so erschrecken!«

Der Butler legte den Finger auf den Mund und blickte sich vorsichtig um. »Nicht so laut! Marchesa Lucia wartet im Salon. Sie will dich sprechen.«

»Die Marchesa … Warum?« fragte Charlotta beklommen.

»Weißt du das wirklich nicht?« Die Stimme des alten Butlers klang vorwurfsvoll. »Es ist nicht gut, was du tust, Charlotta. Du und dieser junge Gentleman – ob er das wirklich ist, weiß ich nicht … Ihr habt es im Versteckspielen zwar zu großer Meisterschaft gebracht, aber junge Menschen können ihre Liebe so wenig verbergen wie ein Buckliger seinen krummen Rücken. Und die Augen einer eifersüchtigen Frau sind scharf. Marchesa Pansa und Marchesa Lucia versuchen vergeblich, den dicken Fisch an die Angel zu bekommen und an Land zu ziehen – und wer ist daran schuld? Wenn mich mein Gefühl nicht trügt, weiß Marchesa Lucia, wer ihr im Weg steht.«

»Das ist doch Unsinn, James!«

»Ist es wirklich Unsinn? Wohin soll das führen? Es gibt keinen Weg von dir zu ihm.«

»Vielleicht doch …« Charlotta schob die Unterlippe trotzig vor.

»Was ist bloß in dich gefahren, Charlotta?« Der alte Mann schüttelte traurig den Kopf. »Was willst du?«

»Vielleicht – ein Schloß?« Charlotta lächelte. »Schau, James, du bist gar nicht der steife englische Butler, für den man dich hält. Ich mag dich gern. Von dir habe ich allerhand gelernt, du hast mir Englisch beigebracht … Ich kann's doch ganz gut, ja?«

»Ja, ja, natürlich … Aber was soll das?«

»Aber von der Liebe verstehst du nichts! Gar nichts! Und jetzt …«

»Dafür verstehe *ich* etwas davon!« kam von unten die herrische, dunkle Stimme der Marchesa Lucia. Sie stand unter der Treppe: schmal, in einem enganliegenden, tiefausgeschnittenen Hauskleid, das ihre Schultern und ihre vollen, herrlich geformten Brüste voll zur Geltung brachte, mit hochmütigen, vor Zorn funkelnden Augen …

»Marchesa, ich wollte eben…«, stammelte James verwirrt.

»Sie gehen jetzt auf Ihr Zimmer, James! Und du kommst mit. Ich habe mit dir zu sprechen.«

Mag sein, daß alles anders geworden wäre, wenn Charlotta jetzt klein beigegeben hätte. In den Kreisen, zu denen die schöne Marchesa gehörte, tolerierte man großzügig kleine Seitensprünge unter das gemeine Volk. Dafür brachte man viel Verständnis auf – vor allem, wenn dieser Seitensprung so hübsch und gutgewachsen war wie Charlotta. Ein kleines Vergnügen. Wer sollte das einem jungen, vornehmen Mann verübeln, der damit schon vor der Ehe Qualitäten bewies, auf die später auch eine vornehme Ehefrau nicht gern verzichtete.

Es ist auch möglich, daß Charlotta unter anderen Voraussetzungen ihrer ersten Liebe abgeschworen hätte, zumal sie vor der Marchesa einen gewaltigen Respekt hatte. Sie war gescheit, intelligent und kannte ihre Grenzen. Trotzdem tat sie es nicht. Und schuld daran war die Marchesa selbst, das heißt, ihr Temperament und die Worte, mit denen sie das Gespräch im Salon eröffnete:

»Du dreckige, kleine Hure! Wie kommst du dazu, dich diesem Mann an den Hals zu werfen? Antworte!«

Im Italienischen hört sich das gar nicht so schlimm an; man ist an deftige Ausdrucksweisen gewöhnt. Aber Charlotta war keine Italienerin. Was ihr die Marchesa sagte, übersetzte sie in Gedanken ins Deutsche – und war zutiefst verletzt. Und was noch schwerer wog: Ihr Stolz lehnte sich auf gegen diese schöne Frau mit den funkelnden Augen und einer Stimme, die jetzt ihren sammetweichen Klang verloren hatte und einen schrillen Ton bekam.

»Warum antwortest du nicht?« Die Marchesa holte sich mit vor Erregung zitternden Händen eine Zigarette aus der silbernen Dose auf dem Tischchen vor dem Kamin. »Gib mir Feuer!«

Charlotta rührte sich nicht.

»Ach – so ist das also!« sagte die Marchesa nach langen, von feindseliger Spannung gleichsam knisternden Sekunden. »Eine kleine Revolte. Was versprichst du dir davon? Denkst du dabei auch daran, wer du bist?«

»Das ist mir nie entfallen, Marchesa.«

»Dann sage es!«

»Was wollen Sie hören, Marchesa?«

»Ich möchte, daß du laut und deutlich sagst, wer du bist!«

»Das können Sie haben«, sagte Charlotta – und seltsam: mit jedem Wort, das sie aussprach, fühlte sie sich freier und ruhiger. »Ich heiße Charlotta Wielcke und bin das uneheliche Kind der Anna Wielcke aus Potsdam. Meinen Vater kannte ich nicht, und an meine Mutter kann ich mich kaum erinnern. Sie starb, als ich drei Jahre alt war. Ich wuchs bei meinen Großeltern auf, aber auch sie sind bereits tot, und so habe ich niemanden auf der Welt. War es das, was Sie hören wollten, Marchesa?«

»Also ein Stück Dreck!« sagte die Marchesa verächtlich, knüllte die Zigarette zusammen und warf sie in den Kamin.

Charlotta holte tief Atem – und tat dann etwas, was der Marchesa für eine ganze Weile die Sprache verschlug: sie begann zu lachen. Ein klares, befreiendes und sehr spöttisches Lachen. »Wie melodramatisch, Marchesa!« sagte sie schließlich. »Fast wie in einer Oper... Aber warum machen Sie sich selbst so schlecht? Wenn ich ein Stück Dreck bin... Wie konnte es dann ausgerechnet mir gelingen, Ihnen den dicken Fisch abspenstig zu machen, den Sie mit aller Gewalt vergeblich an Land zu ziehen versuchen?«

Charlotta verließ noch in der gleichen Nacht das Haus der Marchesa Pansa. Als sie – eine Reisetasche in der Hand – die abschüssige, von trüben Gaslaternen nur ungenügend beleuchtete Straße zur Innenstadt hinunterging, war es ihr gar nicht mehr zum Lachen zumute. Nein, das mit dem dicken Fisch war nicht fein gewesen, sagte sie sich. Aber die Marchesa war selbst schuld. Und es hatte gutgetan, ihr das unter die Nase zu reiben. Ein Stück Dreck! Diese Hexe!

Nur – wohin sollte sie jetzt? Der gute James hatte ihr beim Abschied ein paar Geldscheine in die Hand gedrückt und sich immer wieder über die Augen gefahren, aber einen Rat hatte auch er nicht gewußt. Es war ja richtig, was sie, Charlotta, zur Marchesa gesagt hatte, und überhaupt…

Gleich fange ich an zu heulen! sagte sie sich. Also genau das, was diese schöne Hexe erreichen wollte. Nur das nicht! Ich bin nicht die erste, die hinausgeworfen wurde. Nur so mitten in der Nacht… Vergessen waren ihr Stolz und der Trotz von vorhin. Charlotta wünschte sich in ihrer Hilflosigkeit nichts so sehnlich wie Trost, Wärme und Geborgenheit.

Und so tat sie das, was ihr am naheliegendsten erschien, ohne an die Folgen zu denken. Sie fand eine Droschke und sagte dem Kutscher, er solle sie zur Piazza di Spagna fahren. Dort stieg sie aus und suchte die Hausnummer, die sie schon lange auswendig kannte. In der Dunkelheit konnte sie die Visitenkarte an der Tür nur schwer entziffern:

Heinrich Frhr. v. Villingen

Sie setzte die Reisetasche ab, lehnte sich an die Tür und sah mit einem verlorenen Blick über den menschenleeren Platz mit Berninis Brunnen unter der Spanischen Treppe, bis die mühsam zurückgehaltenen Tränen einen Schleier auf ihre Augen legten.

»Ich habe mir an der Piazza di Spagna eine Wohnung gemietet. Nicht zu groß, nicht zu klein… Wie geschaffen für zwei. Eine kleine, einsame Insel inmitten der Großstadt… Willst du sie dir nicht einmal anschauen?«

»Lieber nicht«, hatte sie damals lachend geantwortet. »Auf kleinen, einsamen Inseln leben meist Menschenfresser…«

Wie leicht war ihr damals alles erschienen! Und jetzt? Ich bin eine dumme Gans, sagte sie sich. Wenn ich nicht *will*, kann er sich an mir die Zähne ausbeißen! Ihre schmale, mädchenhafte Gestalt straffte sich. Entschlossen griff sie nach dem Zugseil der Glocke und klingelte.

Heinrichs Diener Franz führte sie in das Empfangszimmer.

Seine Miene drückte weder Erstaunen noch Ablehnung aus. Dann verschwand er, um seinen Herrn zu wecken.

Charlotta blickte sich im luxuriös eingerichteten Zimmer mit schweren, alten Möbeln um, mit dicken Teppichen und dunklen Bildern italienischer Landschaften an den mit Seide bespannten Wänden. Hier lebte er also… Der Prinz. Ihr Prinz…

Dann stand er vor ihr – und schien genausowenig überrascht wie sein Diener.

»Was ist geschehen, Charlotta?«

»Sie – sie hat mich davongejagt«, sagte Charlotta, und ihre Tapferkeit war plötzlich wie weggeblasen. »Ich wußte nicht, wohin… Und dann dachte ich… Könnte ich nicht wenigstens für eine Nacht hier…«

»So lange du willst«, sagte er, trat zu ihr und zog sie sanft an sich. Dann küßte er sie. Doch er tat es nicht fordernd, besitzergreifend; denn er wußte, daß er sie damit nur erschrecken und ihren Widerstand wecken würde. Seine Lippen legten sich zärtlich, wie um Vertrauen werbend, auf die ihren, und um Vertrauen schien auch seine Stimme zu bitten, als er wiederholte: »So lange du willst… Diese Nacht… Immer.«

Etwa vier Wochen später, gegen Ende September, kam Fürst von Dommes-Barrach in Rom an. Er stieg im Hotel »Hassler-Villa Medici« auf Trinita dei Monti ab. Obwohl einer der reichsten Männer Deutschlands, nahm er ein einfaches Zimmer. Der Fürst war ein großer, gutaussehender Mann um die Fünfzig, mit einem gepflegten, graumelierten Bart und hellen, freundlichen Augen. Er bewegte sich mit der ruhigen Gelassenheit eines Menschen, der sein Leben auf dem Lande verbracht hat. Der Lärm, das Gedränge auf den Straßen gingen ihm auf die Nerven…

Nun, er hatte ohnehin vor, nur zwei bis drei Tage zu bleiben. Bis er die Angelegenheit mit Heinrich geregelt hatte. Sozusagen auf allerhöchsten Befehl. Eine unerfreuliche Angelegenheit!

»Ihr Neffe Heinrich treibt es wieder mal toll, mein lieber Fürst!«

hatte der Kaiser auf einer Jagd in Rominten gesagt, zu der auch der Fürst eingeladen worden war. »Weibergeschichten, Spielschulden… Dann dieses Duell, das es hatte ratsam erscheinen lassen, ihn für eine Weile aus Berlin zu entfernen. Nun – Sie kennen meine Einstellung zum Duell. Es gibt Situationen, wo ein Mann zur Waffe greifen muß, um seine Ehre zu verteidigen. Schwamm drüber. Aber jetzt soll er in Rom mit einem obskuren Frauenzimmer aus den untersten Schichten zusammenhausen – und das kann man ihm nicht mehr durchgehen lassen. Ein Skandal!«

»Das ist mir neu, Majestät.«

»Dann bin ich besser informiert als Sie, Fürst. Wie soll ich meine Söhne im Zaum halten, wenn ihnen ihre Freunde ein solches Beispiel geben? Bringen Sie die Sache möglichst schnell in Ordnung! Ich kann mir kaum vorstellen, daß der Bengel bei seinen Neigungen große Lust hätte, in den ostafrikanischen Busch abkommandiert zu werden. Wir haben uns verstanden, Fürst?«

»Sehr wohl, Majestät.«

Nun war er also hier, um die Sache in Ordnung zu bringen. Und weil der Fürst alles immer möglichst schnell und gründlich erledigte, ließ er sich von einem Hoteldiener noch am gleichen Nachmittag den Weg zur Wohnung seines Neffen zeigen.

Wer längere Zeit hindurch in heißen Ländern lebt, lernt den Wert der Siesta kennen und schätzen. Für Liebende hat dieses Wort freilich noch eine andere Bedeutung als nur die, während der heißesten Stunden des Tages in einem abgedunkelten Zimmer vor sich hinzudösen.

Heinrich Freiherr von Villingen – oder Prinz von Dommes-Barrach, wie er wirklich hieß – lag auf dem Bett und sah Charlotta zu, die sich anschickte, ein neues Kleid anzuprobieren. Die Strahlen der Nachmittagssonne tauchten ihren nackten Körper durch die zugezogenen Vorhänge in ein goldenes Dämmerlicht. Sie ging durch das Zimmer, ihre Füße tappten weich auf dem Teppich…

Wie herrlich unbefangen sie sich bewegte! Sie schien sich ihrer Nacktheit so wenig bewußt zu sein wie ein Tier. Ihre graziös-anmutigen Bewegungen… Eine Frau bis in die letzte Faser ihres wunderschön gewachsenen Körpers!

Sie nahm vom Sessel das Kleid auf, das sie am Vormittag in einem sündhaft teuren Laden in der Via Condotti gekauft hatten, und hielt es vor sich hin.

»Wie gefalle ich dir? Ich ziehe es nachher an, wenn wir auf den Corso gehen. Wenn mich Marchesa Lucia so sehen könnte… Sie würde in der Luft zerplatzen. Ist es nicht hübsch?«

»Sehr hübsch. Nur – ohne gefällst du mir am besten. Ohne alles.«

»Ohne alles kann ich nicht auf den Corso gehen… Meinst du das ehrlich?«

»So wahr ich dich liebe!«

Sie preßte das Kleid an sich, blickte ihn an, ihre Augen waren dunkel und tief, ihre Zähne schimmerten zwischen den halboffenen Lippen, das lange braune Haar fiel in seidigen Wellen über ihre nackten Schultern und Arme.

»Bist du glücklich?« fragte er heiser.

Sie nickte und trat langsam näher, sah ihn dabei unverwandt an; und dann blieb sie vor dem Bett stehen und ließ das Kleid achtlos zu Boden gleiten.

In diesem Augenblick klopfte es.

»Was, zum Teufel!« rief er, und seine Stimme war dunkel vor Leidenschaft und unterdrücktem Zorn über die Störung.

»Es ist dringend, Hoheit«, kam von draußen die Stimme des Dieners Franz. »Seine Hoheit Fürst Bertram ist eben angekommen und…«

Das war der Tag, als Charlotte aus den Höhen ihres Glücks in die Tiefen der Erniedrigung und Verzweiflung geworfen wurde. Ein Traum ging zu Ende. Daß es eines Tages soweit kommen würde, hatte sie erwartet. Auf die Art jedoch, *wie* es geschah, war sie nicht vorbereitet. Wie erbärmlich!

Die Erinnerung daran trieb ihr noch nach Jahren Schamröte ins Gesicht, machte ihr die Kehle vor aufwallendem Zorn eng und hieß sie nach einer Möglichkeit suchen, sich an den Menschen, die ihr das angetan hatten, zu rächen.

Daß Charlotta das Gespräch zwischen Heinrich und seinem Onkel belauschte, ergab sich wie von selbst. Und es war gut, daß sie es getan hatte; denn, was sie auch zu hören bekam – nun wußte sie wenigstens, woran sie war.

»Zieh dich an – und warte hier!« hatte Heinrich gesagt, bevor er in den Salon ging, wo Fürst von Dommes-Barrach auf ihn wartete. Dann hatte er ihr Gesicht mit beiden Händen umfaßt und sich über sie gebeugt: »Hab keine Angst... Mein Onkel ist ein strenger Mann, das Oberhaupt der Familie... Aber er läßt mit sich reden. Fast bin ich froh, daß er hier ist. Jetzt bringen wir die Sache in Ordnung, ja?«

Doch seine beruhigenden Worte hatten ihren Zweck nicht erreicht. In ihnen hatte Unsicherheit mitgeklungen, Unbehagen über die bevorstehende Unterredung. Und vielleicht auch schon vorweggenommene Resignation, als ahnte er bereits, wie dieses Gespräch ausgehen würde. Das war der Grund, warum Charlotta über den Gang in das kleine Kabinett gehuscht war, nachdem sie sich mit fliegender Hast angezogen hatte. Hier konnte sie jedes Wort hören, das nebenan gesprochen wurde.

Fürst von Dommes-Barrach hatte eine tiefe, angenehme Stimme. Er sprach langsam, bedächtig und schien jedes Wort genau abzuwägen. Was er sagte, hatte Hand und Fuß – das mußte sich wider Willen selbst Charlotta eingestehen, obwohl ihr jedes Wort weh tat: Zu tief war in ihr der Respekt gegen diese Welt der Hocharistokratie eingewurzelt – eine Welt, in der sie, Charlotta, nur ein Gast war.

Heinrich dagegen... Er hatte nur eine Möglichkeit. Sich von dieser Welt loszusagen. Hatte er denn nicht immer wieder beteuert, daß ihm Charlottas Liebe viel mehr bedeutete? Daß er sich ein Leben ohne sie nicht mehr vorstellen konnte?

»... was hätte ich denn tun sollen?« hörte Charlotta ihn fragen. »Du darfst nicht vergessen, daß sie meinetwegen aus dem Haus der Marchesa Pansa gejagt wurde. Hätte ich mich wie ein Schuft benehmen und sie einfach auf der Straße stehenlassen sollen?«

»Dein verdammter Leichtsinn!« grollte die Stimme des Fürsten. »Und deshalb lebt sie seit sechs oder acht Wochen bei dir. Du wußtest ganz genau, in welche Schwierigkeiten dich das bringen würde. Warum schicktest du sie nicht nach Deutschland? Das hätte dich eine Fahrkarte gekostet, mehr nicht.«

»Du vergißt: ich liebe sie.«

»Das habe ich von dir schon oft gehört. Du sprichst dieses Wort ein bißchen zu leicht aus, mein Lieber. Bei jedem hübschen Hintern, der dir über den Weg läuft, behauptest du das gleiche. Und nach ein paar Wochen ...«

»Bei Charlotta ist das anders, Onkel.«

»Auch das hast du bei jeder gesagt.«

»Onkel, ich ...«

»Schweig! Es geht jetzt darum, wie wir die Geschichte wieder ins rechte Lot bringen. Du hast gehört: Entweder du brichst sofort die Beziehungen zu diesem Frauenzimmer ab, oder dein höchster Kriegsherr schickt dich umgehend in den afrikanischen Busch. Dort kannst du schwarze Hilfstruppen ausbilden, und dich zu Tode saufen. Du wärst nicht der erste.«

»Mein Gott, Onkel ... Ich kann doch nicht so einfach sagen, sie soll verschwinden! Das wäre unfair.«

»Ich habe mich dem Kaiser gegenüber verpflichtet, die Sache in Ordnung zu bringen. Diese – diese junge Dame verläßt noch heute deine Wohnung. Du kannst sie in eine Pension einquartieren oder in ein Hotel. Und bitte: kein Luxusappartement. Dann gebe ich dir noch vierzehn Tage Zeit, die Beziehung zu ihr zu lösen. Anschließend schickst du sie zurück nach Deutschland.«

»Dort hat sie niemanden, Onkel.«

»Ich werde dafür sorgen, daß sie eine entsprechende Stellung bekommt. Es dürfte ihr ganz guttun, wenn man sie auf ihre Grenzen aufmerksam macht. Meinetwegen auch eine kleine Abfindung...«

»Du kennst sie schlecht!«

»Ich kenne sie überhaupt nicht – und habe kein Verlangen, sie kennenzulernen. Von den Weibern, die du mir vorgeführt hast, habe ich langsam die Nase voll. Flittchen!«

»Ich muß dich bitten, Onkel!«

»Ich sagte: Flittchen. Sonst hätten sie sich nicht auf eine Liebschaft eingelassen, von der sie wissen müssen, wie sie enden wird. Ein Mann in deiner Stellung kann sich höchstens eine Mätresse erlauben. In aller Diskretion. Obwohl ich persönlich auch dagegen bin.«

»Mätresse... Was für ein häßliches Wort!«

»Dann nimm ein anderes.«

»Das«, sagte Heinrich nach einer Weile mit einem nervösen Auflachen, »das wäre vielleicht eine Möglichkeit... Es verpflichtet mich zu nichts... Nur – wie soll ich es ihr beibringen?«

Spätestens zu diesem Zeitpunkt hätte sie das Kabinett verlassen müssen, sagte sich Charlotta später. Sie hatte verloren. Aber sie blieb. Sie lauschte den Stimmen aus dem Salon weiter.

»Das ist deine Sache«, antwortete die Stimme des Fürsten. »Du hast dir die Suppe eingebrockt. Und jetzt noch etwas anderes: Ich habe in Berlin Marchesa Pansa und ihre Nichte Lucia kennengelernt. Von ihnen hatte der Kaiser übrigens Informationen über dich.«

»Lucia ist in Berlin?«

»Und wie sie da ist! Von Bewunderern umlagert... Nun, Marchesa Pansa gab mir zu verstehen, daß sie unter Umständen ein Auge zudrücken und über deinen Seitensprung stillschweigend zur Tagesordnung übergehen würden.«

»Tagesordnung? Wie stellst du dir das vor?«

»Du sollst Lucia heiraten. Meinen Segen hättest du. Sie ist ebenbürtig, reich, schön ... Scheint die richtige Frau, dich bei der Stange zu halten. Übrigens hat sie mich auf den Gedanken mit der Mätresse gebracht. In Italien scheint man darüber großzügiger zu denken als bei uns.«

»Sie ist ein Teufel!« lachte Heinrich. »Aber du hast recht: sie ist sehr schön. Allerdings glaube ich kaum, daß sie ausgerechnet mit Charlotta – als meiner Mätresse – einverstanden wäre.«

»Das glaube ich auch nicht. Und jetzt hör mir bitte gut zu, mein Junge: Ich schließe die Möglichkeit nicht aus, daß du dieses Mädchen wirklich liebst. Wenigstens glaubst du das im Augenblick. Es ist auch möglich, daß ich ihr unrecht tue und daß sie nicht nur aus Berechnung zu dir gekommen ist, obwohl ich es – aus Erfahrung – bezweifle. Wichtig ist allein: Du mußt wissen, daß Adel nicht nur ein Freibrief für allerlei Abenteuer ist, sondern eine Verpflichtung. Du bist das letzte Glied einer Kette von Männern, die sich ihre Privilegien durch ständige Bereitschaft erworben haben, für das Reich notfalls mit ihrem Leben einzustehen. Eine Aristokratie, die nur ihrem Vergnügen lebt, die sich krampfhaft an alte Privilegien anklammert, ohne sich zu sagen, daß diese immer aufs neue durch Bereitschaft und Leistung erkämpft werden müssen, eine solche Aristokratie ist zum Untergang verurteilt. Eine Frau wie diese kann dir unter Umständen ein paar vergnügte Stunden bereiten, mehr nicht.«

»Du vergißt die nötige Blutauffrischung, Onkel«, sagte Heinrich leichthin. »Charlotta ist nicht nur hübsch ... Sie hat Rasse.«

»Du kannst sie ja mit nach Afrika nehmen. Dort könnt ihr von deinem Sold leben. Deine Apanage wird dir – auf allerhöchsten Befehl – gestrichen.«

»Afrika? Bei einfachem Sold? Aber nein, Onkel!«

»Und was die Blutauffrischung betrifft ... Diese Lucia scheint eine Menge Feuer zu haben. Gerade das richtige für uns preußische Ackergäule. Unter uns ... Ihre Brust ... Donnerwetter! Eure Kinder werden kaum eine Amme brauchen.«

»Du hast sie dir ziemlich genau angesehen, Onkel!«

»Bin ich dazu nicht verpflichtet? Nun gut – du kennst mich. Es freut mich, daß du einsiehst …«

Leise wie sie gekommen war, verließ Charlotta das Kabinett. Ihr war übel vor Zorn und Enttäuschung, und als sie zurück ins Schlafzimmer kam, mußte sie sich für einen Augenblick setzen, um nicht den Boden unter den Füßen zu verlieren. Großer Gott, wie sie diesen Mann mit der tiefen Stimme haßte!

Und Heinrich … Eine tiefe, unsagbare Trauer breitete sich in ihr aus. Vielleicht nicht so sehr über das Ende ihrer ersten Liebe, als über sein schwächliches Versagen. Er hatte nachgegeben, ohne auch nur den Versuch zu wagen, Widerstand zu leisten. Ein paar vergnügte Stunden. Die hatte er gehabt. Übrig blieb nur die unangenehme Aufgabe, ihr beizubringen, daß es zu Ende war.

Wie konnte ich mich nur so täuschen? fragte sich Charlotta fassungslos. Wie konnte ich nur glauben, ich könnte für ihn je etwas anderes sein als eine – Mätresse! An diesem Nachmittag wurde in Charlotta der Keim einer unversöhnlichen Feindschaft und Verachtung für die Menschen gelegt, die sich dank ihrer Geburt für auserlesene Elite hielten – und oft nichts weiter waren als privilegierte Schwächlinge.

Charlotta stopfte ihre wenigen Habseligkeiten in die Reisetasche. Sie hatte Geld genug gespart, um zurück nach Deutschland zu fahren und sich dort nach einer Arbeit umzusehen. Vor dem Schrank mit ihren Hüten zögerte sie, schob dann die Unterlippe trotzig vor und setzte das neue Hütchen auf, das sie am Vortag gekauft hatten. Dieser Hut und das Kleid, das sie anhatte … Das würde er verschmerzen. Alles andere wollte sie hierlassen.

Dann verließ sie die Wohnung, vorbei am Salon, aus dem noch immer die tiefe Stimme des Fürsten drang, vorbei an der Küche, wo Franz, der Diener, hantierte … Die Wohnungstür fiel hinter ihr mit leisem Schnappen ins Schloß.

2

Einen Tag vor dem Fürsten von Dommes-Barrach stieg auch Baronin Constanze von Winthorst, von Baden-Baden kommend, im Hotel »Hassler-Villa Medici« ab.

Die Sorge um das Gepäck überließ sie ihrer englischen Zofe Alberta, die im Lauf der Zeit ein großes Geschick im Verhandeln mit Gepäckträgern aller Nationen entwickelt hatte und selbst mit den italienischen fertig wurde, was – wie man weiß – nicht einfach ist.

Baronin von Winthorst war eine große, hagere Frau Mitte Sechzig mit strengen, fast männlichen Gesichtszügen. Um ihre schmalen Lippen lag immer ein Zug von Bitterkeit und Menschenverachtung, wie das oft bei schwerblütig veranlagten Menschen zu sein pflegt, denen Unrecht widerfahren ist.

In dieser ersten Nacht in Rom schlief die Baronin schlecht. Erst gegen Morgen verfiel sie in einen flachen, von wirren Träumen immer wieder unterbrochenen Schlaf, bis sie durch das Keifen einer Frauenstimme von unten endgültig geweckt wurde. Zu Mittag aß sie mit Alberta in einer kleinen Trattoria an der Piazza di Popolo, die berühmt war durch ihre stets frischen Gambaris und den unverfälschten Landwein aus den Albaner Bergen. Um die neugierigen Blicke der Männer von den Nachbartischen kümmerte sie sich nicht; daran hatte sie sich bei ihren rastlosen Reisen kreuz und quer durch Europa gewöhnt. Nach dem Mittagessen legte sie sich für zwei Stunden hin und unternahm dann allein einen Spaziergang auf dem Pincio.

Hier sah sie das Mädchen – oder die junge Frau – zum erstenmal. Sie saß allein auf einer Bank. Reglos, mit hängenden Schultern, leicht zur Seite geneigtem Kopf und wie zu einem Gebet gefalteten Händen zwischen den Knien. Der warme, nach Meer riechende Südwestwind aus der Campagna spielte mit einer Strähne ihres braunen Haares, die unter dem hübschen Hütchen hervorgerutscht war. Mit weit offenen Augen blickte sie vor sich hin; doch schien sie kaum etwas wahrzunehmen.

Aber nicht diese starre Reglosigkeit bewog die Baronin langsamer zu gehen und das Mädchen betroffen anzusehen. Es war ein eisiger, nahezu greifbarer Hauch von Einsamkeit, von dem es umgeben wurde. Seine Haltung drückte Hoffnungslosigkeit aus, Resignation und Verzweiflung. Die Verzweiflung eines Menschen, der…

Was eigentlich? Die Baronin suchte vergeblich nach den Worten, die das Unfaßbare umschreiben konnten. Sie blieb zögernd stehen. In diesem Augenblick hob das Mädchen den Kopf und blickte die Baronin voll an. Seine Augen waren groß und dunkel, sie schienen das hübsche Gesichtchen gleichsam aufzuzehren. Sie flehten um Hilfe – und baten zugleich, nichts zu fragen, nichts zu sagen… Wie die Augen einer geschundenen Kreatur, die sich in einen verborgenen Winkel verkrochen hatte auf der Suche nach Ruhe und Frieden.

Dem Frieden des Todes? Aber das ist doch Unsinn! sagte sich die Baronin ärgerlich, wandte sich ab und ging schnell weiter. Ich übertreibe wieder einmal. Ein junges Mädchen mit Liebeskummer. Das gab sich. Sie verließ den Park und bemühte sich, nicht mehr an das Mädchen zu denken. Als sie jedoch auf dem Weg ins Hotel an der »Santissima«-Kirche vorbeikam, wurden ihre Schritte wieder langsamer. Diese Verzweiflung, dachte sie… Und nun fand sie das Wort: Es war die Verzweiflung eines Menschen, der weder aus noch ein wußte und mit dem Leben abgeschlossen hatte.

Entschlossen drehte sie sich um, ging zurück, und als sie den Park wieder erreichte, lief sie fast. Dann sah sie, was sie auf dem ganzen Rückweg insgeheim befürchtet hatte: Die Bank, auf der vorhin das Mädchen gesessen hatte, war leer. Das Mädchen war verschwunden.

Straßen, Menschen, Gesichter… Ein geckenhaft angezogener Galan, der vor ihr stehenblieb, sie grinsend anstarrte, ihr dann eine ganze Weile folgte, der blinde Bettler an einer Kirchentür, ihre Ware ausrufende Straßenverkäufer, ein zerlumpter Mann, der sich anbot, ihre Tasche zu tragen, und in laute Verwünschungen ausbrach, als sie es ablehnte.

Als Charlotta Heinrichs Wohnung verlassen hatte, war sie wie betäubt gewesen – bis nach einer Weile die Betäubung dem Schmerz gewichen war. Ich will nicht, dachte sie, als sie über die Spanische Treppe nach unten lief und die Piazza di Spagna überquerte. Ich will nicht… Mein Gott, was soll ich nur tun?

In die Straßenschluchten, wo sie sich etwas später befand, drang kaum je ein Sonnenstrahl. Häßliche, dunkle Häuser, Geruch nach angebranntem Essen, nach ungewaschenen Körpern, schmutzigen Windeln, Unrat… Und überall Kinder. Kinder in dunklen Hauseingängen, schreiende, lachende, spielende, sie aus dunklen, wissenden Augen anstarrende Kinder, bettelnde Kinder mit kleinen, schmutzigen, bittend ausgestreckten Händen…

Charlotta sah kaum etwas davon. Es war zu Ende. Was tat sie noch hier? Warum ging sie nicht weg? Sie müßte nur zum Bahnhof, eine Fahrkarte kaufen, fahren… Warum tat sie es nicht? Nach einer Weile wurde es um sie wieder heller. Sie durchquerte einen kleinen Park, blieb vor dem Springbrunnen in der Mitte stehen und tauchte die Hände ins Wasser. Das Wasser war klar, kalt, es tat ihren Händen wohl. Sie benetzte ihr Gesicht, trocknete es mit dem Taschentuch ab.

Die Zeit verging. Abend. Nacht. Die schattenhafte Gestalt einer Frau näherte sich. Eine Dirne. Ihren Regenschirm schwingend, stakste sie vorbei, warf Charlotta einen mißtrauisch-prüfenden Blick zu, verschwand in der Dunkelheit. Dann hörte man von dort eine murmelnde Männerstimme und ihr hohes, gedämpftes Kichern. Kirchturmuhren schlugen an. Charlotta zählte unbewußt mit: sieben – acht – neun.

Ich muß weiter, sagte sie sich. Zum Bahnhof… Ich weiß gar nicht, wo… Ich könnte auch eine Droschke nehmen… Schritte näherten sich, verharrten. Charlotta stand auf, strich ihren Rock glatt, nahm die Reisetasche vom Boden.

»Signorina – he – Signorina!« Zwei Männer traten aus dem Schatten unter den Bäumen auf sie zu. Der eine groß, schlaksig, der andere kleiner, mit einem dichten schwarzen Hängeschnurrbart.

Der Große beugte sich vor, sah ihr ins Gesicht, grinste. Der Geruch nach Knoblauch und nach saurem Wein kam von ihm, seine Augen glitzerten. »Warum so allein, Signorina?« fragte er heiser.

Der Schnurrbärtige lachte glucksend. Charlotta wandte sich ab, wollte gehen, aber der Große hielt sie fest, und das Grinsen auf seinem hageren Habichtsgesicht vertiefte sich.

»Aber nein, Signorina! Warum so abweisend?« Und der Schnurrbärtige glucksend: »Eine stolze, schöne Signorina, Antonio, was?«

Charlotta versuchte sich loszureißen, doch die knochige Hand des Großen hielt ihren Arm wie in einem Schraubstock fest. Sie schluchzte auf, sagte sich, daß sie um Hilfe rufen mußte, versuchte es auch, aber bevor noch ein Laut über ihre Lippen kam, schlug ihr der Große blitzschnell mit der freien Hand ins Gesicht, und gleich darauf spürte sie unterhalb der linken Brust einen scharfen Schmerz.

»Spar dir dein Temperament für nachher, Signorina!« zischte er. »Spürst du's? Ein hübsches, scharfes Messerchen..., Ich brauche nur ein bißchen fester zu drücken, nur ein kleines bißchen tiefer, ja? Soll ich? Soll ich?«

Charlotta stand wie erstarrt da, der Schmerz ließ nach, und das Glucksen des Schnurrbärtigen klang jetzt atemlos wie das Hecheln eines geifernden Hundes.

»Los, Antonio, warum warten wir noch?« fragte er zwischendurch, und der Klang seiner Stimme jagte über Charlottas Körper einen eisigen Schauer. Das ist nicht wahr! sagte sie sich. Das kann nicht sein – *es ist nicht wahr!*

Rom gehörte zu jener Zeit zu den unsichersten Großstädten der

Welt. Charlotta hatte immer wieder von »Briganti« gehört, von Raubzügen, Mord, Überfällen, Vergewaltigungen. Die Polizei war machtlos – und verschanzte sich bei Einbruch der Dunkelheit nicht selten in ihren zu kleinen Festungen ausgebauten Stationen. Ganze Stadtteile wurden von straff organisierten Verbrecherbanden beherrscht und terrorisiert, unter denen die sizilianische Mafia die Hauptrolle spielte: dies galt vor allem für die Slums am Tiber.

Doch nie hätte Charlotta für möglich gehalten, daß eines Tages auch sie überfallen werden könnte. Diese schrecklichen Männer... Eine grauenvolle Wirklichkeit. Die blitzende Klinge eines langen Messers, die ihr der Große für einen Augenblick drohend vor das Gesicht hielt. Der stechende Schmerz in ihrem Rücken, als er sie mit einem harten Stoß herumdrehte und vor sich her gegen das dichte Gebüsch in der Tiefe des Parks stieß.

»Geh – geh voraus! Und denk an das hübsche, scharfe Messerchen! Spürst du's? Spürst du's?« Der Große drückte Charlotta zu Boden und fiel über sie wie ein Tier. »Zeig jetzt dein Temperament, Signorina – zeig's jetzt – zeig's jetzt!« keuchte er, riß ihren Rock hoch und preßte die Knie zwischen ihre Beine.

»Mach sie fertig, Antonio!« hechelte glucksend der Schnurrbärtige. »Aber laß mir auch noch etwas übrig. Nur zu, Antonio, nur zu!«

Charlotta wehrte sich, so gut sie konnte, aber der Große ließ das Messer fallen und schlug ihr mit flacher Hand ins Gesicht, einmal, zweimal, dreimal. Es ist nicht wahr, dachte sie, während sie wie teilnahmslos dalag und die großen, gierigen Hände des Mannes ihren Körper abtasten fühlte. Es ist nicht wahr, es ist nicht wahr! Sie wußte, daß dieses Entsetzliche gleich geschehen würde, im nächsten Augenblick. Ihre Finger umklammerten ein Grasbüschel, als müßte sie sich daran festhalten, ließen es los, tasteten weiter, schlossen sich um etwas Hartes, Glattes... Das Messer.

Für den Bruchteil einer Sekunde erstarrte Charlotta. Dann hob sie die Hand mit dem Messer und stieß mit aller Kraft zu. Der harte, schwere Körper des Mannes bäumte sich auf, prallte zurück.

»Madonna mia!« keuchte er. »Sie hat mich... Madonna, hilf mir!«

»Was ist, Antonio, was ist?« rief der Schnurrbärtige verständnislos.

Charlotta schüttelte endgültig die Schwäche von sich ab, rollte mit katzenhafter Gewandtheit herum, weg vom Schnurrbärtigen, richtete sich auf die Knie auf und streckte die Hand mit dem Messer vor sich hin. Das gelöste Haar fiel ihr in langen Strähnen über die Schultern, die dunklen Augen in ihrem marmorweißen Gesicht glühten.

»Sie hat – das Messer...«, ächzte der Große, preßte die Hände auf den Körper, und zwischen seinen Fingern quoll es dunkel hervor. »Die Schlange – Madonna mia – sie hat...« Seine Stimme verlor sich in einem Schluchzen, sein Geiergesicht war vor Schmerz verzerrt, und in seinen Augen stand das Grauen. Ohne den Blick von der reglosen Charlotta zu wenden, stand er stöhnend auf und taumelte davon.

Der Schnurrbärtige verharrte wie vor einem unsichtbaren Hindernis. »Eine Hexe«, flüsterte er heiser, bekreuzigte sich, wich zurück, bückte sich blitzschnell, ergriff Charlottas Reisetasche und verschwand in der Dunkelheit.

Als die Schritte der Männer bereits längst verklungen waren, stand Charlotta auf, schüttelte den Rock gerade und begann zu gehen. *Ich muß weg, wohin soll* ich *gehen? Sie haben die Tasche mitgenommen, das Geld*... Das Klappern der Hufe eines müde dahintrottenden Droschkengauls auf dem Pflaster. Die schattenhaften Gestalten zweier Dirnen in einem dunklen Hausgang. Die langgezogenen Töne eines Volkslieds aus der Kneipe weiter unten. Die graue, ölig-träge Wasserfläche des Tiber.

Charlotta trat auf die menschenleere Brücke, die hinüber zu Monte Gianicolo führte, und lehnte sich an die Brüstung. Sie blickte an sich hinunter, ihr Körper erschien ihr seltsam fremd, und dann sah sie, daß sie das Messer noch immer in der Hand hielt. Sie hob die Hand und schaute verständnislos auf die lange, scharfe Klinge mit einigen rostbraunen Flecken auf dem blanken Stahl. Blut. Und Blut auch auf ihrer Hand.

Wie ein scharfer Lichtstrahl, der plötzlich die Dunkelheit durchbricht, traf sie die Erinnerung an eine andere, von Blut beschmutzte Hand: die tolpatschige Hand eines Jungen mit dem versiegelten Päckchen, das er dem toten Mann im Park vor dem Neuen Palais in Potsdam abgenommen hatte.

Die Erinnerung kam und erlosch. Mit einer jähen, angeekelten Gebärde schleuderte Charlotta das Messer in die Tiefe und versuchte die Hand an ihrem Kleid sauberzureiben. Ihr wurde übel, sie sagte sich, daß sie die Hand abwaschen mußte, jetzt gleich, und den Schmutz von diesem Mann, den Gestank, das Wasser…

Sich fallen lassen. Das dunkle, unter der Brücke gluckernde Wasser. Eine Rosenblüte auf den Wellen: Sie hatte die Rosenblüte von der Brücke geworfen, damals, ein kleines Mädchen noch. Sanft schaukelnd auf den Wellen, auf dem Weg in die Ferne, ins Meer… Ein bleiches Gesicht mit geschlossenen Augen in der grünen Dämmerung des Wassers, langes, in der Strömung wie seidige Wasserpflanzen wallendes Haar, Rosen im Garten, wo sie *ihn* zum erstenmal getroffen hatte, abgerissene, tote Rosen im Wasser…

Baronin von Winthorst stand am Fenster ihres Salons im Hotel, von wo man einen herrlichen Blick über Rom hatte, bis hin zu der gewaltigen Kuppel des Petersdoms, die nach und nach im Dunst der hereinbrechenden Nacht versank. Das goldene Kreuz auf dem hohen, schlanken Obelisken oberhalb der Spanischen Treppe glänzte matt. Von der »Santissima«-Kirche kam kaum hörbar der getragene Klang von Orgelmusik.

Das Mädchen aus dem Park auf dem Pincio… Wohin es wohl gegangen sein mochte? Ich hätte nicht vorbeigehen sollen, dachte die Baronin. Ich hätte die Kleine fragen sollen, ob sie Hilfe brauchte. Warum tat ich es nicht? Ist es Gleichgültigkeit, die uns vorbeigehen läßt, obwohl wir wissen, daß wir es nicht tun dürften?

Wie allein sie war! Allein – wie ich es bin. Überall. Hier in Rom genauso wie in Paris, London, Baden-Baden oder Monte Carlo. Immer allein …

Die Baronin wandte sich mit einem Seufzer vom Fenster und ging ins Bad, um sich für die Ausfahrt zurechtzumachen, als es klopfte. Ein Page brachte auf einem silbernen Tablett eine Visitenkarte. *Graf Eberhard von Wellinghausen,* las die Baronin die verschlungene Schrift.

»Der Signor wartet unten im Salon … Der Signor sagt, es wäre ganz dringend und ob er hinaufkommen dürfe …«

»Ich kenne den Signor nicht«, murmelte die Baronin. »Warte, ich gehe selbst hinunter.«

Graf Wellinghausen war ein rundlicher, lebhafter Mann um die Vierzig, mit hellen, gescheiten Augen und einem Spitzbart nach der Art Napoleons III. Die Manier, wie er sich bewegte und wie er sprach, verriet einen alten, geschulten Diplomaten.

»Die Angelegenheit, um die es sich handelt, ist sehr wichtig und sehr delikat«, eröffnete der Graf das Gespräch. »*Wie* wichtig, können Sie daraus ersehen, daß ich Ihnen nach Rom nachgereist bin, nachdem ich Sie in Baden-Baden nicht mehr angetroffen habe.«

»Und vor Baden-Baden kamen Sie aus …?«

»Berlin.«

»Und – in welcher Angelegenheit?«

»Im Auftrag Seiner Majestät des Kaisers.«

»Dann, mein lieber Graf«, sagte die Baronin nach einer Weile eisig, »fürchte ich, daß Sie sich umsonst bemüht haben.« Sie wandte sich zur Tür.

»Einen Augenblick noch, Baronin!« rief der Graf. »Sehen Sie – Ihre Abneigung gegen Potsdam und den kaiserlichen Hof ist uns bekannt. Aber glauben Sie nicht, daß es nach dieser langen Zeit nun doch angebracht wäre, Frieden zu schließen? Seine Majestät beauftragte mich, Ihnen zu sagen, daß sie bereit sei, jedes an Ihnen begangene Unrecht wiedergutzumachen.«

»Seit wann ist unsere Majestät so großzügig?« fragte die Baronin spöttisch. »Das ist mir ganz neu... Und jetzt entschuldigen Sie mich. Ich habe einer Freundin versprochen, bei ihr zu Abend zu essen und muß eine Droschke bestellen.«

»Darf ich Sie in meinem Wagen mitnehmen? Er steht vor der Tür. Tun Sie mir den Gefallen, Baronin... Während der Fahrt könnten wir alles Weitere besprechen.«

»Sie meinen – es wäre sehr peinlich für Sie, vor Ihrem unduldsamen Herrn zu stehen und sagen zu müssen, dieser Drachen wollte mich nicht einmal anhören?« fragte die Baronin mit einem flüchtigen Lächeln. »Also kommen Sie. Gloria wohnt am Monte Gianicolo.«

Der Wagen des Grafen von Wellinghausen rollte durch die Via del Tritone, überquerte den Corso, strebte an der Fontana di Trevi vorbei westwärts gegen die Tiberbrücken.

»Es handelt sich um die Ereignisse des 15. Juni 1888«, begann der Graf. »Oder genauer: um den Auftrag, den Ihnen Kaiserin Friedrich an diesem Tag erteilt hatte.«

»Ich dachte es mir...«, murmelte die Baronin.

»Wie Sie wissen, hatte Victoria – oder Kaiserin Friedrich – eine sehr rege Korrespondenz unterhalten. Vor allem mit ihrer Mutter, der Queen Victoria. In ihren Briefen hatte sie sich – gelinde gesagt – sehr frei geäußert.«

»Sie meinen – die Kaiserin hätte über ihren Sohn Wilhelm und Bismarck manche sehr treffende und sehr unangenehme Wahrheiten gesagt?«

»In den letzten Jahren vor ihrem Tod schrieb sie an einer Biographie ihres Mannes, des Kaisers Friedrich. Dazu hatte sie sich von der Queen Victoria und ihrem Bruder Eduard die gesamte Korrespondenz schicken lassen, um gewisse Stellen wörtlich zitieren zu können. Die Biographie wurde nie fertig. Zum Glück, können wir sagen.«

»Zum Glück – für wen?« fragte Baronin von Winthorst spöttisch.

Aber der Graf ließ sich nicht beirren. »Nach dem Tode der Queen und kurz bevor sie selbst starb, schickte Kaiserin Friedrich die Briefe an das königliche Archiv in Windsor zurück. Aber sie kamen dort nie an.«

»Das war vor sieben Jahren... Was habe ich heute damit zu tun?«

»Die Briefe blieben verschwunden, bis auf einige wenige, die wir kürzlich in unseren Besitz bringen konnten. Darunter befindet sich auch einer, in dem die Kaiserin den an Sie erteilten Auftrag erwähnt.« Der Graf machte eine kurze Pause, als wollte er die Bedeutung seiner nachfolgenden Worte unterstreichen: »Am 15. Juni 1888 übergab Ihnen die Kaiserin ein versiegeltes Päckchen mit dem Auftrag, es zur englischen Botschaft zu bringen und es dem damaligen Militärattaché zu übergeben. *Ich habe Baronin von Winthorst als die vertrauenswürdigste aller meiner Hofdamen kennengelernt,* schreibt die Kaiserin wörtlich. *Aber ich habe mich in ihr bitter getäuscht.* Das Päckchen kam in der englischen Botschaft nie an.«

»Warum erzählen Sie mir das alles?« fragte die Baronin mühsam.

»Wir kennen die Kaiserin Friedrich«, sprach der Graf weiter. »Man soll über Tote nichts Schlechtes sagen... Andererseits... Wir wissen nun, was sich in diesem Päckchen befand. Und warum die Kaiserin unter allen Umständen verhindern wollte, daß es in die Hände ihres Sohnes, des Kaisers, gelangte.«

Der Wagen hatte jetzt den Tiber erreicht und fuhr am Fluß entlang zu der Brücke, die hinüber zum Monte Gianicolo führte. Die träge Wasserfläche schimmerte matt im Licht der Gaslaternen. Jetzt bog der Wagen auf die Brücke ein.

»Ich brauche Ihnen ja nicht zu erläutern, welche Folgen es

haben würde, wenn der Inhalt dieses Päckchens in falsche Hände geriete«, sagte der Graf. »Wir müssen unter allen Umständen…« Er verstummte, als er merkte, daß ihm die Baronin gar nicht zuhörte, sondern, sich so weit wie möglich vorbeugend, angestrengt durch das Fenster sah.

Diese dunkle, schmale Gestalt mitten auf der Brücke… Eine junge Frau, kaum zu sehen… Und doch weckte sie in der Baronin die Erinnerung an das Mädchen, das allein auf der Bank saß, an die Verzweiflung in seinen Augen… Still, so still wie das Mädchen auf der Bank, stand sie an der steinernen Brüstung, starrte hinunter auf das Wasser. Sie war es.

Baronin von Winthorst befreite sich von der Erstarrung, die sie wie mit eisigen Fingern umklammert hielt. »Lassen Sie anhalten!« rief sie und pochte mit den Fingerknöcheln laut auf die Trennscheibe zum Fahrer. »Anhalten – um Himmels willen – schnell!«

An diesem Tage sollte das Leben der Baronin von Winthorst einen neuen Sinn gewinnen. Sie fand eine Aufgabe und machte sich nun mit der ihr eigenen Energie und Zielstrebigkeit daran, sie zu lösen. Als sie aus dem Coupé des Grafen von Wellinghausen stieg und zu der einsamen, schmalen Frauengestalt am Brückengeländer lief, wußte sie das freilich noch nicht. Im Augenblick tat sie nur, was sie für notwendig hielt, um sich später nicht Vorwürfe machen zu müssen, Unheil vorausgeahnt und nichts dagegen getan zu haben.

Graf Wellinghausen beugte sich vor und folgte der Baronin mit dem Blick. Zu ärgerlich! Ausgerechnet jetzt, nachdem er sich bei dieser störrischen Frau endlich Gehör verschafft hatte, mußte das passieren! Wer war eigentlich diese Person an der Brückenbrüstung? Das unordentliche Kleid, der schmutzige, zerknitterte Rock, das wirre Haar… Eine Dirne? Wahrscheinlich. Was aber hatte Baronin von Winthorst mit einer römischen Dirne zu schaffen?

Der Graf bekam sehr bald Gelegenheit, sich noch mehr zu wundern. Er sah die Baronin mit der Fremden sprechen. Es dauerte ziemlich lange. Er sah, wie die Baronin schließlich den Arm um ihre Schultern legte, sie zum Wagen führte... Wollte sie am Ende diese Frau mitnehmen? fragte sich der Graf entsetzt. Eine Dirne? Genau das aber hatte die Baronin vor.

»Ich muß Sie bitten, uns zurück ins Hotel zu fahren«, sagte sie, als sie mit der jungen, ihr willenlos folgenden Frau den Wagen erreichte.

»Uns?« fragte der Graf indigniert.

»Jawohl – uns!«

»Aber... Unser Gespräch!«

»Das hat Zeit, mein lieber Graf. Konnte Ihr kaiserlicher Auftraggeber zwanzig Jahre lang warten, wird er es auch bis morgen tun können. Bitte, rücken Sie etwas zur Seite. Und du, mein Kind, steig ein!«

Die Entscheidung war gefallen. Die Weichen für Charlottas Zukunft wurden gestellt. Sie schämte sich ihrer Hilflosigkeit und Schwäche, und sie wollte kein Mitleid. Und vielleicht folgte sie dieser fremden Frau nur, weil sie auf der Brücke über den Tiber die richtigen Worte gefunden hatte:

»Es gibt viele Flüsse wie diesen hier. Über jeden gibt es Brücken, und auf jeder von ihnen steht irgendwann einmal ein Mensch, dessen Verzweiflung größer ist, als der Wunsch weiterzuleben. Aber die Stunde der Verzweiflung ist nicht die richtige Zeit, um eine Entscheidung zu treffen, die nicht mehr rückgängig gemacht werden kann. Komm jetzt. Ich bringe dich nach Hause.«

»Nach Hause? Wohin – nach Hause?«

»Hast du niemanden, der...«

»Nein.«

»Ich verstehe. Dann kommst du mit mir.«

Das hatte so entschieden und zugleich so selbstverständlich geklungen, daß Charlotta gar nicht anders konnte, als mitzugehen. Nun saß sie im Wagen, die fremde Frau hielt ihre Hand mit einem warmen Griff fest, und sie fragte sich nur wie nebenbei, wohin die Fahrt gehen sollte.

»Wenn ich mir die Frage erlauben darf, Baronin«, hörte sie den Mann in der anderen Ecke sagen, »was haben Sie vor?«

»Nichts Besonderes. Wir fahren nur ins Hotel.«

»Mit – ihr?«

»So ist es.«

Von nun an schwiegen sie, bis der Wagen vor dem hellerleuchteten Hotelportal stand und ein livrierter Diener den Schlag aufriß. »Kommen Sie morgen wieder, Graf!« sagte die Baronin. Dann führte sie Charlotta in die Hotelhalle.

Charlotta nahm alles, was mit ihr geschah, wie hinter einer Glaswand wahr: die verstummenden Gespräche und die neugierigen Blicke der in der Halle herumsitzenden Gäste. Die befremdete Miene des Portiers, als die Baronin ein Zimmer neben ihrem Appartement verlangte und mit einer herrischen Handbewegung seinen aufflackernden Widerspruch in buckelnde Dienstbeflissenheit verwandelte. Das Spießrutenlaufen über dicke Teppiche. Das große, schöne Hotelzimmer. Der prüfende Blick der Baronin auf ihr verschmutztes Kleid. »Zuerst nimmst du ein Bad. Glaub mir, nach einem Bad fühlt man sich wie neugeboren. Danach sieht alles anders aus.«

Danach: Alberta, die schweigsame, etwa vierzigjährige englische Zofe der Baronin, hatte das Haus verlassen. Angetan mit einem bis zum Boden reichenden Flanellhemd, lag Charlotta in dem großen Bett, die Baronin saß daneben und blickte sie an.

»Du mußt mir nichts erzählen, wenn du nicht willst. Erst wenn du meinst...«

»Ich habe einen Menschen getötet«, sagte Charlotta.

Die Baronin richtete sich auf. »Wann?« fragte sie, nachdem sie ihre Überraschung überwunden hatte.

»Heute abend. Kurz bevor...«

»Wer war es?«

»Ich weiß es nicht.«

»Wie ist es geschehen?«

»Sie waren zu zweit, und sie haben mich überfallen«, sagte Charlotta. »Sie haben mich ins Gebüsch gezerrt und zu Boden geworfen. Einer von ihnen bedrohte mich mit seinem Messer. Er ließ das Messer fallen, und dann fand ich es und...« Sie verstummte, ihre Augen starrten an der Baronin vorbei ins Leere.

»War er sofort tot?« fragte die Baronin.

»Nein. Er lief davon, und der andere auch, sie nahmen meine Tasche mit, und das Blut...«

»Es waren Banditen, und du hast in Notwehr gehandelt«, sagte die Baronin entschieden. »Wenn er weglief... Wahrscheinlich war's nur ein harmloser Stich.«

»Das Blut – das viele Blut«, flüsterte Charlotta mit zitternden Lippen. Die Baronin beugte sich vor und legte ihre Hand beruhigend auf Charlottas Augen. Dieses Kind, dachte sie, mein Gott, was hat man diesem Kind angetan!

»Du wirst jetzt zwei Tabletten nehmen, und dann wirst du schlafen«, sagte sie leise, und in ihre Stimme hatte sich ein ganz neuer, weicher Klang eingeschlichen. »Und morgen erzählst du's mir. Wer du bist, woher du kommst... Morgen. Dann sehen wir weiter.«

Sie saß an Charlottas Bett auch dann noch, als diese längst eingeschlafen war. Eine Mörderin? fragte sie sich, während sie das im Schlaf gelöste Gesicht des Mädchens betrachtete, mit dem Schatten der langen Wimpern auf dem weichen Oval der Wangen, den blassen, halboffenen Lippen, den schweren, seidig glänzenden Haarflechten, die über die schmalen, zerbrechlich wirkenden Schultern fielen. Eine Mörderin? Welch ein Unsinn! Ein hilfloses, verirrtes Kind, das sich verlaufen hat und weder aus noch ein weiß. Und ich...

In diesen Augenblicken keimte in der Baronin ein Entschluß und zugleich eine Hoffnung auf. Sie hatte Verantwortung übernommen, als sie Charlotta hierhergebracht hatte. Aber waren Verantwortung und das Gefühl, gebraucht zu werden, nicht gerade das, was ihr so lange gefehlt und ihr unstetes Leben so leer gemacht hatte?

Die Baronin stand leise auf, beugte sich über Charlotta und küßte sie auf die Stirn. Dann schirmte sie mit einem dunklen Tuch die Nachttischlampe ab und verließ das Zimmer.

»Du weißt, was ich von Wilhelm halte. Er ist zwar mein Sohn, aber das bedeutet nicht, daß ich blind bin für seine Schwächen. Er ist eitel, selbstgerecht, verträgt nicht die geringste Kritik. Da er von nun an mit der ganzen Machtfülle eines Deutschen Kaisers ausgestattet ist, werden sich seine unliebsamen Eigenschaften ins Unerträgliche steigern. Alle katzbuckeln vor ihm, bestärken ihn in seinen unreifen Absichten, und selbst Bismarck läßt ihm alles durchgehen, in der Meinung, ihn auf diese Weise leichter zu führen und zu beherrschen. Aber wenn mich nicht alles täuscht, wird ihm dieser Knochen im Halse steckenbleiben! Ich selbst habe in den Tagen nach dem Tod meines geliebten Mannes Wilhelms Willkür zu spüren bekommen. Wie sehr bin ich doch gedemütigt worden! Zu allem Überfluß ist auch noch etwas geschehen, dessen Folgen nicht zu übersehen sind. Ich habe Baronin von Winthorst – Du kennst sie – als die vertrauenswürdigste aller meiner Hofdamen kennengelernt. Deshalb beauftragte ich sie, die Sendung, von der wir neulich gesprochen haben, zur englischen Botschaft zu bringen, von wo sie mit einem Kurier weiter nach London geschafft werden sollte. Es handelte sich dabei um ein von mir selbst versiegeltes Päckchen. Aber ich habe mich in der Baronin bitter getäuscht. Die Person, der ich so rückhaltlos vertraute, hat mich schmählich hintergangen. Bin ich denn wirklich nur von Lüge, Verrat, Egoismus und Willkür umgeben?«

Die Baronin faltete das Schreiben mit langsamen, eckigen Bewegungen wieder zusammen und gab es dem Grafen von Wellinghausen zurück. Dann stand sie auf, ging ans Fenster des Salons in ihrem Hotelappartement, wo sie den Grafen empfangen hatte, blieb dort stehen und lehnte die Stirn an die Scheibe.

»Das war der Brief der Kaiserin Friedrich an ihre Mutter, die Queen Victoria, von dem ich Ihnen gestern erzählt habe«, hörte sie den Grafen sagen. »Verstehen Sie nun, warum ich Sie – im Auftrag Seiner Majestät – unbedingt sprechen mußte?«

»Drücken Sie sich bitte deutlicher aus, Graf!«

»War das nicht deutlich genug?«

»Sie meinen also, ich wüßte, wo dieses Päckchen geblieben ist? Vielleicht meinen Sie sogar, ich hätte es zurückbehalten, um bei einer passenden Gelegenheit … Eine kleine Erpressung …«

»Müssen wir das wirklich so deutlich aussprechen, Baronin?«

»Sie Narr!« flüsterte die Baronin heiser. »Wenn dem so wäre, hätte ich dann damit zwanzig Jahre lang gewartet?«

»Das ist ein Argument. Aber wo ist das Päckchen dann?«

»Ich weiß es nicht.«

»Sie haben es von der Kaiserin bekommen. Sie sind damit weggegangen. Wie kann es dann plötzlich verschwunden sein?«

Die Baronin wandte sich vom Fenster und blickte den Grafen mit einem kleinen, boshaften Lächeln an. »Ich habe der Kaiserin damals alles erzählt, was ich wußte. Das sollte genügen. Sicherlich hat sie auch *darüber* in einem ihrer Briefe an die Queen geschrieben. Vielleicht finden Sie den Brief. Auch habe ich die Kaiserin damals gebeten, mir eine Chance zu geben. Mich nach dem Päckchen suchen zu lassen. Ich hatte so eine Ahnung … Aber sie hat mich davongejagt. Jetzt ist es zu spät. Ich will über diese Dinge nichts mehr hören.«

»Das ist doch nicht Ihr letztes Wort, Baronin!«

»Doch. Es gibt für mich Wichtigeres zu tun, als mir über diese uralte Geschichte, an der ich lange und schwer genug getragen habe, den Kopf zu zerbrechen.«

»Seine Majestät wird...«

Die Baronin unterbrach den Grafen mit einer ungeduldigen Handbewegung. »Damit wir uns verstehen: Die Majestät ist mir so gleichgültig wie nur möglich. Er hat ein gutes Gedächtnis. Vielleicht erinnern Sie ihn an das, was er damals zu mir gesagt hat.

Auf jeden Fall bin ich nicht bereit, für seine Angelegenheiten auch nur einen Finger krumm zu machen!«

»Es gibt keine Angelegenheiten, die allein den Kaiser betreffen, Baronin. Ihn persönlich. Es geht immer um das Reich.«

»Dienst am Reich... Himmel, wie melodramatisch!« Die Baronin lachte. »Und das sagen Sie ausgerechnet mir! Meine Vorfahren kannten ja nie etwas anderes. Wußten Sie, daß einer von ihnen mit dem Ritterorden nach Ostpreußen gezogen ist? Daß ein anderer General des Soldatenkönigs war? Daß sie dem Alten Fritz gedient haben, gegen Napoleon gekämpft, daß ein Onkel von mir als Oberst im Krieg 1870/71 gefallen ist? Daß ich selbst als achtzehnjähriges Mädchen in den Dienst der Kaiserin getreten und ganz und gar darin aufgegangen bin – bis man mich davongejagt hat? Bei Gott! Ich habe es nicht nötig, daran erinnert zu werden, was man dem Reich schuldet!«

»Nun gut, Baronin.« Der Graf stand auf, trat zu der Frau am Fenster, und in seiner Stimme klang unverkennbare Drohung mit, als er sagte: »Sie sprachen davon, daß der Kaiser ein gutes Gedächtnis hat. Sie kennen ihn seit seinen Jugendjahren. Dann wissen Sie aber auch, daß er unversöhnlich ist. Und daß es Mittel und Wege gibt...«

»Einen alten, störrischen Besen wie mich gefügig zu machen, nicht wahr?« beendete die Baronin. »Sie drohen mir also. Das hätten Sie lieber nicht tun sollen. Lassen wir es also darauf ankommen.« Sie blickte den Grafen von oben herab an, und ihre Augen funkelten spöttisch. »Gestern um die gleiche Zeit dachte ich hier, am Fenster, wie entsetzlich langweilig das Leben doch ist. Heute denke ich genau das Gegenteil davon. Lassen Sie uns die

Klingen kreuzen … Und jetzt entschuldigen Sie mich. Ich habe zu tun.«

Eine Woche nach diesem Gespräch mit dem Grafen von Wellinghausen traten Baronin von Winthorst, ihre Zofe Alberta und Charlotta die Reise auf das ostpreußische Gut der Baronin an. Die Ankündigung, nach Hause kommen zu wollen, versetzte die Dienerschaft auf dem Gut in beträchtliche Aufregung, zumal die Baronin in einem Telegramm aus Wien ihre Absicht äußerte, den Winter in Ostpreußen verbringen zu wollen. Das aber war, soweit man sich erinnern konnte, noch nie geschehen.

Das Gut lag an der Alle, nördlich von Heilsberg und etwa drei bis vier Reitstunden von der nächsten Bahnstation entfernt.

»Es ist recht einsam dort«, erzählte die Baronin während der Fahrt nach Deutschland. »Aber es wird dir gefallen, Charlotta. Die Landschaft … Ich kenne keine schönere. Jetzt verstehe ich selbst nicht, warum ich so selten hinfahre. Dabei hat mir das Reisen eigentlich nie Spaß gemacht …

In Rom hatte die Baronin zu erfahren versucht, was mit dem Mann, der Charlotta im Park überfallen hatte, geschehen war. Aber der Polizei war nichts bekannt. Ein Bandit? Briganti haben ihre eigenen Gesetze. Wenn einer von ihnen getötet wurde, dann sorgten seine Freunde schon für ein christliches Begräbnis. Darauf legte man unter ihnen sehr viel Wert. Und falls einer tatsächlich das Zeitliche gesegnet haben sollte … Nun, der Polizei konnte es nur recht sein. Einer weniger …

»Du siehst, meine Liebe … Von Rechts wegen müßte dir vom Staat eine Medaille verliehen werden. Und jetzt reden wir nicht mehr davon. Vergiß es!«

Und Heinrich? Charlotta hatte der Baronin alles erzählt, als wollte sie sich von der Vergangenheit endgültig frei machen. Zugleich aber fühlte sie, daß die Baronin Anteilnahme und Verstehen nicht nur heuchelte.

»... Was du mit diesem Mann erlebt hast, geschieht jeden Tag, meine Liebe. Nun ja, ein bißchen leichtsinnig von dir, ihm zu vertrauen. Aber du konntest es ja nicht wissen... Im Ernst: Fast könnte ich dich darum beneiden. Du hast Liebe kennengelernt, Glück, Erfüllung, Enttäuschung, Leid. Aber bist du nicht reicher geworden?«

So betrachtet, hatte die Baronin natürlich recht. Sie, Charlotta, konnte mit dem, was geschehen war, nicht von heute auf morgen fertig werden. Dafür war es zu tief gegangen. Aber sie mußte sich zusammennehmen. Dann würde auch der Schmerz der enttäuschten Liebe eines Tages nachlassen und schließlich verschwinden...

Ihr unkompliziertes, heiteres Wesen sollte ihr dabei helfen. Charlotta war dazu geschaffen, Freude zu verbreiten, nicht Schwermut. Und dieser Eigenschaften wegen schloß die schwerblütige Baronin sie so schnell in ihr Herz.

»Nein, dir kann man keinen Vorwurf machen. Eher diesem prinzlichen Windhund. Ich kenne solche leichtsinnigen Bürschchen! Habe selbst einen Neffen... Du wirst ihn kennenlernen. Verführung ist für sie eine Art Sport. Darin sind sie sehr geübt. Und wenn ich dich anschaue... Du bist jung, hübsch... Du verstehst dich zu bewegen, dich auszudrücken... Alles noch ein wenig ungeschliffen, aber dem werden wir abhelfen.«

»Wie – wie meinen Sie das?« hatte Charlotta mit klopfendem Herzen gefragt.

»Du bist allein... Ich auch. Wir werden auf mein Gut nach Ostpreußen reisen. Vorausgesetzt natürlich«, und hier hatte die sonst so energische Stimme der Baronin doch ein wenig unsicher geklungen, »vorausgesetzt, du willst mitkommen...«

Nun fuhren sie also mit einem auf Hochglanz polierten Landauer durch das Land, und Charlotta war es fast so wie damals, als sie im

Park von Sanssouci das Gartenfest des Kaisers belauschte. Nur war sie jetzt kein Zaungast mehr; jetzt erlebte sie das Märchen selbst.

Sie saß an der Seite der Frau, der dieses Land gehörte. Sie atmete den satten Geruch nach frisch umgepflügter Erde ein, nach gemähten Wiesen, nach Waldboden und Harz in den lichten, sonnenwarmen Fichten- und Kiefernwäldern.

Die Kruppen der zwei vorgespannten Braunen glänzten in der Sonne, ihre Hufe stampften dumpf auf dem sandigen Weg, der Kutscher in dem neuen, grünen Jagdrock knallte mit der Peitsche.

»Du warst noch nie auf dem Land?« fragte die Baronin, als sie Charlottas hingerissene Miene bemerkte.

»Es ist schön ... Viel schöner, als ich es mir vorgestellt habe. Und die Pferde ...«

»Verstehst du was von Pferden? Kannst du reiten?«

»O ja. Das konnte ich fast eher als laufen. Ich habe mich fast immer in den Ställen des Neuen Palais herumgetrieben. Gustafs Vater hat es mir beigebracht.«

»Ich kenne den Stallmeister Schmolke. Oder war er nur ein Stallknecht? Egal. Er verstand etwas von Pferden. Einen besseren Lehrmeister hättest du kaum finden können. Und wenn du hierzulande nicht reiten kannst, bist du nur noch halb soviel wert. Wie zum Beispiel ich. Vor Pferden habe ich eine heillose Angst.«

»Sie – und Angst?« fragte Charlotta lachend.

»Warum sollte ich keine Angst haben?« lächelte die Baronin zurück. »Das ist das Vorrecht von uns Frauen. Wir dürfen es auch sagen ...«

Der Wagen fuhr jetzt durch die lange, sanft ansteigende Lindenallee, die schnurgerade auf den Hügel mit dem schloßähnlichen Gutshaus führte. Das Parktor stand weit offen. Weiße, sorgfältig geharkte Kieswege. Grüne Rasenflächen und Blumenbeete mit leuchtendbunten Herbstblumen. Auf der Freitreppe sonntäglich gekleidete Menschen: derbe, knochige Gestalten mit hellen Augen und breit lachenden Gesichtern. Ein riesenhafter Mann mit eisgrauem Haar, in hohen, glänzenden Schaftstiefeln, der lächelnd zum Wagen trat und der Baronin seine große, sehnige Hand reichte, um ihr beim Aussteigen zu helfen.

»Das ist Stan, mein Verwalter. Ohne ihn wäre ich ganz und gar hilflos.«

»Ihr übertreibt, Baronin«, sagte der Mann mit einem weichen, slawischen Akzent, und das Lächeln auf seinem verwitterten Gesicht vertiefte sich.

Und dann ein kleines, mageres Männchen, das mit wehenden weißen Haaren heranschoß, die Hand der Baronin ergriff und sie mit der Grandezza eines französischen Chevaliers an den sorgfältig gestutzten Spitzbart führte.

»Willkommen, willkommen! Die sehnsüchtig Erwartete, lang Entbehrte, willkommen!«

»Wurde ich wirklich so sehnsüchtig erwartet?« fragte die Baronin trocken – aber auch sie konnte ihre Rührung nur schlecht verbergen.

»Habe ich je die Unwahrheit gesagt, meine Liebe?« Das weißhaarige Männchen richtete sich auf und blickte Charlotta, die verlegen lächelnd danebenstand, forschend an. »Nanu, wen hast du denn da mitgebracht? Welchen Gefilden entsproß diese herrliche Blume? Ist sie...«

»Das wirst du noch rechtzeitig erfahren«, unterbrach ihn die Baronin lachend. »Das, Charlotta, ist Freiherr von Stein. Er selbst behauptet, ein sehr, sehr entfernter Verwandter von mir zu sein. Vielleicht stimmt's sogar; selbstgeschmiedete Verse und Genealogie sind – neben anderem – seine Steckenpferde.« Sie legte den Arm um Charlottas Schultern, führte sie etwas abseits und sagte mit einem langen Blick über das Gutshaus, den Park, über das weite, bewaldete Land mit dem silbern schimmernden Fluß: »So, da wären wir nun. Zu Hause.«

3

Die schräge Herbstsonne wärmte angenehm den Rücken des jungen Mannes am Seeufer. Mit langsamen, bedächtigen Bewegungen stopfte er sich seine Pfeife, steckte sie in Brand und betrachtete dann versonnen den Korkschwimmer einer ausgelegten Angel. Der Korkschwimmer erzitterte leicht. Dann beruhigte sich die Wasserfläche wieder.

Jetzt ist einer dran, dachte der Mann. Vielleicht beißt wirklich einer von den großen Wildkarpfen an, von denen der Jagdaufseher erzählt hat. Hinter ihm gähnte der Hund.

»Du langweilst dich, ich weiß«, sagte der Mann. »Angeln ist nichts für dich. Lauf schon. Vielleicht stöberst du einen Hasen auf. Aber paß auf, daß er dich nicht frißt!«

Der zottige, kleine Hund von einer undefinierbaren Rasse blickte ihn mit zur Seite geneigtem Kopf an, ließ die Zunge hängen und trollte sich zu der Beschäftigung, der er mit Leidenschaft frönte: der hoffnungslosen Jagd nach den Hasen, hinter denen er jaulend und japsend lief, solange ihn seine krummen Dackelbeine trugen. Der Mann blieb am Ufer sitzen, dachte an einen großen Karpfen, der vielleicht anbeißen würde, fragte sich, wie er einen solchen Fisch überhaupt zubereiten sollte, und fühlte sich so wohl wie schon seit langem nicht mehr. Verdammt einsam hier, dachte er. Weit und breit kein Mensch. Genau die richtige Gegend, um für eine Weile unterzutauchen und über gewisse Dinge Gras wachsen zu lassen.

Hinten im Wald begann der kleine Hund zu kläffen, der Schwimmer blieb stehen, wanderte weiter... Und dann war plötzlich der Teufel los. Das Kläffen des Hundes wurde zu einem schrillen Jaulen. Dazu dumpfes, schnelles Trommeln auf dem Waldboden, wie von schnell galoppierenden Pferdehufen. Eine erschrockene Frauenstimme, die offenbar versuchte, das Pferd zu beruhigen – und gleich darauf ein schwerer Fall.

Dann brach sich etwas Bahn durch das Gebüsch. Mit weit aufgerissenen, entsetzten Augen jagte ein Pferd zum Seeufer, galoppierte mit leerem Sattel und wild baumelnden Steigbügeln weiter – und dahinter wie ein kleiner, zottiger Teufel der schrill kläffende Hund.

»Zurück! Zurück, du Satan – zurück!« rief der Mann hinterher.

Natürlich vergeblich. Das war die herrlichste Stunde im Leben des kleinen Hundes. Er dachte gar nicht daran, zu gehorchen. Was war schon ein Hase und selbst ein Fuchs gegen diese gewaltige Beute, die vor ihm Reißaus nahm, obwohl sie tausendmal größer war als er! »Das hat mir noch gefehlt!« murmelte der Mann, wischte sich mit der Hand über das Gesicht und drang entschlossen in das Ufergebüsch ein. Die Sachlage war klar: Das Pferd hatte vor dem kläffenden Hund gescheut, war durchgegangen und hatte dabei den Reiter – vielmehr die Reiterin – abgeworfen.

Der Mann wußte sehr gut, wie böse solche Stürze ausgehen konnten. Und da sah er sie schon. Sie lag wie ein regloses grünes Kleiderbündel im Gras, mit abgewandtem Gesicht und ausgebreiteten Armen.

Großer Gott! dachte der Mann und fühlte, wie ihm am ganzen Körper der Schweiß ausbrach. Er lief hin, kniete nieder und drehte die bewußtlose Reiterin behutsam auf den Rücken. Eine junge… sehr junge und sehr hübsche Frau. Er näherte seine Wange ihrem Mund, spürte ganz leicht ihren Atem, und als er das Ohr auf ihre Brust preßte, hörte er auch ihr Herz schlagen, leise, regelmäßig…

Hastig zog er seine Jacke aus, legte sie unter ihren Kopf, lief zurück zum See, schöpfte einen Hut voll Wasser und sah dabei, daß der Korkschwimmer und die Angelrute verschwunden waren. Auch das noch! dachte er – rannte zurück, kniete hin, tauchte ein Taschentuch ins Wasser und begann mit sanften, behutsamen Bewegungen das Gesicht der jungen Frau zu benetzen.

Charlotta – sie war die verunglückte Reiterin – war es, als schwebte sie wieder aus dem dunklen, bodenlosen Abgrund empor, in den sie vorhin gestürzt war. Etwas Kaltes, Nasses berührte ihr Gesicht, strich darüber.

Sie bewegte sich. Alle Glieder taten ihr weh; das Feuchte, Kalte, das über ihr Gesicht strich, roch nach Tabak.

Sie öffnete die Augen – und blickte gerade in das hagere, braungebrannte Gesicht eines Mannes. Seine stahlgrauen Augen unter dichten schwarzen Augenbrauen sahen sie besorgt an, auf seiner Stirn standen dicke Schweißperlen.

»Gott sei Dank, Sie leben ja noch!« sagte er erleichtert. »Haben Sie sich weh getan?«

»Nein, überhaupt nicht«, murmelte Charlotta. »Ich spüre nur jeden Knochen einzeln. Das Pferd hat gescheut... Zuerst etwas Rotes, vielleicht ein Fuchs... Und dann eine kleine schwarze Hundebestie... Direkt unter das Pferd... Und schon ging's los.«

»Das habe ich gehört. Haben Sie sich irgend etwas gebrochen?«

»Wie soll ich das jetzt schon wissen?« fragte Charlotta gereizt zurück. »Sagen Sie – gehört dieser Hund Ihnen?«

»Er ist ein kleiner Kerl mit dem Herz eines Löwen«, antwortete der junge Mann diplomatisch.

»Dann sind Sie schuld, daß ich...«

»Nicht ich. Er.«

»Das ist das gleiche. Ich könnte... Ich könnte Sie...« Charlotta strich sich das Haar aus der Stirn, ihre Augen funkelten.

»Was auch – Sie dürfen es«, grinste der junge Mann. »Aber vergessen Sie dabei nicht, daß mir Ihretwegen mein Abendessen davongeschwommen ist. Mitsamt der Angelrute.«

»Das ist mir egal! Wer sind Sie überhaupt?«

»Der Waldgeist. Wollen wir nicht sehen, ob Ihre Knochen heil geblieben sind? Versuchen Sie aufzustehen. Ich helfe Ihnen.«

Charlotta preßte die Lippen zusammen, schüttelte seine Hand unwillig ab, stand auf, knickte gleich wieder ein und wäre hingefallen, wenn sie der Mann nicht aufgefangen hätte. »Mein Fuß... Du lieber Himmel, wie das weh tut!«

Der Schmerz trieb ihr Tränen in die Augen, vertrieb aber auch ihre Widerborstigkeit. Wie ein Häufchen Elend saß sie da, als er ihren Reitstiefel aufschnürte und behutsam den Knöchel abtastete.

»Mächtig geschwollen ... Hoffentlich nicht gebrochen. Was machen wir jetzt?«

»Mein Pferd ... Ich könnte nach Hause reiten, wenn Sie mir aufsitzen helfen.«

»Ihr Pferd und mein Hund sind über alle Berge. Ich werde einen Wagen besorgen. Inzwischen ...« Er hob sie behutsam auf.

»Was – was wollen Sie?« rief Charlotta erschrocken. »Wohin bringen Sie mich?«

»Halten Sie sich lieber fest!« lächelte der Mann zu ihr hinunter. »Haben Sie noch nie von dem Schloß des Waldgeistes gehört?«

»Mein Fuß...«, murmelte Charlotta. »Sie sind albern! Möchte wissen, wie lange Sie mich so tragen können ...«

Sie. schloß die Augen, lehnte den Kopf an die Schulter des Mannes, sagte sich, daß sie es nur deswegen tat, weil ihr vor Schmerz und ausgestandenem Schreck ganz schwach zumute war, dachte aber auch insgeheim, daß es ganz hübsch war, so dahingetragen zu werden. Schloß des Waldgeistes ... Ein Waldgeist ... Wie albern! Wer aber war dieser Mann wirklich? Warum sagte er es nicht? Wieso habe ich keine Angst vor ihm? Ein Fremder, wir sind ganz allein, er trägt mich irgendwohin, ich müßte Angst haben, aber ich habe keine. Warum?

Seit ihrem Gespräch mit dem Abgesandten des Kaisers, dem Grafen von Wellinghausen, hatte Baronin von Winthorst vom kaiserlichen Hof nichts mehr gehört. Aber sie wußte sehr wohl, daß dies eine trügerische Ruhe war. Potsdam hatte viele Möglichkeiten, einem unbotmäßigen Bürger das Leben schwerzumachen.

Der erste Schlag kam allerdings aus einer Richtung, aus der sie ihn am wenigsten erwartet hätte. Und die Nachricht brachte ihr ausgerechnet ihr Neffe Alfred, Leutnant in dem exklusiven *Garde du Corps.* Ohne seinen Besuch anzukündigen, kam Alfred von Winthorst auf dem Gut an, kurz nachdem Charlotta ausgeritten war.

Alfred war ein hübscher, ein wenig zur Fülle neigender junger Mann. Nach der Art der meisten Offiziere jener Zeit betrachtete er das Leben als einen herrlichen Spaß und die Welt als eine fabelhafte Einrichtung, deren vornehmste Aufgabe es war, sich um ihn, den Angehörigen der absoluten Elite des Reichs, zu drehen.

Im Augenblick schien seine Weltanschauung freilich einen deutlichen Knacks abbekommen zu haben. Das jedenfalls drückte seine finstere Miene aus, als er – staubbedeckt und atemlos vom schnellen Ritt – vor dem Gutshaus absaß und die Zügel des abgetriebenen Pferdes einem heraneilenden Reitknecht überließ.

»Ein verdammt lahmer Gaul. Sorg dafür, daß er wieder auf den Damm kommt. Ist meine Tante im Haus? Sprich schon, du Tölpel!«

Im großen Empfangssalon lief er, ungeduldig eine Zigarette rauchend, auf und ab, bis die Baronin schließlich erschien.

»Stell dir vor, Tante«, platzte er heraus, als sie eintrat, »man hat mich hinausgeschmissen. Einfach ...«

»Willst du mir nicht wenigstens guten Tag sagen?«

»Verzeih ...« Alfred beugte sich über die Hand der Baronin. »Ich bin ganz durcheinander.«

»Das merkt man. Also – was ist passiert?« Die Baronin setzte sich in der Haltung, die er so gut an ihr kannte: steif aufgerichtet, die Hände im Schoß verschränkt.

Wie ein Richter – verdammt! dachte er, zog einen Stuhl heran und setzte sich ihr gegenüber.

»Nun?«

»Ich bin beurlaubt worden, Tante. Auf unbestimmte Zeit.«

»Weshalb? Man beurlaubt einen Offizier nicht ohne Grund.«

»Im allgemeinen nicht. Aber ich schwöre dir ... Genau das ist geschehen.« Der junge Leutnant stand auf und nahm seine unruhige Wanderung durch den Salon wieder auf. »Diesmal ist es nicht, was du meinst. Wenn man wegen ein paar dummer Geschichten jeden Offizier beurlauben würde… Es gäbe bald keine mehr. Tatsächlich, Tante… Laß es dir erzählen…«

Er hätte es nicht zu tun brauchen. Die Baronin wußte recht gut, was geschehen sein mußte. Der Kommandeur des *Garde du Corps* hatte Alfred zu sich rufen lassen und ihm auf seine kurzangebundene Art erklärt, daß er mit sofortiger Wirkung vom Dienst beurlaubt sei. Anordnung des kaiserlichen Militärkabinetts.

»Die Herren werden ihre Gründe gehabt haben. Rückfragen zwecklos. Hier steht weiterhin: ›Es ist des öfteren festgestellt worden, daß Offiziere zunehmend den Kontakt zu anderen Bevölkerungsschichten und dem praktischen Erwerbsleben verlieren. Daher wird Leutnant von Winthorst empfohlen, sich auf das ostpreußische Familiengut zu begeben und sich dort Kenntnisse in der Landwirtschaft anzueignen…‹«

»Kenntnisse in der Landwirtschaft – und das dir!« Die Baronin lachte. »Sag, stand das tatsächlich in dieser Order?«

»Wortwörtlich. Kurios, nicht?« Alfred grinste die Baronin an.

»Gar nicht so dumm… Es würde dir nicht schaden, mal richtig zu arbeiten.«

»Aber Tantchen! Der Dienst eines Offiziers…«

»Papperlapapp! Selbst die größten Faulenzer behaupten in der Regel, schwer zu arbeiten. Und wie lange soll deine Verbannung dauern?«

»Verbannung – das ist das richtige Wort! Auf unbestimmte Zeit. Meine Karriere ist ruiniert, Tante. Ich bin ein erledigter Mann.«

Das klang düster, voller Selbstmitleid. Aber die Baronin kannte ihren Neffen gut, und sie hörte in seinen Worten den falschen Ton.

»An deine Karriere habe ich ohnehin nie recht geglaubt«, sagte sie trocken. »Genausowenig wie ich an dein Talent für die Landwirtschaft glaube. Zudem scheint es mir, daß du über diese Entscheidung des Militärkabinetts gar nicht so unglücklich bist.«

»Aber Tantchen!« Alfred tat entrüstet.

»Ist dir der Potsdamer Boden wieder einmal zu heiß unter den Füßen geworden?«

Der Leutnant setzte sich wieder, beugte sich vor und nahm die Hände der Baronin in die seinen. »An dir ist ein Detektiv verlorengegangen«, sagte er grinsend. »Ich bin tatsächlich froh, wenigstens für eine Weile dem Kasernenbetrieb entkommen zu sein. Verdammt öde und gleichförmig.«

»Ist das der einzige Grund?«

»Nun ...«

»Frauengeschichten?«

»Diesmal nicht, Tantchen. Ehrenwort. Einige Verpflichtungen ...«

»Wieviel?«

»Ein paar hundert Mark ...«

»Genau, bitte!«

»Achtzehnhundert. Aber ...«

»Du bist des Teufels!« Die Baronin befreite ihre Hände. »Bei den hohen Zuwendungen ... Achtzehnhundert Mark!«

»Ich weiß weder ein noch aus, Tante«, sagte Alfred zerknirscht. »Die Gläubiger ... Ehrenschulden ... Wenn ich sie nicht bezahle ... Man wird mich endgültig davonjagen. Ich werde entehrt sein ... Es wird mir nichts anderes übrigbleiben ...« Er schwieg vielsagend.

»Sag mal, wie alt bist du?« fragte die Baronin sanft.

»Vierundzwanzig ... Warum?«

»Vierundzwanzig – und noch immer so albern.« Die Baronin erhob sich seufzend. »Also, hör gut zu. Ich werde dir das Geld geben. Unter einer Voraussetzung.«

»Schon erfüllt, Tantchen!« Alfred grinste erleichtert.

»Ich habe aus Rom ein junges Mädchen mitgebracht. Eine junge Dame.«

»Eine junge Dame? Ist sie hübsch?« Die Augen des Leutnants blitzten interessiert auf.

»Sehr hübsch. Aber nichts für dich. Du kannst wählen: Entweder du steigst ihr nach alter Gewohnheit nach – und ich jage dich davon, ohne deine Schulden zu bezahlen. Oder du benimmst dich anständig und läßt die Finger von ihr. Dann kannst du hierbleiben, und ich werde mit deinen Gläubigern sprechen.«

»Ich schwöre dir, Tantchen…

»Du schwörst viel zu leicht. Also – abgemacht?«

»Abgemacht. Wer ist sie?«

»Ich habe gesagt: eine junge Dame. Und vergiß nicht: Finger weg! Von Windhunden deines Schlages hat sie nachgerade genug. Ich erwarte sie zum Tee zurück. Bis dahin kannst du dich umziehen. In Zivil. Wie es sich für einen angehenden Gutsherrn gehört.«

Die Baronin wußte genau, weshalb Alfred beurlaubt und zu ihr geschickt worden war. Man versuchte auf diese Weise Druck auf sie auszuüben. Aber sie dachte nicht daran, nachzugeben. Jetzt weniger denn je.

Alfred war der Sohn ihres bereits verstorbenen Vetters väterlicherseits und der Erbe des Familienbesitzes. Er war leichtsinnig, oberflächlich und schwach, sicher. Aber er hatte auch gute Anlagen, und sie mochte ihn gern. Wenn man ihn hart anpackte, konnte aus ihm ein brauchbarer Gutsherr werden, nicht besser und nicht schlechter als so viele andere. Das aber konnte nur hier geschehen.

Ich werde dir die Grillen austreiben, dachte die Baronin grimmig, als sie in ihren Privatsalon zurückging. Vierundzwanzig Jahre… Das war noch kein Alter. Und wenn er erst einmal heiratete… Sie blieb nachdenklich stehen. Charlotta. Eine Frau wie sie könnte Alfred bei der Stange halten. Sie war ihm turmhoch überlegen. Eine Mesalliance. Natürlich. Aber die Vorfahren derer von Winthorst hatten sich in ihrer ruhmreichen Zeit oft Mädchen aus dem Volk geholt. Und nicht zu ihrem Nachteil. Einmal sogar eine Schweinemagd, wie es etwas verschämt und verschlüsselt in der Chronik stand. Sie soll sehr schön gewesen sein, energisch... Und gebärfreudig. Sechzehn Kinder. Blutauffrischung. Charlotta und Alfred... Warum nicht? dachte die Baronin erregt. Mal sehen, was sie zu ihm sagt. Aber was auch... Der Winter ist lang. Zwei junge Menschen, die sich tagtäglich begegnen. Das junge, unruhige Blut... Ich muß die Sache nur in richtige Bahnen lenken. Und wer weiß, vielleicht...

Die Nacht war kalt. Ein eisiger Nordost kündigte die ersten Fröste an. Aber Charlotta fror nicht; in eine rauhe Wolldecke eingepackt, saß sie auf dem zweirädrigen Bauernkarren, der, von einem stämmigen Pferd gezogen, über den Feldweg schaukelte; der Mann, der sich »Waldgeist« nannte und dessen Namen sie noch immer nicht wußte, ging nebenher, und sie konnte sein Profil gegen den blassen, sternenklaren Himmel sehen.

Ein hartes, eigenwilliges Gesicht. Das kantige Kinn, die kräftige Nase, die breite Stirn über den dichten Augenbrauen... Er hatte tatsächlich etwas von einem Waldgeist an sich. Seine breitschultrige Gestalt, der freie, weit ausgreifende Schritt atmeten etwas Naturhaft-Ursprüngliches aus, eine nur mühsam gebändigte Kraft.

Ob er gut aussah? Charlotta hätte auf diese Frage keine Antwort gewußt. Bei *diesem* Mann schien das völlig unwichtig. Ein Mann, der... Das war es: einfach ein Mann. Er hatte keine Kulissen nötig. Er war da, und er allein genügte. Ein Mann, bei dem man... schwach werden könnte, dachte Charlotta. Hingabe, die kein Opfer ist. Kraft schöpfen aus seiner Kraft, selbstvergessene Leidenschaft, süßes Ausruhen, sich dahintragen lassen vom Gefühl der Geborgenheit...

Du bist verrückt! rief sich Charlotta zur Ordnung – und strich liebkosend über den struppigen Kopf des kleinen Hundes, der neben ihr im Stroh saß. Ihm hatte sie den Sturz mit dem Pferd zu verdanken; es hätte böse ausgehen können – andererseits...

»Alles in Ordnung? Sitzen Sie gut?« fragte der Mann. Seine Zähne blitzten weiß im matten Licht der Sterne.

»Alles in Ordnung«, sagte Charlotta.

»Der Fuß?«

»Tut nicht mehr weh. Nur ein bißchen.«

»Man wird sich Ihretwegen Sorgen machen. Aber wir sind gleich da.«

Er hatte sie in seine kleine Blockhütte getragen, sie auf ein Feldbett gesetzt, ihr den Stiefel ausgezogen, um den verletzten Knöchel kalte Umschläge gemacht... Und alles war seltsam unwirklich gewesen: der Mann, das Feuer, das er auf dem steinernen Herd angezündet hatte, das flackernde rote Licht der Flammen an den Holzwänden, der Hund, der plötzlich aufgetaucht war, mit eingeklemmtem Schwanz, das personifizierte schlechte Gewissen...

»Er heißt Hannibal und wird auf Sie aufpassen, während ich einen Wagen hole.«

Dann war er weggegangen, und die Dunkelheit war bereits eingebrochen, als er endlich wieder die Hütte betreten und sie hinausgetragen hatte zu dem Karren mit dem freundlich grinsenden, derbknochigen Bauern auf dem Kutschbock.

»Das ist Hans, ein Freund. Er kennt den nächsten Weg zum Gut.«

Nun saß sie also auf dem Karren, der dick mit Stroh ausgepolstert worden war, das stämmige Pferd zockelte gemächlich dahin. Wer war der Fremde? Der Bauer auf dem Kutschbock sollte ein Freund von ihm sein – aber seine Sprache war nicht die eines Bauern, und seine kräftigen und doch so behutsamen Hände waren nicht die eines Mannes, der körperliche Arbeit verrichten mußte. Sie bogen in die lange, schnurgerade Allee ein, die hinauf auf den Hügel mit dem Gutshaus führte. Von hier aus konnte man bereits die beleuchtete Fassade des Hauses sehen und nach einer Weile auch hin und her eilende Menschen mit Laternen in den Händen.

»Man will nach Ihnen suchen«, sagte der Mann. »Halt an, Hans!« Der Karren blieb stehen.

»Wollen Sie nicht mit?« fragte Charlotta.

»Ich hoffe, daß Sie Ihren Fuß bald auskurieren. Es tut mir wirklich leid …«

»Die Baronin würde sich sicher freuen, wenn Sie mitkämen!«

»Seien Sie da nicht so sicher.« Der Mann lächelte. »Ich denke eher, sie würde mir vorwerfen, auf Hannibal nicht besser aufgepaßt zu haben. Wenn sie mir aber tatsächlich den Kopf waschen will … Sie wissen, wo ich zu finden bin.«

»Aber was soll ich ihr sagen, wenn sie mich fragt, wer …?«

»Sagen Sie ihr – der Waldgeist war's.«

»Kann man mit Ihnen wirklich kein ernstes Wort sprechen?«

Für einen Augenblick glomm in Charlotta die Erinnerung an den Abend auf, als Heinrich während einer Bootsfahrt am Tiber die gleiche Frage an sie gestellt hatte – und erlosch.

»Ernst?« fragte der Mann zurück. »Was heute geschehen ist, hat mit der Wirklichkeit nichts zu tun. Es war ein Spiel. Und darf ein Spiel ernst sein? Die Fee lief in die Falle des Waldgeistes. Nun kehrt sie nach Hause zurück. Dorthin aber darf der Waldgeist nicht …« Der Mann lächelte, hob den Hund aus dem Karren und stellte ihn auf die Straße.

»Und wo bleibt die Pointe?« fragte Charlotta.

»Vielleicht kann der Waldgeist eines Tages seine Einsamkeit nicht mehr ertragen und holt sich die Fee wieder. Als Erinnerung bleibt ihr bis dahin – der schmerzende Knöchel.«

»Sie – Sie sind unmöglich!« sagte Charlotta zornig. »Unmöglich, unhöflich und …«

»Auf Wiedersehen, kleine Fee!« sagte der Mann, lächelte ihr ein letztes Mal zu, ging davon, und seine breitschultrige Gestalt verschmolz wenige Augenblicke später mit der Dunkelheit.

»Können wir fahren, Fräulein?« fragte der Bauer.

»Ja, ja, natürlich«, sagte Charlotta.

Er holt sich die Fee wieder … Wie albern! dachte sie verärgert. Warum nur wollte er nicht sagen, wer er ist? Ob ich ihn je wiedersehen werde?

Der Herbst war ungewöhnlich warm und sonnig gewesen. Dann aber brach der ostpreußische Winter mit seiner ganzen Härte ein, und das Gut war manchmal tagelang von der Außenwelt abgeschnitten, während eisige Schneestürme meterhohe Verwehungen auftürmten und die Straßen unpassierbar machten.

Charlotta wurde es trotzdem nie langweilig. Im Gegenteil. Ihr Fußknöchel war bald ausgeheilt. Der Arzt aus Launau, ein würdiger alter Herr, hatte eine einfache Verstauchung festgestellt.

»Ein paar Tage Ruhe, Umschläge mit essigsaurer Tonerde… Dann kann die junge Dame wieder tadellos laufen.«

»Allerdings nie wieder allein«, hatte die Baronin hinzugesetzt. Sie hatte versucht, in Erfahrung zu bringen, wer dieser mysteriöse »Waldgeist« gewesen sein konnte. Ohne Erfolg.

»Die Blockhütte gehört einem Dichter aus Berlin. Er soll schon ein älterer Herr sein. Dein ›Waldgeist‹ ist wahrscheinlich einer seiner Freunde. Ich frage mich nur, warum er seinen Namen nicht verraten wollte. Hat er am Ende etwas zu verbergen?« Und ein paar Tage später: »Ich habe Stan zu der Hütte dieses geheimnisvollen Herrn geschickt. Er sollte sich dort unter einem Vorwand umsehen. Aber er fand die Hütte leer. Der Waldgeist ist offenbar auf und davon.«

Nachdem die Baronin beschlossen hatte, ihr unstetes Leben aufzugeben und sich ihrer neuen Aufgabe als Gutsherrin zu widmen, ging sie ganz und gar darin auf. Zugleich ließ sie durch ihren Polnischen Verwalter Stan den nicht gerade begeisterten Alfred, aber auch Charlotta in die Leitung eines großen landwirtschaftlichen Betriebes einweihen. Aber damit nicht genug. Die Baronin hatte sich offenbar vorgenommen, aus Charlotta nicht nur eine perfekte Gutsherrin zu machen, sondern auch eine gebildete junge Frau.

»Es ist ein Fehler zu glauben, eine Frau dürfe nur in der Küche, in der Kinderstube und in der Wäschekammer Bescheid wissen. Ich habe dir ein paar Bücher ausgesucht… Freiherr von Stein wird dir französische und englische Stunden geben. Wenn du willst auch arabische… Er beherrscht eine ganze Reihe von Sprachen…«

Also las Charlotta, sprach mit der Baronin und dem kleinen, weißhaarigen Freiherrn englisch und französisch – beides hatte sie im Haus der Marchesa Pansa leidlich gelernt –, stellte Speisezettel zusammen, lernte von der Baronin, wie man eine Tischordnung festlegt, ein Spanferkel oder einen Truthahn tranchiert, wie man sich in großer Gesellschaft benimmt, übte sich in der Kunst der Konversation, memorierte in Fachbüchern über Landwirtschaft, assistierte Stan als »Geburtshelferin« bei kalbenden Kühen, lernte ein Vierergespann führen und unter Alfreds Aufsicht den richtigen Sitz und gute Haltung beim Reiten im Schritt, Trab, Galopp und Sprung. Und hatte zu allem Überfluß ständig damit zu tun, den verliebten jungen Leutnant auf Distanz zu halten.

Alfred wurde langsam zu einem Problem. Er langweilte sich. Nach einigen unlustigen Anläufen, sich durch Arbeit auf seine zukünftige Aufgabe als Gutsbesitzer vorzubereiten (mehr aus Furcht vor der Baronin unternommen, als der Empfehlung des kaiserlichen Militärkabinetts zuliebe), verlegte er sich auf eine Beschäftigung, die er vollendet zu beherrschen glaubte: auf die Kunst der Verführung.

»Buchführung soll ich lernen!« sagte er eines Abends zu Charlotta, nachdem die Baronin, die über Unwohlsein und Kopfschmerzen geklagt hatte, zu Bett gegangen war. »Alle Teufel – wer hat sich diesen Unsinn bloß ausgedacht? Buchführung! Ich verstehe wirklich nicht... Was lesen Sie da?«

Er trat zu ihr und nahm das Buch, in dem sie gelesen hatte, aus ihren Händen.

»Europäische Geschichte... Interessiert Sie das?«

»Na ja... Es geht.«

»Jetzt hab' ich Sie! In Wirklichkeit lesen Sie das nur, weil...« »Warum?«

»Weil's die Tante gesagt hat.«

Er trat zum Kamin, legte ein paar frische Scheite aufs Feuer und setzte sich dann ihr gegenüber. Draußen rüttelte der Februarsturm an den Fensterläden. Er brachte neuen Schnee mit – aber auch den ersten Hauch des nahenden Frühlings, unruhige Erwartung, Sehnsucht, verborgene Träume… Das hell auflodernde Feuer im Kamin tauchte Charlottas Gesicht in seinen warmen Schein, ließ in ihren Augen kleine Irrlichter tanzen…

Alfred blickte sie hingerissen an. »Wenn Sie wüßten«, sagte er schließlich heiser. »Wenn Sie wüßten…«

»Was?«

»Das Leben«, sagte er. »Diese Bücher… Papierene Weisheit. Das ist nicht das Leben.«

»Was ist es dann?« fragte Charlotta sanft.

»Es ist ganz anders… Ich meine…« Alfred hüstelte, schenkte sich Wein ein, trank das Glas in einem Zug aus. »Sehen Sie, Charlotta… Wir haben heute abend hier gesessen… Wie hundert Abende zuvor. Die Tante sprach über Saatgut und Hühner, und dann erzählte sie über Ausgrabungen auf irgendeiner Mittelmeerinsel… Und dieser alte Narr von Stein…«

»Er ist kein alter Narr!« sagte Charlotta streng.

»Na ja… Jedenfalls redete er wieder einmal über seine Reisen und die Eingeborenen, die ihn irgendwo bei Australien beinahe gefressen hätten… Viel hätten sie an ihm nicht zu knabbern gehabt… Ich wette, er denkt sich diese Geschichten bloß aus… Nun, und so geht es schon den ganzen Winter. Zu Weihnachten: Familienfeier. Silvester: Familienfeier. Zwischendurch mal: Schlittenfahrt in die Umgebung. Aber bitte sehr: nicht im Galopp. Das vertrage ich nicht. Verstehen Sie, was ich meine? Verstehen Sie's?«

»Ich glaube schon. Und wie geht's weiter?«

»Haben Sie schon mal eine Parforcejagd mitgemacht? Im Galopp über Hindernisse, immer der Meute nach, und die Hörner, das Halali… Oder einen Ball. Waren Sie… Passen Sie auf: ein großer Saal, tausend Kerzen, oder zehntausend. Uniformen, Fracks, Abendroben, schneidige Offiziere und schöne Frauen…« Er nahm Charlottas Hand, küßte sie, streifte mit den Lippen sacht über ihr

Handgelenk. »Und dann der Kaiser«, murmelte er. »Die Kaiserin… Die Promenade… Aber das alles ist unwichtig. Wir beide tanzen. Musik. Ein Walzer. Selbstvergessen… Können Sie sich das vorstellen?«

»O ja«, hauchte Charlotta. »Ich kann es mir vorstellen.«

»Sehen Sie!« Kühner geworden, streifte er ihren Ärmel zurück und küßte sie in die Armbeuge. »Aber das ist erst der Anfang. Später…«

»Ein Chambre séparée…«, flüsterte Charlotta.

»Ja. Und…«

»Und dann geht die Tür auf, Ihre Tante kommt herein und legt uns übers Knie.«

Alfred ließ Charlottas Hand wie ein glühendes Stück Eisen fallen. »Sie nehmen mich nicht ernst«, sagte er gekränkt. »Nichts nehmen Sie ernst. Hören Sie, Charlotta: ich liebe Sie! Warum wollen Sie's mir nicht glauben?«

»Ich glaube Ihnen.«

»Und Sie? Ich meine…« Alfred schluckte, seine blauen Augen blickten sie flehend an.

»Ich liebe Sie auch.«

»Aber dann… Ich verstehe nicht.«

»Ich liebe Sie wie meinen Bruder. Ich wünschte mir schon immer einen Bruder. Einen Beschützer. Wollen Sie mein Beschützer sein? Auf immer und ewig? Mein Ritter? Wollen Sie mich vor allen Fährnissen beschützen? Heben Sie die Hand und schwören Sie!«

»Sie – Sie machen sich über mich lustig!« sagte er verwirrt.

»Wissen Sie, wie Sie jetzt aussehen?« Charlottas Stimme war voll von unterdrücktem Lachen. »Genauso wie Hannibal, als er von der Jagd nach einem Pferd zurückkam.«

»Hannibal? Meinen Sie…« Alfred streifte mit dem Blick das Geschichtsbuch, das er ihr vorhin abgenommen hatte.

»Nein. Nicht dieser Hannibal. Ich meine… Ich meine einen kleinen, struppigen Hund mit dem Mut eines Löwen…«

Warum, fragte sich Charlotta später, warum erinnerte ich mich ausgerechnet in diesem Augenblick an den kleinen Hund und seinen Herrn? Alfred sprach von Liebe… Vielleicht meinte er es sogar ernst. Aber ich dachte an den anderen.

Der Waldgeist. Die Fee. Vielleicht kann der Waldgeist eines Tages seine Einsamkeit nicht mehr ertragen und holt sich die Fee wieder…

Sie lag mit weit offenen Augen in ihrem Bett, horchte auf das Heulen des Sturmes um das große Haus, ganz ruhig lag sie da, als fürchte sie, mit einer unbedachten Bewegung den Traum jener Begegnung zu zerstören, die schon so weit zurücklag. Sein Gesicht beugte sich wieder über sie, sie ließ sich davontragen, wie damals, sie wartete auf ihn in seiner Hütte, wie damals, und wie damals sah sie sein Profil vor dem wie Perlmutt schimmernden Nachthimmel…

Ich weiß nicht, was ich tun würde, wenn er heute abend an Alfreds Stelle gewesen wäre, dachte sie. Wenn er mich mitnehmen wollte, in seine Hütte oder sonstwohin. überallhin. Ich weiß es nicht… Das sagte sie sich. Aber sie wußte sehr wohl, was geschehen würde, und ihr junger Körper war voll heißen, qualvoll süßen Verlangens.

Drei Tage nach diesem Gespräch zwischen Charlotta und Alfred starb Baronin von Winthorst. Das Bestürzende an ihrem Tod war, daß Charlotta für ihn keine Erklärung finden konnte. Hätte die Baronin seit längerer Zeit gekränkelt, wäre sie einem Unfall zum Opfer gefallen…

Am nächsten Morgen hatte die Baronin hohes Fieber und erkannte ihre englische Zofe Alberta nicht mehr, als diese in ihr Zimmer trat, um sie zu wecken. Gegen Mittag brachte Stan den Arzt aus Launau auf den Gutshof; zu diesem Zeitpunkt war die Baronin in einen Zustand der Apathie und halben Bewußtlosigkeit versunken, aus dem sie erst in den Morgenstunden des nächsten Tages aufwachte. Sie warf sich unruhig hin und her, murmelte wirre Worte und hatte offenbar starke Schmerzen. Der alte bärtige Arzt schien genauso hilflos wie alle anderen.

Gegen Abend beruhigte sich die Baronin, das Fieber sank etwas, sie wachte aus dem Delirium auf und schien ihre Umgebung zum erstenmal wieder wahrzunehmen. Die Schmerzen hätten nachgelassen, berichtete sie matt, ihr Körper sei merkwürdig gefühllos geworden, wie gelähmt. Anschließend verlangte sie nach Alfred; sie wollte ihn sprechen, allein.

Alfred blieb bei ihr, fast eine halbe Stunde. Bleich und sichtlich erschüttert kam er wieder aus dem Krankenzimmer, trat zu Charlotta und musterte sie mit einem eigentümlichen Blick.

»Sie sollen jetzt zu ihr. Sie ist sehr schwach. Ich fürchte...«

»Ich muß protestieren!« begann der Arzt, doch Alfred unterbrach ihn ungeduldig:

»Protestieren hat bei meiner Tante noch nie etwas genützt. Gehen Sie hinein, Charlotta, sprechen Sie mit ihr.«

»Komm her, mein Kind!« sagte die Baronin, und ihre schwache, kaum hörbare Stimme war frei von Schmerz und Furcht.

Charlotta überwand das eisige Grauen, das sie umfangen hielt, trat an das Bett, kniete nieder, nahm die Hand der Baronin und blickte wortlos in das schmale, marmorbleiche Gesicht.

»Ich kann mich nicht mehr bewegen... Dreh bitte meinen Kopf so, daß ich dich sehen kann.«

Charlotta tat es. Die Haut der Baronin war trocken, heiß; ihre Lippen waren blutleer und rissig, und als Charlotta den Blick ihrer Augen auffing, dachte sie: *Sie weiß es. Sie weiß um ihren Tod genausogut wie ich.*

»Ich seh dich gern an...«, sagte die Baronin. »Nicht weinen, Kind... Wir haben schöne Tage verlebt... Nicht weinen! Sieh mich an!«

Charlotta hob das Gesicht, das sie auf die schmale, heiße Hand der Baronin gedrückt hatte, und über ihre Wangen liefen Tränen.

»Hörst du mir zu, Charlotta?«

Charlotta nickte.

»Ich kann nicht mehr viel reden... Die Schatten, sie kommen... Aber es gibt einige Dinge, die unbedingt... Ich habe mein Testament umgeändert. Du wirst unabhängig sein. Die Einzelheiten... Du wirst sie erfahren. Dann... Geh zur Kommode!«

Charlotta stand auf und ging wie von einem schweren Traum befangen zu der Kommode an der Wand gegenüber.

»Die unterste Schublade... Der Schlüssel ist im Kästchen auf der Kommode.«

Charlotta suchte nach dem Schlüssel, schloß die Schublade auf und zog sie heraus.

»In der rechten hinteren Ecke... Die Kassette. Bring sie her.«

Charlotta fand eine flache Kassette aus poliertem Rosenholz, versehen mit Elfenbeinintarsien, und brachte sie der Baronin.

»Den Schlüssel dazu findest du an der Uhrkette. Die Kette und die Uhr gehören dir. Auf dem Nachttisch... Nimm sie!«

Charlotta gehorchte.

»In der Kassette... Einige Schmuckstücke für, dich. Es ist alles geregelt, ich habe es im Testament erwähnt. Außerdem...« Der Blick der Baronin verlor sich ins Ungewisse. Sie lachte. Es klang seltsam grausig in diesen Augenblicken.

»Ein kleines Geheimnis... Der Kaiser würde dafür etwas geben, wenn er... Hör zu, Charlotta...«

Die Baronin verstummte, schloß für einen Moment die Augen, als versuchte sie, neue Kräfte zu sammeln. Schließlich sprach sie weiter, und man merkte ihr die Anstrengung an, die sie jedes Wort kostete.

»Vielleicht fragst du dich, warum ich nie von der Zeit sprach, die ich am Hof verbracht habe«, fuhr die Baronin fort, leise, mit großen Abständen zwischen den Worten. »Schuld daran ist dieser schreckliche Tag, als mich die Kaiserin beschuldigte … In der Kassette … Lies es … Seitdem irrte ich umher, konnte es nicht vergessen. Bis ich dich fand. Ich habe mir immer Kinder gewünscht. Und damals, in Rom, war es mir, als hätte ich dir das Leben geschenkt. Erinnerst du dich?«

»Ich erinnere mich …«, flüsterte Charlotta.

»Die Vergangenheit wurde plötzlich unwichtig. Ich begriff, wie töricht ich gewesen war. Aus Haß und Verbitterung habe ich zwanzig Jahre meines Lebens vergeudet. Und gerade, als ich die Vergangenheit überwunden glaubte, tot, holte sie mich wieder ein … Aber es machte mir nichts mehr aus … Nichts mehr …«

»Nicht mehr sprechen, bitte!« sagte Charlotta. »Ich hole jetzt den Arzt.«

»Nicht den Arzt! Er kann mir nicht helfen. Niemand. Es ist zu spät. Was geschehen muß, das geschieht. Ich hatte – ich hatte einen Plan … Du und Alfred … Hörst du mich, Charlotta?«

»Ich höre Sie«, sagte Charlotta mühsam.

»Er ist kein schlechter Junge. Ein bißchen leichtsinnig, oberflächlich. Aber du könntest ihn … Er ist der Letzte von Winthorst. Ihr müßt viele Kinder … Du mußt es mit ihm versuchen, Charlotta, bitte …«

»Ich werde es versuchen, ich verspreche es.«

»Nimm die Kassette. Wenn sie erfahren, daß ich nicht mehr … tot … dann werden sie kommen, suchen, drohen … Gib ihnen die Kassette nicht! Sie sollen … Sag ihnen … mein Geist auf einer spirit … Sitzung …«

Wieder erschütterte das leise, gespenstische Lachen ihren abgezehrten Körper, ihr Blick trübte sich, sie versuchte noch etwas zu sagen, aber ihre Stimme verlor sich in undeutlichem Murmeln. Stunden später, im ersten Morgengrauen, starb sie.

Charlotta nahm die Kassette und die Uhr an sich und ging wie betäubt auf ihr Zimmer. Dort setzte sie sich an den kleinen Schreibsekretär am Fenster, legte die Kassette vor sich hin und starrte blicklos darauf nieder.

Die Baronin war tot. Welch ein entsetzliches, endgültiges Wort! Und ihr Vermächtnis, ihre Bitte… Alfred… Hastig, als hoffte sie dadurch auf andere Gedanken zu kommen, nahm Charlotta den kleinen Schlüssel von der goldenen Uhrkette und schloß die Kassette auf.

Charlottas Leben war bislang in Bahnen verlaufen, die weitgehend von anderen bestimmt worden waren, zuletzt von der Baronin. Nun fand sie sich plötzlich allein, und allein auf sich gestellt sollte sie die Frage beantworten, was nun zu geschehen habe.

Die Antwort darauf fand sie in der Kassette. Und so war es doch wieder die Baronin, die über ihren Tod hinaus Charlottas ersten Schritt auf den Weg veranlaßte, der bald zu einer gefährlichen Gratwanderung über tiefen Abgründen werden sollte…

In der Kassette befanden sich einige schöne, alte Schmuckstücke, von denen die Baronin gesprochen hatte. Unter anderem ein goldenes, mit Brillanten besetztes Halsband, dessen Wert Charlotta nicht einmal schätzen konnte. Dann ein in Saffianleder gebundenes Tagebuch, Briefe, Dokumente, Zeitungsausschnitte. – Stunden vergingen. Charlotta sichtete, las – und nach und nach wurde das Bild, das sich Charlotta von der Baronin gemacht hatte, vervollkommnet, abgerundet, und sie begann das Leben dieser Frau zu verstehen.

Das Tagebuch begann mit einer Eintragung aus dem Jahr 1861. In sorgfältiger Jungmädchenschrift stand da, daß sie, Constanze von Winthorst, vierzehn Jahre alt geworden sei und von ihrer Mutter dieses Tagebuch geschenkt bekommen habe. Darin wolle sie nun jeden Tag Eintragungen machen.

Auf den folgenden Seiten waren ausgeblichene Fotografien – damals Daguerreotypien genannt – aufgeklebt: der Vater, ein schmächtiger Mann, dessen kriegerischer Schnurrbart gar nicht zu seinem gutmütig-verträumten Aussehen passen wollte. Die Mutter, groß gewachsen, mit energischen Gesichtszügen; von ihr hatte die Baronin offensichtlich ihren starken Willen geerbt. Der Bruder, mehr dem Vater ähnlich, in der Uniform eines Fähnrichs. Und schließlich sie, die Baronin selbst, ein vierzehnjähriges Mädchen mit langen Zöpfen und einem weißen, rüschenbesetzten Kleid.

Die zunächst fleißig geschriebenen Eintragungen wurden mit der Zeit seltener und hörten ganz auf, als die Baronin etwa sechzehn Jahre alt geworden war. Sie erzählten von alltäglichen Freuden und Kümmernissen eines heranwachsenden Mädchens, von Wünschen und Träumen, Freundinnen und Hauslehrern, dem Leben auf dem Land und den seltenen Reisen zu Verwandten.

Dann folgte eine leere Seite, und unter dem Datum des 7. September 1867 die Eintragung, nun schon in der klaren Schrift einer Erwachsenen:

»Vier Jahre lang habe ich dieses Tagebuch vernachlässigt. Es gab auch nicht viel, worüber ich hätte schreiben können, bis auf die erste große Reise mit dem Vater und der Mutter, sozusagen als Abschluß meiner Ausbildung. Wir waren in Paris, Baden-Baden und sind über Wien und Breslau zurückgefahren. Es war recht hübsch, aber der geheime Wunsch der Mutter, eine geeignete ›Partie‹ für mich zu finden, ging dabei nicht in Erfüllung...

Der Grund, weshalb ich wieder zu schreiben begonnen habe: Zu meinem zwanzigsten Geburtstag war auch eine entfernte Tante aus Berlin gekommen, eine nette, gescheite und sehr gebildete Frau. Sie blieb fünf Tage und meldete sich gestern wieder mit einem Brief an die Mutter. Sie hätte mich für geeignet gefunden, in den Dienst der Kronprinzessin Victoria zu treten, schreibt sie, ob ich denn Lust hätte, nach Potsdam zu gehen?

Gestern abend trat nun der ›große Familienrat‹ zusammen, um über mein Schicksal zu entscheiden. Der Vater schien von der Idee, mich nach Potsdam gehen zu lassen, nicht sehr begeistert. Friedrich enthielt sich der Stimme. Die Mutter war natürlich dafür – und behielt wie immer recht. Ich selbst wurde nicht gefragt.

Ob ich gern gehe? Ich weiß es nicht. Der Gedanke daran schreckt mich ein bißchen, zumal ich mich damit abgefunden habe, mein Leben hier zu verbringen, als halbe Bäuerin. Die Arbeit auf dem Gut macht mir Spaß, im Gegensatz zu Friedrich. Er hat vor einem Jahr Abschied genommen, liest und studiert den ganzen Tag und spricht davon, Forscher oder Entdecker zu werden. In einigen Tagen geht's jedenfalls nach Potsdam. Mal sehen, was mir dort blüht.«

Die Tagebucheintragungen wurden nun wieder regelmäßiger vorgenommen. Die Baronin berichtete vom Leben am Hofe des Kronprinzenpaares, von gesellschaftlichen Ereignissen, dem alternden König, Bismarck, vom Krieg 1870/71, von der Kaiserkrönung in Versailles. Und immer wieder bewies sie dabei ihre ausgezeichnete Beobachtungsgabe, den wachen und kritischen Verstand und einen treffenden – nicht selten bissigen – Witz.

Über Dinge, die sie persönlich betrafen, schrieb sie weniger. Als fürchtete sie, ihre wirklichen Gefühle zu zeigen, erzählte sie auch nur mit dürren, nüchternen Worten von einem Hauptmann der Garde, der um ihre Hand angehalten habe. Doch geheiratet habe er eine junge Gräfin, die er kurze Zeit danach kennengelernt hatte.

»... ich kann es ihm nicht einmal übelnehmen. Sie ist hübsch, lacht gern, spricht gern, ist weder gescheit noch dumm, ihr Busen und ihr Hinterteil sind sehenswert. Bei mir ist das keineswegs der Fall. Mit Frauen wie diesem kleinen Biest sprechen die Männer von Liebe. Mit mir reden sie von Geist. Statt hübscher Rundungen habe ich eine Menge harter, ostpreußischer Knochen vorzuweisen. Vor Knochen und Geist bei einer Frau aber haben die Männer gleichermaßen Angst ...«

Im Jahr 1880 war es Friedrich endlich gelungen, den Widerstand der Mutter zu brechen; er war auf seine erste große Reise nach Neuguinea aufgebrochen. Nur einige Monate später starb die Mutter. Der Vater folgte ihr nach zwei Jahren. Bei dem Begräbnis hatte die Baronin ihren Bruder Friedrich zum letztenmal gesehen: Während einer kurz darauf unternommenen Reise nach Ostafrika starb er an den Folgen eines Schlangenbisses.

»... nun bin ich allein. Die letzte. Und werde es sicherlich bleiben. Was mir bleibt, ist die Arbeit. Aber kann diese das Leben einer Frau ausfüllen? Denn eine Frau bin ich, trotz allem. Diese schrecklichen, einsamen Nächte mit ihren Träumen, Bildern, Stimmen, die nicht verstummen wollen! Es ist schwer, allein zu sein...«

Schließlich kam sie auf die Krankheit des Kronprinzen, sein letztes Lebensjahr, seine Thronbesteigung nach dem Tod Wilhelms I., seine kurze Regierungszeit – und am Ende auch auf jenen schicksalhaften 15. Juni 1888 zu sprechen, auf den Tag, als sie das Neue Palais in Potsdam hatte verlassen müssen.

»... ich will versuchen, alles, was geschehen ist, möglichst genau zu schildern, ohne auf meine persönlichen Gefühle Rücksicht zu nehmen. Wahrscheinlich wird mir das nicht ganz gelingen; die Wunde, die man mir zugefügt hat, geht zu tief. Die beigelegten Zeitungsausschnitte und Briefe dienen zur Ergänzung. Wer diese Zeilen auch lesen mag, er soll sich ein richtiges, unverfälschtes Bild jener Ereignisse machen können, unbeeinflußt von schönfärberischen Hofberichten, unverfälscht aber auch von meiner Bitterkeit...«

Potsdam, 15. Juni 1888

Die kaiserliche Standarte auf der Plattform des Neuen Palais senkte sich auf Halbmast.

Von ihren Unterkünften näherten sich im Laufschritt die seit

Tagen in Alarmbereitschaft gehaltenen Kompanien des Potsdamer Lehrbataillons und umstellten die Residenz. Säbelklirrende Offiziere eilten geschäftig hin und her, schnurr- und backenbärtige Unteroffiziere jagten mit rauhen, befehlsgewohnten Stimmen die Neugierigen davon. Eine Postenkette ausgesuchter Soldaten stellte sich mit geladenen Gewehren rings um die Sockelterrasse, Front zum Palais. Aus der Ferne näherte sich das harte Stakkato herantrabender Pferdehufe. Die bunten Uniformen der Gardehusaren tauchten auf, die Läufe ihrer Karabiner blinkten in der Sonne.

Durch das Hauptportal trat ein Major, kniff die Augen zusammen und blickte hinüber zu den Husaren. Über sein hartes Gesicht mit dem aufwärtsgezwirbelten Schnurrbart und zusammengepreßten Lippen huschte ein kurzes, zufriedenes Lächeln.

Ausgezeichnet! Es klappte wie am Schnürchen!

»Mein Pferd, Herr von Mahlzahn!«

»Bereits nach hier unterwegs, Herr Major«, beeilte sich der junge Leutnant zu sagen, der hinter dem Major ins Freie getreten war.

Ein Reitknecht führte einen hochbeinigen, unruhig tänzelnden Falben heran.

»Kontrollieren Sie die Posten, Herr von Mahlzahn. Die Befehle sind Ihnen bekannt. Niemand darf das Palais verlassen. Wer Widerstand leistet, wird verhaftet.«

»Zu Befehl. Wenn ich mir noch eine Frage erlauben darf, Herr Major... Gilt diese Anordnung auch für die Mitglieder der Familie Seiner Majestät? Es ist doch anzunehmen, daß gerade jetzt...«

»Für alle!« unterbrach ihn der Major ungeduldig. »Vor allem aber für den Hofstaat Ihrer Majestät. Wenn begründeter Verdacht besteht, daß etwas – eh – herausgeschmuggelt werden soll, ist Leibes- und Gepäckvisitation durchzuführen. Wie Sie sich im Einzelfall zu verhalten haben, bleibt Ihrem Taktgefühl überlassen. In dringenden Zweifelsfällen wenden Sie sich an mich. Alles klar?«

»Zu Befehl.«

Der Major nickte dem Leutnant zu, saß auf, preschte im Galopp den Gardehusaren entgegen.

Scharfe Kommandos schnitten durch die laue Juniluft. Exakt wie auf dem Exerzierfeld teilte sich die geschlossene Kolonne der Schwadron. Die einzelnen Züge ritten in scharfem Trab davon und besetzten die äußeren Zugänge zum Palais. Die Residenz des eben verstorbenen deutschen Kaisers Friedrich III., im Volksmund schon bald der »Hundert-Tage-Kaiser« genannt, war von der Außenwelt hermetisch abgeschlossen.

Im Sterbezimmer machten sich Wärter daran, an der Leiche die notwendigen Verrichtungen auszuführen.

»Wie leicht er ist!« murmelte einer der Wärter, als er den Oberkörper des Toten anhob, um ihm das Nachthemd abzustreifen. »Wie ein Kind. Nur noch Haut und Knochen.«

»Ich hab' ihn vor ein paar Jahren bei Manövern gesehen«, sagte ein anderer. »Damals war ich Sanitäter bei einem Kürassierbataillon. Er war groß, stark… Ein Bild von einem Mann!«

»Beeilt euch!« sagte der dritte, stellte eine Schüssel mit Wasser bereit, tauchte den Schwamm ein und wartete ungeduldig, bis er mit seiner Arbeit beginnen konnte.

Ein toter Kaiser. Sein gelbes, eingefallenes Gesicht mit der spitz hervortretenden Nase, umrahmt vom dunkelblonden, grau durchsetzten Bart, war leer. Eine leblose, wächserne Maske. Keine Hoffnungen mehr. Keine Ungeduld. Keine Bitterkeit über die nutzlos vertanen Jahre, die er als Kronprinz hatte verbringen müssen, zur Untätigkeit verdammt. Keine Sorgen mehr um die Familie, um das Reich. Vorbei die Schmerzen, die Angst und das Grauen vor dem nahenden Ende. Eine Flamme war erloschen.

Die Kaiserin hatte sich in ihre Privaträume zurückgezogen. Zu einem Gebet, wie es hieß. Doch diejenigen, die sie gut kannten, bezweifelten es. Victoria – seit drei Monaten »Kaiserin Friedrich« genannt –, die Tochter der englischen Königin Victoria, dachte nicht daran, die kostbare Zeit mit Gebeten für ihren toten Mann zu vergeuden. Dazu hatte sie später Gelegenheit genug. Sie schrieb.

Die Anwesenheit der Baronin von Winthorst, die sie vorhin zu sich hatte rufen lassen, schien sie vergessen zu haben. Das Kratzen der Feder auf dem Papier und das feine Ticken der goldenen Rokoko-Uhr auf dem Schreibtisch waren die einzigen Geräusche in der dumpfen Stille des Zimmers.

Baronin von Winthorst stand nahe der Tür und beobachtete die Schreibende: Ein gerade aufgerichteter Rücken, füllige, runde Schultern, leicht zur Seite geneigter Kopf, energisch aufeinandergepreßte Lippen, eigensinnig zusammengezogene Augenbrauen, straff anliegendes Haar.

Verblüffend, wie diese Frau ihrer Mutter von Jahr zu Jahr ähnlicher wurde! Eine Frau, die ohne Zweifel Großes hätte leisten können. Willensstark, begabt, zielstrebig. Doch auch herrisch, unduldsam, starrsinnig, taktlos ... Es ist ihre Tragödie, dachte die Baronin, daß der alte Wilhelm nicht zwanzig Jahre eher gestorben ist. Jetzt ist der Traum von der deutschen Kaiserkrone vorbei. Für immer.

Die Kaiserin unterschrieb, legte die Feder weg, steckte den Briefbogen in einen Umschlag und versiegelte diesen selbst. Dann übergab sie den Brief zusammen mit einem in festes blaues Papier verpackten und sorgfältig verschnürten Päckchen der Baronin.

»Bringen Sie das zur englischen Botschaft. Geben Sie es dem Militärattaché. Nur ihm persönlich. Eine Antwort brauchen Sie nicht abzuwarten. Er weiß Bescheid. Einen Augenblick noch, Baronin!« Die Kaiserin ging mit kleinen, energischen Schritten zum Fenster und spähte hinunter auf den weiten Platz vor dem Palais. »Ich habe absichtlich Sie ausgewählt, Baronin. Ich kenne Sie seit Jahren. Sie sind schweigsam, zuverlässig ... Von diesem Auftrag darf niemand etwas erfahren!«

Baronin von Winthorst verbeugte sich stumm.

»Alle diese Soldaten«, sprach die Kaiserin nach einer Weile weiter. »Meinetwegen ... Wilhelm hat mir verboten, das Palais zu verlassen. Mir, seiner Mutter, der Kaiserin! Aber das Päckchen muß weg, hören Sie? Es *muß* weg!«

»Man wird nicht wagen, mich zurückzuhalten, wenn ich im Auftrag Ihrer Majestät unterwegs bin.«

»Nein, nein, gerade das dürfen Sie nicht erwähnen!« rief die Kaiserin heftig. »Nehmen Sie an, Baronin, alle diese beschämenden Maßnahmen wurden wegen dieses Päckchens unternommen. Man will das Palais durchsuchen. Alle Räume. Auch die meinen. Selbst ... selbst das Sterbezimmer.« Die Kaiserin wandte sich vom Fenster und blickte die Baronin an.

»Ich verstehe, Majestät ... Nun, ich kenne einen Weg ... Eine Zeitlang führte ich Aufsicht über das weibliche Gesinde. Damals kostete es mich erhebliche Mühe, den Weg herauszufinden, den einige meiner Mädchen nahmen, wenn sie sich – sagen wir – zur unrechten Zeit mit den Soldaten aus den nahen Kasernen treffen wollten.«

»Merkwürdig ...« Um die blassen Lippen der Kaiserin spielte für einen Augenblick ein bitter-ironisches Lächeln. »Merkwürdig und beschämend ... Die Tochter der regierenden englischen Königin und deutsche Kaiserin muß sich durch Sie eines Weges bedienen, den liebestolle Frauenzimmer gefunden haben, um sich mit ihren Liebhabern zu treffen. Schicksal? – Und jetzt gehen Sie, Baronin, Gott sei mit Ihnen!«

Nachdem die Baronin von Winthorst den Raum verlassen hatte, setzte sich die Kaiserin wieder an den Schreibtisch und vergrub das Gesicht in den Händen. Es ist vorbei. Ich bin überflüssig geworden. Ich ... Kaiserinwitwe. Ohne je eine richtige Kaiserin gewesen zu sein. Kaiserin an der Seite eines todkranken Mannes. Ganze neunundneunzig Tage.

Und dann wieder die Frage, die sie nicht vertreiben konnte, sosehr sie sich gegen sie auch wehrte: Ich wußte, wie krank er war, aber ich wollte es nicht wahrhaben. Ich wollte herrschen, regieren. Ich redete ihm ein, daß es gar nicht so schlimm sei. Du mußt dich zusammennehmen! Du wirst wieder gesund werden! Du mußt nur wollen. Kein Krebs. Keine Operation. Bin ich, fragte sie sich, bin ich wirklich schuld an seinem Tod, wie alle behaupten? Selbst Wilhelm, mein Sohn?

Die Kaiserin stand abrupt auf und trat wieder ans Fenster. Unten ritt eine Abteilung des *Garde du Corps* vorbei. Die Fähnlein flatterten im Wind, die Sonne brach sich auf den Lanzenspitzen. Leicht dahintänzelnde Hufe, Sonnenlicht auf den Gesichtern der Reiter, eine schneidende Kommandostimme…

»Es ist wie immer«, flüsterte die Kaiserin, während sie mit heißen, trockenen Augen auf das farbenprächtige Bild vor dem Neuen Palais starrte. »Nebenan liegt ein toter Kaiser… wie immer…«

Der König ist tot – es lebe der König! Dieser Ausspruch schien für die »Machtübernahme« durch Wilhelm II. wie geschaffen; denn tatsächlich glich seine Thronbesteigung einem Staatsstreich. Wie war es dazu gekommen?

Ein gutes Jahr zuvor, im März 1887, feierte Kaiser Wilhelm I. seinen neunzigsten Geburtstag. Der sechsundfünfzigjährige Kronprinz Friedrich hielt die feierliche Geburtstagsansprache. Dabei machte sich zum erstenmal in der Öffentlichkeit die Heiserkeit bemerkbar, die ihn seit einiger Zeit plagte. Im Mai diagnostizierte man sein Halsleiden als Kehlkopfkrebs. Ein Ärztegremium beschloß, einen Eingriff vorzunehmen: Laryngotomie, den äußeren Kehlkopfschnitt.

Operieren sollte Professor Bergmann, einer der berühmtesten Chirurgen seiner Zeit. Die deutschen Ärzte wollten allerdings ganz sichergehen. Sie beschlossen, einen ausländischen Spezialisten hinzuzuziehen. Ihre Wahl fiel auf den englischen Arzt Morell Mackenzie. Mackenzie kam, untersuchte den Kronprinzen – und weigerte sich, die Diagnose seiner deutschen Kollegen zu bestätigen.

»Einen positiven pathologischen Befund konnte mir nicht einmal Professor Virchow, der Papst der deutschen Medizin, liefern«, erklärte Mackenzie später einem Freund. »Er konnte es keineswegs ... Denn in dieser Phase der Krankheit handelte es sich nicht um Krebs, sondern um Syphilis. Krebs kam erst später hinzu. Das erklärt auch den ganz und gar untypischen Verlauf der Krankheit.«

Ein deutscher Kronprinz mit Syphilis? Unvorstellbar! Andererseits tauchten vornehmlich in der französischen Presse Andeutungen über die grenzenlose orientalische Gastfreundschaft bei der Eröffnung des Suezkanals auf, der sich auch der fabelhaft aussehende und von den Schönen des Landes heißumworbene Deutsche nicht hatte entziehen können. »Auch ein Kronprinz ist nur ein Mensch, ein Mann aus Fleisch und Blut. Wer könnte ihm einen schwachen Augenblick verübeln, in diesen Tagen, als die Märchenwelt der Tausendundeinen Nacht zur verzauberten Wirklichkeit wurde ...«

Mackenzies Behandlung trug zunächst gute Früchte; doch dann kam der Rückschlag. Im Lauf des Jahres 1887 verlor der Kronprinz nach und nach die Sprache. Als er nach dem Ableben seines Vaters im März 1888 dessen Nachfolge antrat, war er bereits ein sterbenskranker, vom Tod gezeichneter Mann, der sich mit seiner Umgebung nur noch durch kurze, mit zittriger Handschrift verfaßte Mitteilungen verständigen konnte.

Ende Mai nahm Kaiser Friedrich III. seine letzte Militärparade ab. Eingezwängt in eine goldstrotzende Uniform, den schweren Helm auf dem Kopf, sich unter Aufbietung seiner letzten Kräfte zu aufrechter Haltung zwingend – doch zu schwach, um die Hand zu heben und die Tränen abzuwischen, die über sein graues, eingefallenes Gesicht liefen ...

Einen Tag bevor er starb, ließ die Kaiserin den Berliner Korrespondenten des *New York Herald* zu sich kommen und übergab ihm in Gegenwart von Morell Mackenzie ein Paket mit den Tagebüchern des Kaisers. Er sollte sie zur englischen Botschaft bringen, wurde ihm gesagt, von wo sie durch den Militärattaché weiter nach Windsor geleitet würden.

»In diesen Tagebüchern steckt Dynamit!« sagte die Kaiserin zu Mackenzie, dem sie rückhaltlos vertraute. »Die weitaus gefährlichere Bombe behalte ich allerdings bei mir. Ich täte es bei Gott nicht gern. Aber wenn mir Wilhelm und Bismarck Schwierigkeiten machen, dann werde ich diese Bombe hochgehen lassen – und Wilhelm soll das wissen.«

»Durch eine Indiskretion erfuhr Wilhelm, nunmehr deutscher Kaiser, davon«, schrieb die Baronin in ihr Tagebuch. »Er veranlaßte die Blockade des Neuen Palais, eine großangelegte Suchaktion wurde eingeleitet. Professor Virchow sollte zudem durch eine Sektion der Leiche feststellen, daß Friedrich III. an Krebs gestorben war. Daß mit anderen Worten die Kaiserin, die sich bis zuletzt gegen diese Diagnose gewehrt und somit eine rechtzeitige Behandlung verhindert hatte, am Tod des Kaisers mitschuldig war.

Mußte die Abneigung zwischen Mutter und Sohn wirklich solche Formen annehmen? Sollte man nicht gerade bei regierenden Fürsten Takt und Diskretion voraussetzen?

Was in dem blauen Päckchen war, das ich zur englischen Botschaft bringen sollte, weiß ich nicht. Ich wußte auch nicht, daß wir Damen aus der unmittelbaren Umgebung der Kaiserin besonders beobachtet wurden. Als ich das Palais heimlich verlassen wollte, wurde ich im Gesindetrakt gestellt. Im letzten Augenblick gelang es mir, das Päckchen hinter eine Truhe fallen zu lassen, die sicherlich seit Jahrzehnten nicht von der Stelle gerückt worden war. Leider schaffte ich dasselbe nicht mit dem Brief. Ein Leutnant – er stellte sich sehr korrekt als Walter von Mahlzahn vor – fand ihn bei mir, führte mich zu seinem Major und dieser wiederum zum Kaiser. Zum Glück scheint die Kaiserinmutter nicht geschrieben zu haben, daß ich die Überbringerin des Päckchens bin, sondern bat den englischen Militärattaché in ihrem Brief nur, die ›bewußte Sendung‹ auf schnellstem Weg

nach London zu schaffen. Hätte der Kaiser gewußt, daß ich diese ›bewußte Sendung‹ versteckt habe, wäre das Verhör, dem ich durch ihn unterzogen worden bin, wohl nicht so glimpflich verlaufen. Aber es reichte auch so. Schließlich konnte ich ihn von meiner Harmlosigkeit überzeugen; er ließ mich gehen.
Sobald ich mich unbeobachtet wußte, ging ich wieder in den Gesindetrakt und suchte hinter der Truhe nach dem Päckchen. Aber das Päckchen war verschwunden. Jetzt erinnerte ich mich an einen Umstand, dem ich in der Aufregung meiner ›Verhaftung‹ keine besondere Bedeutung beigemessen hatte.
Als mich Leutnant von Mahlzahn abführte, sah ich hinter dem Fenster einer Gerätekammer – das Fenster ging auf den Korridor – die Umrisse eines männlichen Gesichts. Dieser Mann muß mich beobachtet haben, als ich das Päckchen hinter die Truhe fallen ließ. Nur er konnte es gestohlen haben.
Ich berichtete davon der Kaiserin. Und ich sagte ihr auch, daß ich diesen Mann wiedererkennen würde. Aber sie glaubte mir nicht. Für sie stand fest, daß ich mit dem Päckchen schnurstracks zum Kaiser gegangen bin und es ihm aushändigte. Sie jagte mich davon, auf eine Art, die... Genug davon! Ich ging.
Aber bevor ich das Palais verließ, sah ich den Mann aus der Gerätekammer wieder. Ein untergeordneter Lakai. Das hämische Grinsen, mit dem er sich vor mir verbeugte, bestätigte meine Ansicht, daß nur er es gewesen sein konnte.
Nun, mich ging das alles nichts mehr an. Das Kapitel ›Hofdame der Kaiserin‹ ist für mich zu Ende. Endgültig. Mittlerweile bin ich eine alte Jungfer geworden. Zunächst werde ich ein paar Reisen unternehmen; vielleicht gelingt es mir, zu vergessen.
Vergessen? Nie!«

Mit dieser Eintragung endete das Tagebuch der Baronin von Winthorst. Auf der letzten Seite fand Charlotta nur noch einen Zeitungsausschnitt aus dem Jahr 1895. Darin hieß es, daß der ehemalige Hofbedienstete Karl Schütze, kaum aus dem Gefängnis entlassen, wo er wegen fortgesetzten Diebstahls gesessen hatte, bei einem Einbruchsversuch in das Neue Palais ertappt worden war. Auf der Flucht sei er von einem Gendarm mit gezieltem Feuer tödlich verletzt worden. Darunter hatte die Baronin geschrieben:

»Karl Schütze – der Mann aus der Gerätekammer? Wonach mag er im Palais gesucht haben? Nach dem Päckchen? Kaum möglich. Das wird er längst beiseite geschafft haben, nachdem er festgestellt hatte, daß es für ihn wertlos war. Ist mit ihm auch das Geheimnis um das Päckchen der Kaiserin endgültig begraben worden?«

Charlotta klappte das Tagebuch nachdenklich zu. Das Päckchen der Kaiserin … *Die weitaus gefährlichere Bombe behalte ich allerdings bei mir …*

Das blaue Päckchen … Juni 1895, ein lauer Frühsommerabend, die weiße Fassade des Schlosses von Sanssouci, beleuchtet vom rötlich flackernden Schein der Fackeln, der Kaiser als General Friedrichs des Großen, weißgepuderte Perücken, die großen Soldaten mit ernsten Gesichtern. Und sie, Charlotta, und Gustaf hinter dem blühenden Jasmin, zwei Kinder als versteckte Zaungäste.

Der Weg zurück durch den nachtdunklen Park, die schwankende Gestalt eines Mannes auf der vom Mond beschienenen Lichtung, das Licht des Mondes auf seinem bleichen, vor Schmerz verzerrten Gesicht. Und das kleine blaue Päckchen, das ihm entfallen war und das …

Charlotta fuhr sich mit zitternder Hand über die Stirn. Gustaf hatte das Päckchen mitgenommen. Bevor sie sich verabschiedet hatten, vor dem Gesindetrakt des Neuen Palais, hatte er ihr mit blutbesudelter Hand das Päckchen entgegengehalten: *Wollen wir morgen nachschauen, was da drin ist?*

Charlotta schwindelte es. Das war doch unmöglich! Ausgerechnet sie und Gustaf sollten dieses Päckchen gefunden haben? Undenkbar! Und doch. Blaues Papier. Verschnürt, versiegelt.

Ausgerechnet Gustaf, dachte Charlotta, ausgerechnet der! Ob er das Päckchen weggeworfen hatte? Oder hatte er es auf dem Boden versteckt, wo er alle seine Schätze aufbewahrte, Kieselsteine, Schnüre, alte Hufeisen, rostige Nägel? Er bewahrte immer alles auf – warum also nicht auch das Päckchen?

Aber dann … Dann müßte es ja noch immer dort sein, dachte sie. Dann könnte man es holen. Oder man müßte Gustaf finden und ihn fragen. Er hat mir immer alles erzählt …

Sie stand entschlossen auf, schloß den Schmuck, die Papiere und das Tagebuch wieder in die Kassette, legte diese in das unterste Fach des Schreibsekretärs, verschloß ihn und steckte den Schlüssel ein. Dann verließ sie das Zimmer – und lenkte ihre Schritte unbewußt zu dem rückwärtigen Ausgang des Gutshauses und dann über den Hof zu den Ställen.

Das war auch damals so gewesen: Wenn sie sich als Kind mit einem Problem herumgeschlagen hatte, war sie immer in die Ställe gegangen. Dort, im hintersten Winkel, auf einem Lager aus Stroh, hatte sie sich geborgen gefühlt. Der warme Geruch nach Pferden, das Mahlen ihrer Kiefer, die dumpfen Hufschläge auf dem Boden … Dort würde sie vielleicht auch jetzt Klarheit in ihre wirbelnden Gedanken bringen können.

Die endgültige Entscheidung darüber, was sie tun sollte, wenn ihre Vermutung stimmte, verdankte sie allerdings einem Mann, der persönlich mit der Sache nicht das geringste zu tun hatte: Alfred, dem Neffen der Baronin von Winthorst.

Während die tote Baronin von Leichenfrauen aufgebahrt wurde, machte sich Alfred auf den Weg zu Charlotta. Er hatte mit ihr allerlei zu besprechen. Der Tod seiner Tante war ihm doch mehr in die Knochen gefahren, als er gedacht hatte. Andererseits … Nun war er endlich frei. Die Baronin hatte ihn verdammt kurzgehalten. In ihrer Nähe hatte er sich immer wie ein unreifer Jüngling gefühlt.

Außerdem hatte sie immer zwischen ihm und Charlotta gestanden. Trotz allem, was sie ihm vor ihrem Tod gesagt hatte. Nun war er dieser Fessel ledig. Jetzt war er hier der Herr. Und Charlotta…

Auf die Dauer würde sie ihre verfluchte Zurückhaltung aufgeben müssen. Es machte ihn verrückt, unter einem Dach mit ihr zu leben, sich nächtelang schlaflos in seinem Bett herumzuwälzen, von Bildern und Vorstellungen geplagt, die ihn kaum ein Auge zutun ließen, während sie nur ein paar Räume weiter schlief.

Nun, dies war bestimmt nicht der richtige Augenblick, sie zu bedrängen. Dazu hatte er noch Zeit genug. Aber man konnte wenigstens vorfühlen, mit ihr auf gütliche Weise über die veränderte Lage sprechen, ihr zu verstehen geben, daß sie von nun an sehr mit ihm, Alfred, und seinem guten Willen rechnen mußte.

Die verrückten Vorstellungen der Tante, die auf eine dauerhafte Bindung abzielten, mußte er dabei ja mit keinem Wort erwähnen.

Im ersten Stock sah er Charlotta aus ihrem Zimmer kommen und tief in Gedanken versunken über die Hintertreppe auf den Wirtschaftshof gehen. Er folgte ihr, sah sie mit einer weinenden Magd ein paar Worte wechseln, wartete, bis die Magd verschwand, und ging ihr dann in den Pferdestall nach, wo sie verschwunden war.

Alfreds Augen gewöhnten sich langsam an die Dämmerung. Er schlenderte zwischen den Boxen, schlug klatschend auf eine glänzende Pferdekruppe, lachte, als die Stute erschrocken zur Seite sprang. Und dann sah er sie.

Charlotta saß mit angezogenen Beinen auf einer Strohschütte im hintersten Winkel des Stalls und sah ihm mit verwunderten Augen entgegen.

»Was wollen Sie?« fragte sie ungehalten, als Alfred vor ihr stehenblieb. Sie wollte allein sein. Sie wollte ungestört nachdenken.

Alfred lehnte sich an die Wand einer leerstehenden Box.

»Wollen wir das Kriegsbeil nicht endlich begraben?«

»Haben wir es denn je ausgegraben?«

»Sehen Sie, Charlotta, sie hat uns verlassen. Wir sind allein geblieben. Müssen wir da nicht…«

Alfred verstummte, als hätte ihn die Rührung übermannt – und merkte zufrieden Charlottas Reaktion: Ihre Lippen begannen zu zittern, und ihre Augen füllten sich mit Tränen. Das Stroh raschelte leise, als er neben ihr hinkniete. Mit dem Taschentuch wischte er behutsam ihre Augen ab.

»Es ist gut, wenn man weinen kann«, murmelte er dabei. »Auch ich… Ich kann es nicht fassen. Vielleicht haben Sie manchmal einen falschen Eindruck von mir bekommen, Charlotta. Die Tante und ich haben uns manchmal gestritten. Ich geb's zu, nicht selten habe ich ihr Kummer gemacht. Es tat mir immer leid. Ich mochte sie.«

Alfred hatte sich so sehr in die Rolle des traurigen Hinterbliebenen versetzt, daß ihm jetzt die Stimme tatsächlich versagte. Dabei stellte er allerdings auch befriedigt fest daß sich Charlotta nicht mehr gegen seine Anwesenheit sträubte. Sie lehnte den Kopf weinend an seine Schulter und ließ sich widerstandslos über das Haar streicheln, über die Schultern, über den Rücken.

»Wir müssen tapfer sein«, flüsterte er heiser. »Ich weiß…

Unser Leben wird leer sein ohne sie. Aber wir müssen damit fertig werden. Verstehen Sie mich, Charlotta? Verstehst du mich?«

Charlotta nickte, klammerte sich an ihm fest und tat damit nur das, was jede junge Frau an ihrer Stelle getan hätte, die Trost und Schutz suchte vor der plötzlich so feindselig leeren Umwelt.

Doch Alfred mißverstand es. Er begehrte Charlotta, seit er ihr begegnet war, und manchmal war es ihm, als würde er sie ernsthaft lieben. Sie aber hatte mit ihm immer nur gespielt und in ihm, ohne es zu beabsichtigen, eine düstere Leidenschaft geweckt, die nur auf eine günstige Gelegenheit wartete. Nun schien diese Gelegenheit gekommen, und Alfred vergaß alle Vorsicht.

Die Berührungen seiner Hände wurden drängender; Charlotta schien es nicht zu merken. Er hob ihr Gesicht, küßte ihr die Tränen weg; sie ließ es geschehen. Seine Lippen berührten die ihren, flüchtig zunächst – und dann in einem saugenden, gewalttätigen Kuß, während er gleichzeitig versuchte, sie zum Hinlegen zu zwingen.

Nun schien Charlotta zu erwachen. Fassungslos vor Bestürzung und Abscheu spürte sie, wie sein Mund ihre Lippen auseinanderzwang, wie seine Hand ihre Brust umspannte, weiter über ihre Hüfte tastete, über ihre Schenkel. Sie stieß ihn zurück, schlug mit ganzer Kraft nach seinem Gesicht, entwand sich seinem Griff, sprang auf und wich zurück zur Wand.

»Sie sind ein Schwein, Alfred!« sagte sie überraschend ruhig, doch ihre Stimme war dunkel vor mühsam unterdrücktem Zorn.

Alfred stand schwer atmend auf. Mit vor Wut halbblinden Augen stierte er sie an.

»Sag das nicht noch einmal!« brachte er schließlich mühsam hervor.

»Sie sind ein Schwein«, sagte Charlotta.

»Hüte deine Zunge, Mädchen, ich warne dich!« sagte Alfred. Er wußte, daß er im Unrecht war. Und wie bei allen schwachen Naturen weckte gerade das seinen Zorn. »Vergiß nicht, mit wem du es zu tun hast!«

»Ah. Der neue Herr! Ich möchte jetzt gehen. Wollen mich der Herr vorbeilassen?«

»Du bleibst hier!« schrie er. »Du bleibst hier, bis…«

»Bis?« fragte Charlotta sanft.

»Bis ich dir erlaube, wegzugehen!«

»Merkwürdig«, sagte Charlotta, »merkwürdig, wie sich ein Mensch in wenigen Augenblicken bloßstellen kann. Und dabei… Kennen Sie den letzten Wunsch der Baronin?«

Alfred schwieg verbissen.

»Wir sollten heiraten. Wissen Sie das?«

»Sie ist tot«, sagte er. »Und mit ihr auch ihre verrückten Ideen. Heiraten!« Alfreds Stimme nahm jetzt den schneidend-hochmütigen Kasernenhofklang an. »Höchste Zeit, gewisse Dinge klarzustellen. Die Tante mußte nicht mehr ganz klar im Kopf gewesen sein. Ihre Idee – ein fundamentaler Irrtum! Werde auch sagen, warum. Du bist ein hübsches Mädchen, meine Liebe. Du hast Format. Hast etwas an dir, das Männer verrückt macht. Bin keine Ausnahme. Würde es mich was kosten lassen. Kleinlich bin ich nie gewesen. Verstehen wir uns?«

»Wir verstehen uns sehr gut«, sagte Charlotta tonlos.

»Ausgezeichnet. Man muß um seinen Platz wissen. Es gibt eine Ordnung, die im Lauf von Jahrhunderten entstanden ist. Verschiedene Gesellschaftsschichten, die sich untereinander nicht vermischen sollen. Das Blut muß rein erhalten werden. Ist das klar? Wenn ich eine Frau heirate, muß ich wissen, woher sie kommt. Ihre Abstammung. Die Vorfahren. Wollen die Dinge beim richtigen Namen nennen: Du bist die Tochter eines Irgendwer. Du stammst aus der Gosse. Der Aufstieg zur Gutsherrin – fabelhaft! Bin fast sicher, daß dieser Gedanke nicht von meiner Tante stammt. Raffiniert. Alle Achtung!«

»Sprechen Sie ruhig weiter!« sagte Charlotta – und in ihrer Stimme schwang wieder jene spöttische, jetzt freilich nur mühsam aufrechterhaltene Überlegenheit mit, die ihn so rasend machte.

»Es gibt nicht mehr viel zu sagen. Du mußt dich entscheiden. Es kann alles bleiben wie bisher. Deine Stellung hier kann kaschiert werden. Wird sich finden. Und wie gesagt: ich bin nicht kleinlich. Erwarte dafür allerdings Entgegenkommen.«

»Bin ich jetzt entlassen?« fragte Charlotta. »Darf ich gehen?«

»Zuerst die Antwort!«

Nachdenklich, bemüht, ihren Widerwillen nicht zu zeigen, blickte Charlotta den jungen Offizier an. Diese Unverfrorenheit, ihr jetzt auch noch den Vorschlag zu machen... Entgegenkommen, nach dem, was er ihr gesagt hatte. Eigentlich müßte sie sich zutiefst verletzt fühlen. Aber das war nicht der Fall. Er widerte sie nur an. Im Grund hatte er nichts anderes gesagt als damals in Rom Heinrichs Onkel, der Fürst. Nur primitiver.

Wie hatte sie sich je der Illusion hingeben können, gleichberechtigt mit diesen Menschen sein zu können? Nein, sie, Charlotta, hatte nicht die geringste Chance. Sie war auf Lebenszeit verurteilt, Dienstboteneingänge zu benutzen, in dumpfen Kammern zu schlafen, eines Tages vielleicht zu heiraten: einen Unteroffizier oder Lakai, und wenn es hochkam, einen schlechtbezahlten, untergeordneten Beamten mit Pensionsansprüchen.

Oder Alfreds Vorschlag anzunehmen, seine Mätresse zu werden, so wie sie Heinrichs Mätresse werden sollte, und dann aus einer Hand in die andere wandern, in immer kürzeren Abständen, bis... Daran wollte sie nicht einmal denken!

»Die Antwort!« sagte Alfred.

Charlotta schob die Unterlippe nachdenklich vor, trat zu ihm und blieb mit leicht zur Seite geneigtem Kopf vor ihm stehen. »Die Antwort... Sie schlagen mir vor, Ihre Geliebte auf Zeit zu werden. Ist es so?«

»Ich meine... So direkt...« Alfreds mühsam aufrechterhaltene Sicherheit war wieder dahin. Ausgerechnet diese sanfte Friedfertigkeit hatte er jetzt von Charlotta nicht erwartet.

»Warum nicht direkt? Und Sie wollen meine Antwort sofort? Noch bevor ich Ihr Angebot gehört und geprüft habe?«

»Charlotta, ich sagte...«

»Sie sagten, daß Sie großzügig seien. Ist das nicht zu allgemein? Sie schlagen mir ein Geschäft vor, nennen Sie also auch den Preis.«

» Charlotta...«

»Nicht gleich. In ein paar Tagen. Einverstanden?«

»Charlotta, vorhin...« Alfred schluckte. »Ich meine, vorhin – ich war wütend, unbeherrscht... Es tut mir leid.«

»Warum? Sie sagten mir doch nur Ihre ehrliche Meinung. Oder wollten Sie mir weh tun?«

»Nein, nein, natürlich nicht!«

»Also sprachen Sie die Wahrheit, nicht wahr?«

»Ja, sicher... Nein, ich meine... Ach, zum Teufel!« Alfred

schüttelte verwirrt den Kopf. »Sie haben so eine verdammte Art…«

»Vorhin duzten Sie mich. Bleiben Sie dabei… Darf ich das auch?« Charlotta lächelte – doch ihre sonst so ausdrucksvollen Augen blieben davon unberührt. Sie waren seltsam leer und von der eisigen Kälte eines stillen, abgrundtiefen Bergsees.

»Aber natürlich«, sagte Alfred erleichtert. »Wollen wir unsere Versöhnung nicht mit einem Kuß besiegeln?«

»Zuerst das Angebot und der Vertrag… Und folge mir bitte nicht sofort hinaus. Die Leute sollen nicht sehen…« Charlotta nickte ihm noch immer lächelnd zu, schob ihn mit einer leichten Bewegung zur Seite und ging. Sie hätte seine Anwesenheit keinen Augenblick länger ertragen können.

»Charlotta – Charlotta!« hörte sie ihn hinter sich rufen. »Nur noch einen Augenblick… Hör mich an – darf ich hoffen?«

Charlotta gab keine Antwort. Sie hörte ihn kaum. So leicht ist das also, dachte sie überdrüssig. Ein Wink mit dem kleinen Finger genügt. Strohkopf! Ich muß mir nur genau überlegen, wie ich es anfange.

In der Tür blieb sie einen Augenblick stehen und atmete tief die kühle, frische Luft ein. Hinter ihr schnaubte ein Pferd. Charlotta ließ den Blick über den leeren Wirtschaftshof gleiten. Irgend etwas stimmte nicht mehr, hatte sich verändert…

Plötzlich wußte sie es. Die Stalltür. Charlotta konnte sich ganz deutlich erinnern, daß Alfred sie hinter sich zugezogen hatte. Jetzt stand sie offen. War am Ende jemand im Stall gewesen? Beunruhigt trat sie hinaus – und sah ihn.

Er saß pfeiferauchend auf der kleinen Bank neben der Tür und blickte zu ihr hinauf. Dann stand er langsam auf, nahm die Pfeife aus dem Mund, und seine grauen Augen unter den dichten Augenbrauen lächelten ihr zu.

»Habe ich Sie erschreckt, Elfe?«

»Waldgeist!« flüsterte Charlotta. »Nein… Wo kommen Sie her?«

»Von dort…« Mit der Hand machte er eine unbestimmte Bewegung gegen die Wälder. In der derben, offenen Lodenjoppe sah er noch breitschultriger aus, als sie ihn in Erinnerung hatte. Und wie damals umgab ihn etwas, das sich einer genauen Bezeichnung entzog.

Charlottas Herz klopfte ungestüm. Vor Schreck über die unverhoffte Begegnung – oder war's Freude? Ärgerlich fühlte sie, wie in ihr Gesicht flammende Röte stieg, und versuchte deshalb ihrer Stimme einen besonders hochmütigen Klang zu geben, als sie fragte:

»Tauchen Sie immer so überraschend auf?«

»Zuweilen. Ist das schlimm?«

»Schlimm? Nein. Ich…«

Sie sahen sich für einen langen, selbstvergessenen Augenblick in die Augen. Die Erinnerung an Worte wurde in Charlotta wach, die sie irgendwo gelesen hatte. Oder gehört: *Zwei Menschen stehen sich plötzlich gegenüber, und ihr Leben scheint sich zu verdichten wie die Strahlen der Sonne, die sich unter einer Linse zum Brennpunkt vereinen. Ihr Sein: das, was sie sind, das, was war, und das, was ist, verknotet sich zu einem unentwirrbaren Geflecht: sie werden eins.*

»Ich bin nur etwas erschrocken«, beendete Charlotta den angefangenen Satz. »Und – wo haben Sie Hannibal?«

»Zu Hause. Er bewacht die Hütte.«

Der Zauber des Augenblicks war gebrochen. Alles war wie vorher – und doch war auch alles anders geworden. Charlottas Leben und sie selbst hatten sich auf eine seltsame Art gewandelt. Die Erinnerung an diesen Augenblick konnte nie gelöscht werden.

»Sind Sie schon lange hier?« fragte Charlotta.

»Nein – erst seit drei Tagen«, erwiderte er – und Charlotta kam es erst jetzt ins Bewußtsein, wie nüchtern, fast abweisend seine Stimme war. Ganz anders als damals. Sein Blick irrte ab. Mit der Pfeife zeigte er auf ein stämmiges, zotteliges Pferd, das vor der Schmiede zwischen Stall und der Wagenremise angebunden stand.

»Fritz hat ein Hufeisen verloren, und ich dachte mir, ich könnte ihn hier neu beschlagen lassen.«

»Ach, deswegen …« Charlotta versuchte vergeblich ihre Enttäuschung zu verbergen. »Der Schmied ist im Augenblick nicht hier.«

»Ich weiß. Ich habe nach ihm gesucht.«

»Auch – dort?« Charlotta blickte zur offenen Stalltür.

»Auch dort drin.«

»Aber dann …«

»Nichts weiter«, schnitt er ihr das Wort ab. Und dann, mit einem boshaften Lächeln und einer Stimme, die Charlotta wie ein Peitschenhieb traf: »Nur eine Frage: Er darf doch hoffen? Sein Angebot kann sich bestimmt sehen lassen!«

Jetzt näherten sich im Stall Alfreds Schritte. Er trat heraus, blinzelte geblendet ins helle Licht und runzelte unmutig die Stirn, als er den fremden Mann im Gespräch mit Charlotta sah.

»Wer sind Sie? Was wollen Sie hier?« fragte er barsch.

»Wer ich bin, kann Ihnen die junge Dame erzählen.« Der Mann zog gelassen an seiner Pfeife. »Und weshalb ich gekommen bin? Vielleicht wollte ich eine Elfe holen. Aber das hat sich ja nun gegeben.«

»Eine – Elfe? Was soll der Unsinn?«

»Man soll nicht alles Unsinn nennen, was man nicht versteht.« Dann wandte er sich zu Charlotta, ohne sich um Alfred zu kümmern, dessen Gesicht vor Zorn über diese Abfuhr rot anlief. »Vielleicht sollte ich der Baronin eine Aufwartung machen. Ich bin's ihr ja noch schuldig. Was meinen Sie?«

»Die Baronin ist tot«, sagte Charlotta.

»Oh … Das tut mir leid. Darf ich Ihnen …«

Aber Charlotta hörte ihm nicht mehr zu. Sie drehte sich um und ging grußlos davon. Sie hatte genug. Monate hindurch hatte sie immer wieder von diesem rätselhaften Mann, der sich so albern »Waldgeist« nannte, geträumt. Hatte sich immer wieder sein Gesicht in Erinnerung gerufen. Und jetzt, nachdem er wiedergekommen war, worauf sie längst nicht mehr gehofft hatte, ausgerechnet jetzt mußte das mit Alfred passieren!

Dieser entsetzliche Hohn in seiner Stimme, die Verachtung in seinem Blick… Ich hasse ihn, sagte sich Charlotta. Ich hasse ihn, ich hasse ihn, ich will ihn nie wiedersehen! Das sagte sie sich. Zugleich aber flüsterte in ihr eine Stimme, daß es nur Scham und Trotz waren, die ihr diese Gedanken eingaben. Daß sie zurück zu ihm gehen und ihm alles erklären sollte. Ein paar Worte würden genügen. Er würde es verstehen.

Tu es, sagte ihr die Stimme, vergiß deinen Stolz, tu es, bevor es zu spät ist, tu es *jetzt!* Doch Charlotta gelang es, die bittende und beschwörende Stimme in ihrem Innern zu ersticken: aus Stolz; denn sie fühlte sich im Recht. Und aus Furcht vor einer neuerlichen Demütigung.

Sie trat ins Herrenhaus, lief auf ihr Zimmer – und hatte dort plötzlich das Gefühl, daß nun, von einer Sekunde zur anderen, die endgültige Entscheidung gefallen war. Langsam trat sie ans Fenster und sah ihn durch die Allee vor dem Herrenhaus davonreiten. Das verlorene Hufeisen war eine Ausrede gewesen. Er war nur ihretwegen gekommen…

»Waldgeist«, flüsterte sie, hob die Hand, als wollte sie das Fenster öffnen, um ihn zurückzurufen, ließ sie mutlos wieder sinken, lehnte die Stirn an die Fensterscheibe und starrte der kleiner und kleiner werdenden Gestalt des Reiters nach. Zu spät…

4

Daß Baronin von Winthorst gestorben war, erfuhr Graf Wellinghausen erst aus der Zeitung: eine Panne, die nicht hätte passieren. dürfen. Noch am gleichen Vormittag ließ er sich aus seinen Amtsräumen im Berliner Schloß telefonisch mit dem Hofmarschall Graf Zedlitz-Trütschler in Potsdam verbinden und bat um eine dringende Audienz beim Kaiser. Ob er denn damit rechnen könne, noch am gleichen Tag vorgelassen zu werden?

»Aber mein lieber Graf!« kam aus dem Hörer die blecherne, leicht näselnde Stimme des Hofmarschalls. »Ganz und gar unmöglich!«

»Es ist überaus dringend!«

»Ich weiß, ich weiß. Nun, mein lieber Graf, Sie sind lange genug hier. Es gibt Minister, die wochen- oder monatelang auf einen Vortrag bei Seiner Majestät warten. In Angelegenheiten von höchster Bedeutung. Selbst unser Freund Bülow wird neuerdings nur selten vorgelassen. Seit er in Ungnade gefallen ist... Haben Sie Seiner Majestät einen neuen Kanzler zu offerieren, mein Lieber?«

»Das gerade nicht.« Graf Wellinghausen lachte. »Aber vielleicht sagen Sie Seiner Majestät, daß ich in Sachen Baronin von Winthorst vorgelassen zu werden wünsche. Würde fast eine Flasche Champagner wetten, daß es klappt.«

Graf Wellinghausen hätte die Wette gewonnen: Schon eine knappe Stunde später wurde ihm mitgeteilt, daß er sich um siebzehn Uhr im Neuen Palais in Potsdam einzufinden habe. Die Audienz dauerte etwas über eine halbe Stunde. Anschließend ließ sich Graf Wellinghausen mit dem Polizeipräsidenten verbinden.

»Fürchte, Sie müssen eine kleine Überstunde machen, mein Lieber. Ich rufe aus Potsdam an, Kabinett Seiner Majestät. Brauche Ihre Hilfe...«

Der erste Zug nach Ostpreußen fuhr kurz nach Mitternacht. Als der Graf in Begleitung seines Dieners abgehetzt zum Bahnhof Friedrichstraße kam, erwarteten ihn dort bereits zwei schnurrbärtige, wortkarge Männer in schwarzen Gehröcken und mit steifen, geradesitzenden Melonen über den ernsten Gesichtern.

»Alles in Ordnung?« fragte der Graf kurzangebunden.

»Alles in Ordnung, Exzellenz«, antwortete einer von ihnen.

»Papiere?«

»Habe ich hier.« Der Mann klopfte auf seine Brusttasche.

»Dann können wir ja gehen. Während der Fahrt haben wir Zeit genug, alles zu besprechen.«

In Guttstadt wartete auf sie ein auf Hochglanz poliertes Automobil des ostpreußischen Regierungspräsidenten samt Chauffeur für die Fahrt zum Gut der Baronin von Winthorst.

Der Zeitplan des Grafen ging genau auf: Auf dem Gut trafen sie etwa eine Stunde vor der Abfahrt der Trauergäste nach Guttstadt ein, wo die tote Baronin beigesetzt werden sollte. Alfred, der neue Gutsherr, fiel aus allen Wolken, als sich der Graf als persönlicher Abgesandter des Kaisers vorstellte und ihm eine vom Kaiser eigenhändig geschriebene Beileidsbotschaft übergab.

»Diese hohe Ehre, Exzellenz... Ich muß mich erst fassen.«

»Haben Sie mein Telegramm nicht erhalten?« fragte der Graf.

»Nein, Exzellenz, keineswegs. In diesem Fall hätte ich für einen entsprechenden Empfang gesorgt.«

»Unzuverlässig, diese Post... Nun, das Telegramm wird sicher noch eintreffen. Allerdings zu spät.«

Graf Wellinghausen behielt recht: Das Telegramm, das seine Ankunft avisierte, kam – programmgemäß – bald darauf an...

Noch vor der Abfahrt zum Begräbnis bat der Graf den neuen Gutsherrn um eine Unterredung unter vier Augen. Alfred gewährte sie ihm nur zu gern: Der Kaiser selbst hatte ihn in seine Gunst aufgenommen! Das bedeutete das Ende der Verbannung in diese ostpreußische Einöde, Rückkehr nach Berlin, Potsdam, vielleicht sogar die bald fällige Beförderung zum Premierleutnant in dem *Garde du Corps*... Ihm schwindelte.

Die Unterredung fand in der Bibliothek statt und verlief genauso, wie es der Graf gewünscht hatte. Kurz Zeit später brach man nach Guttstadt auf, wobei Alfred im Wagen des Grafen Platz nahm. Die beiden schnurrbärtigen, schweigsamen Männer, die mit dem Grafen gekommen waren, blieben auf dem Gut zurück...

Während der Beisetzung der Baronin von Winthorst in der Familiengruft in Guttstadt wurde großer Pomp entwickelt. Zwischen all den offiziellen, halboffiziellen und privaten Trauergästen fühlte sich Charlotta, die bald ins zweite und dritte Glied abgedrängt wurde, ganz klein und verlassen. Ein Meer von schwarzgekleideten Menschen umgab sie, Gesichter, die ihre Gleichgültigkeit hinter ernsten Falten verbargen. Nein, diese Zeremonie hatte mit der Baronin nichts mehr zu tun. Geheuchelte Trauer und Anteilnahme.

Charlotta erschien die Welt leer und trostlos, schwarz wie die Schleier all dieser Tanten, Cousinen und Nichten, von denen die Baronin nie gesprochen hatte, die gleichsam aus dem Nichts aufgetaucht waren und nun wie düstere, unheilbringende Totenvögel die Gruft an der Kirchenmauer umstanden. Sie, Charlotta, hatte in dem Trubel kaum noch die Tote sehen können, um von ihr Abschied zu nehmen. Endgültig. Um ihr zu sagen, was ungesagt geblieben war.

»Charlotta, Kind. Hier haben wir nichts mehr zu suchen. Gehen wir!« Die Hand des alten Freiherrn von Stein umklammerte ihren Ellbogen.

Charlotta wischte sich die Tränen vom Gesicht und folgte wortlos dem weißhaarigen, kleinen Mann, der sie durch eine Seitenpforte in die Kirche führte. Ihre Schritte hallten laut unter dem mächtigen, leeren Gewölbe. Vor einem Seitenaltar blieben sie stehen. Brennende Kerzen warfen einen warmen Lichtschein auf das Bild des Gekreuzigten mit der Mutter Gottes unter dem Kreuz.

»Es ist richtig, wenn man sagt, zu bedauern seien nicht die Toten, sondern die, die sie zurückgelassen haben«, murmelte der alte Mann. »Ich meine nicht dich, Charlotta. Siehst du, vor dir steht das Leben. Was aber soll ich tun? Sie hat mich aufgelesen, als ich nicht weiter wußte. Sie ist für mich eingetreten, als es die Leute unter ihrer Würde fanden, mir auch nur die Hand zu geben. Ich wünschte, ich wäre vor ihr abberufen worden. Was soll ich jetzt tun?«

»Sie können doch auf dem Gut bleiben, Freiherr«, sagte Charlotta. »Ich bin sicher, daß sie daran gedacht hat.«

»In ihrem Testament, ja. Sie hat es mir einmal erzählt. Nach der Beisetzung wird es ja vorgelesen. Aber das meine ich nicht. Siehst du, Charlotta, ich mochte sie. Sie war eine gute Frau.«

Er verstummte. Die Flammen der Kerzen knisterten leise, von draußen kam die getragen-näselnde Stimme des Grafen Wellinghausen, der eine Ansprache vor der offenen Gruft hielt.

»Sie reden – reden!« fuhr der alte Mann mit einer an ihm ungewohnten Heftigkeit fort. »Hohle Phrasen! Tiefe Dankbarkeit des Kaiserhauses! Verdienste der Familie durch Jahrhunderte! Kreuzritter, deutscher Ritterorden, mit Schwert für das Reich, das Leben im Dienst des Königs und des Kaisers, Gehorsam und Treue für Kaiser und Reich, Glanz und Gloria. Morgen schon vergessen von all diesen, diesen ...«

Der alte Freiherr machte eine Pause, blickte mit zornigen Augen Charlotta an, beugte sich vor und flüsterte: »Und weißt du auch, warum er jetzt diese lange Rede hält?«

»Nun ... Er soll als Abgesandter des Kaiserhauses ...«

»Unsinn!« winkte der Freiherr ungeduldig ab. »Sand in die Augen! Damit die zwei anderen Zeit genug haben. Hast du die beiden Melonenträger gesehen, die mit ihm gekommen sind?«

»Ja, natürlich.«

»Polizeispitzel. Agenten. Wetten, daß sie im Augenblick überall herumstöbern? Fein eingefädelt! Während wir hier die arme Baronin bestatten, werden ihre Zimmer von oben bis unten ... Wenn ich nur wüßte, was sie suchen!«

»Einen Augenblick, bitte!« Charlotta fühlte, wie eine eisige Hand nach ihrem Herzen griff. »Wovon sprechen Sie? Wer sind diese Männer?«

»Ich sagte es dir: Polizeiagenten. Schnüffler. Bevor wir abfuhren, hörte ich den Grafen zu einem von ihnen sagen: *Geben Sie sich bei der Suche die allergrößte Mühe! Der kleinste Hinweis kann von Bedeutung sein!* Der Hinweis – worauf? Hast du vielleicht eine Ahnung?«

»Hinweis ...«, murmelte Charlotta. »Hinweis auf ...«

Jetzt erinnerte sie sich an die Worte der Baronin kurz vor ihrem Tod, an die sie in der Aufregung danach nicht mehr gedacht hatte: Ein kleines Geheimnis. Der Kaiser würde dafür etwas geben. Dann werden sie kommen, suchen, drohen … Der Hinweis, nach dem der Graf offenbar suchte, befand sich im Tagebuch der Gräfin. Es ging noch immer um dieses geheimnisvolle blaue Päckchen. Wie wertvoll mußte es für das Kaiserhaus sein, wenn man noch nach so vielen Jahren danach fahndete!

»Ich weiß, wonach sie suchen«, sagte sie, während von draußen noch immer die getragene Stimme des Grafen in die Kirche drang.

»Du weißt es? Wonach?« Der Freiherr beugte sich gespannt vor.

»Es ist die Kassette. Die Baronin hat mir eine Kassette gegeben. Ich sollte sie verstecken. Sie sagte, daß man danach suchen würde.«

»Und – hast du sie versteckt? Wo?«

»Nicht richtig. In meinem Schreibsekretär. Mein Gott, ich habe nicht daran gedacht. Schnell! Wir müssen zurück!« Charlotta griff nach dem Arm des kleinen Freiherrn und zog ihn zum Ausgang.

»Halt, halt!« Der Freiherr hielt sie zurück und blickte Charlotta, die ihn voll verzweifelter Ungeduld anstarrte, mit zusammengekniffenen Augen an. »Mit Pferden dauert es zu lange. Wir nehmen eine von diesen neumodischen Autodroschken. Ich habe vorhin zwei vor der Kirche stehen sehen.« Mit neuerwachtem Tatendrang und wie mit einem Schlag um Jahre verjüngt, schob er Charlotta zum Ausgang. »Wollen diesem Grafen die Suppe versalzen. Hab' auch noch eine Idee, wie wir's machen könnten. Erkläre es dir während der Fahrt. Los jetzt, Kind!«

Die Polizeibeamten Sawitzky und Rennert – sie gehörten der politischen Abteilung im Berliner Polizeipräsidium an – leisteten gründliche Arbeit. Peinlich genau durchsuchten sie die Zimmer der Baronin, beschlagnahmten ihre Korrespondenz und zogen nun den Kreis ihrer Untersuchung weiter aus.

Wie die meisten gebildeten Frauen ihrer Zeit, war die Baronin eine fleißige Briefschreiberin gewesen. Doch schon bei der ersten flüchtigen Durchsicht ihrer umfangreichen Korrespondenz fiel den Beamten auf, daß es dabei keinen Brief aus dem Zeitraum von Frühjahr bis Herbst 1888 gab.

»Sie wird die Briefe insgesamt aussortiert und vielleicht auch vernichtet haben«, sagte Sawitzky in der Bibliothek des Herrenhauses, wo sie sich jetzt aufhielten. »Dagegen spricht allerdings, daß sich Menschen von Papieren und Dokumenten, die ihnen besonders wichtig erscheinen, selbst dann ungern trennen, wenn ihnen diese eines Tages zum Verhängnis werden können.«

»Ich denke da mehr an das ominöse Päckchen«, murmelte Rennert, während er die Schubladen des großen, schweren Schreibtisches nacheinander aufzog und durchsuchte.

»Vielleicht in einer – Kassette? Oder…« Sawitzky betrachtete nachdenklich die langen Buchreihen in den bis zur Decke reichenden Regalen an der Stirnwand. »Die Leute kommen auf die ausgefallensten Ideen. Eine Buchattrappe als Versteck…«

»Dann haben wir ja noch was vor uns!« brummte Rennert.

In diesem Augenblick trat Charlotta in die Bibliothek und blickte die Beamten überrascht an. Sie trug Mantel und Handschuhe, und ihre Wangen waren von der frischen Luft gerötet. »Oh… Suchen die Herren etwas?«

Die Beamten überhörten die Frage. Sawitzky blickte sie ruhig an. »Sind die Begräbnisfeierlichkeiten zu Ende?«

»Die Trauergäste müssen gleich dasein. Sind Sie von der – Polizei?«

Sawitzky nickte. »Wollen Sie mir bitte einige Fragen beantworten?«

»Wenn ich kann…« Charlotta machte die Tür hinter sich zu, streifte die Handschuhe ab, schlüpfte aus dem Mantel, warf ihn achtlos über einen Stuhl und setzte sich auf die Lehne eines Fauteuils.

»Ist ja ungeheuer spannend!« sagte sie. »Geht's um Alfred?«

»Warum meinen Sie das?«

»Tja...« Charlotta hob die Schultern. »Diese jungen Herren... Man kann nie wissen. Vielleicht ein Duell? Ich finde das ja furchtbar romantisch! Zwei junge Offiziere schlagen sich um die Ehre einer Frau... Im Morgengrauen...«

»Wie standen Sie zu Baronin von Winthorst?«

»Oh... Sehr gut! Ich kann es gar nicht fassen, daß sie so plötzlich...« Charlotta nestelte an ihrem Ärmel, zog ein Taschentuch vor und drückte es auf die Augen. »Es ist furchtbar. Für uns alle.«

»Für Sie natürlich ein schwerer Verlust. Aber meine Frage war anders gedacht. In welchem Verhältnis standen Sie zu der Baronin?«

»In einem guten – sehr guten!« schluchzte Charlotta.

»Waren Sie ihre Zofe – oder was sonst?« fragte Rennert.

»Nein. Die Zofe war Alberta.«

»Die Engländerin? Und was waren Sie?«

»Ich weiß es auch nicht. Sie nahm mich bei sich auf...«

»Also eine Art Gesellschafterin?«

»Ja, ja, das kann man sagen.« Charlotta nickte eifrig und steckte das zerknüllte Tüchlein zurück in den Ärmel. »Ich leistete ihr Gesellschaft, eigentlich immer. Manchmal durfte ich ausreiten. Die Baronin schenkte mir sogar ein Pferd. Cora – das ist der Name der Stute – ist lammfromm, nur manchmal ein bißchen nervös. Die Baronin sagte immer, ich soll lieber ein anderes Pferd nehmen, Cora sei hysterisch, wie – na, wie eine Dame der besseren Gesellschaft. Oh, entschuldigen Sie! Du lieber Himmel, ich wollte nicht...«

Charlotta schlug sich mit der Hand auf den Mund und blickte die Beamten mit runden, erschrockenen Augen an. War sie zu weit gegangen? Diese Männer, die sie jetzt mit ausdruckslosen Gesichtern und kalten, abschätzenden Augen anstarrten, waren keine Dummköpfe, sondern Gegner, die sich nicht so leicht ein X für ein U vormachen ließen. Das fühlte sie instinktiv. Und instinktiv – wie auch später so oft – fand sie den richtigen Ausweg aus dieser Situation.

»Das – das war dumm von mir«, stotterte sie verlegen. »Manchmal rutschen mir solche Dinge heraus. Die Baronin hat immer gesagt, ich soll bis zehn zählen, bevor ich etwas sage – oder ganz den Mund halten. Aber manchmal, manchmal…«

»Das war ein ausgezeichneter Rat!« sagte Sawitzky trocken. »Beherzigen Sie ihn auch jetzt, und beantworten Sie nur das, was ich frage. Verstanden?«

Charlotta nickte.

»Hat die Baronin ein Tagebuch geschrieben?«

Charlotta schüttelte den Kopf.

»Wissen Sie das genau?«

Charlotta nickte.

»Die Sprache brauchen Sie ja auch nicht gleich zu verlieren«, sagte Sawitzky. »Warum wissen Sie das so genau?«

»Weil sie einmal sagte, als junges Mädchen hätte sie ein Tagebuch geschrieben, und als sie es später wieder einmal gelesen hätte, wäre es ihr so albern vorgekommen, sie hat es jedenfalls gleich verbrannt und danach nie wieder damit angefangen«, antwortete Charlotta.

Die Beamten blickten sich schulterzuckend an. Undenkbar, daß die Baronin diesem schwatzhaften Geschöpf das so streng gehütete Geheimnis anvertraut haben sollte! Oder irrten sie sich? Dieses Mädchen war entweder wirklich so naiv, ein klein wenig dumm und alles in allem unschuldig – oder sie war eine glänzende Schauspielerin und führte sie meisterlich an der Nase herum.

Draußen war das Rattern eines schnell vorfahrenden Automobils zu hören. Gleich darauf stürmte Graf Wellinghausen mit wehenden Frackschößen in die Bibliothek, und hinter ihm Alfred. Graf Wellinghausen pflanzte sich vor Charlotta auf.

»Wir kennen uns aus Rom?« fragte er nach einigen Augenblicken unbehaglichen Schweigens.

»Oh, ja… Sie erinnern sich?« Charlotta lächelte schüchtern.

»Sie sind vom Begräbnis frühzeitig hierher zurückgekehrt. Mit dem Freiherrn von Stein. Wo ist er?«

»Ich weiß es nicht. Ich glaube, in seinem Turm. Er ging gleich hin.«

»Und Sie? Waren Sie auf Ihrem Zimmer?«

»Nein, ich ging gleich hierher. Jagielka sagte, daß sich fremde Herren in der Bibliothek aufhalten…«

»Wer ist Jagielka?«

»Ein einfältiges Geschöpf, Exzellenz«, sagte Alfred.

»Was bedeutet das alles, Alfred?« rief Charlotta mit einer kindlich hohen Stimme. »Wer sind diese Männer? Was wollen sie?«

»Im Augenblick kann ich Ihnen nichts anderes sagen, als daß Sie die Fragen der Exzellenz wahrheitsgemäß beantworten!« sagte Alfred in schneidendem Kasernenhofton.

In Charlottas Augen glomm für einen Augenblick ein zorniger Funke auf – und erlosch. Bei Gelegenheit würde sie es ihm heimzahlen.

»Dann soll er doch fragen!« sagte sie störrisch.

»Wo ist die Kassette?«

»Was für eine Kassette?« Charlottas Stimme klang gleichgültig, während sich ihre Gedanken jagten. Alfred wird dem Grafen erzählt haben, daß sie von der Baronin eine Kassette bekommen hatte.

»Die Baronin hatte Ihnen, kurz bevor sie starb, eine Kassette übergeben. Wo ist sie?«

»Warum wollen Sie das wissen? Die Kassette gehört mir! Und alles – alles, was drin ist. Die Baronin sagte, sie würde es in ihrem Testament erwähnen. Und außerdem, daß ich genug Geld bekomme…«

»Das ist mir neu, verdammt!« rief Alfred bestürzt aus. »Warum hat sie das nicht mir gesagt? Ich meine…«

»Das hat bis später Zeit!« unterbrach ihn der Graf ungeduldig. »Wo ist die Kassette?«

»Hören Sie – hören Sie, Exzellenz!« Charlotta richtete sich energisch auf. »Diese Behandlung finde ich empörend! So benehmen sich keine Kavaliere! Die Baronin hat gesagt ...« Ihre Lippen begannen zu zittern, sie lief zu Alfred, klammerte sich an ihm fest und preßte das Gesicht schluchzend an seine Brust. »Du bist genauso, Alfred! Dabei hast du immer gesagt ... Warum hilfst du mir nicht?«

»Beruhigen Sie sich, bitte!« Der Graf trat, schon bedeutend milder gestimmt, hinter Charlotta und legte die Hand begütigend auf ihre Schulter. »Sehen Sie, ich komme im allerhöchsten Auftrag hierher. Sie sollten mir bei meiner Arbeit helfen, meinen Sie nicht auch?«

Charlotta blickte den Grafen mit ungläubigen Augen an. »Im – im allerhöchsten Auftrag?« flüsterte sie.

»So ist es«, nickte der Graf ernst. »Also, wo ...«

»In meinem Zimmer. Im Schreibsekretär.«

»Sehen Sie nach, Sawitzky!«

»Der Schlüssel steckt!« rief Charlotta dem Beamten nach.

»Darf ich Ihnen einige Fragen stellen?« Der Graf führte Charlotta zurück zu ihrem Sessel und nötigte sie sanft zum Sitzen. »Jetzt, nachdem Sie's wissen ...«

»Fragen Sie, Exzellenz.«

»Hat die Baronin mit Ihnen von der Vergangenheit gesprochen?«

»Oft, Exzellenz.«

»Auch über die Zeit in Potsdam und Berlin als Hofdame?«

»Jawohl, Exzellenz.«

»Im Juni 1888 starb Kaiser Friedrich. Noch am gleichen Tag mußte die Baronin nach einer Auseinandersetzung mit der Kaiserin Potsdam verlassen. Hat sie Ihnen erzählt, warum?«

»Jawohl, Exzellenz.«

»Nun? Erzählen Sie!« Der Graf konnte seine Erregung nur schwer verbergen. »Sie kennen den Grund?«

»Jawohl, ich kenne den Grund«, nickte Charlotta ernsthaft. »Es war eine große Ungerechtigkeit!«

»Und worin bestand diese?«

»Das – das sagte sie nicht. Sie sagte nur: ›Mir ist ein großes Unrecht geschehen, aber ich bin längst darüber hinweggekommen und will davon nicht mehr sprechen.‹«

»War das alles?« fragte der Graf enttäuscht.

»Alles, Exzellenz.«

»Nun ja, das bringt uns natürlich auch nicht weiter«, murmelte der Graf. »Jedenfalls danke ich Ihnen. Würden Sie mir jetzt noch anvertrauen, worüber sie kurz vor ihrem Tod mit Ihnen sprach? Sie waren doch ziemlich lange bei ihr im Sterbezimmer?«

Charlotta blickte hinüber zu Alfred, um ihre Mundwinkel zuckte es kaum sichtbar, ein wenig triumphierend und ein wenig schadenfroh. Dann senkte sie den Kopf und flüsterte: »Das – das kann ich nicht, Exzellenz.«

»Exzellenz, das ist eine ganz private… Ich meine…« Alfred hüstelte verlegen.

»Wir unterhalten uns später, mein Lieber!« wies ihn der Graf zurecht. »Sie können mir vertrauen, Charlotta… Darf ich Sie so nennen?«

»Natürlich, Exzellenz«, hauchte Charlotta. »Also – also, die Baronin sagte, ich soll Alfred heiraten. Sie sagte, er würde jemanden brauchen, der ihn bei der Stange hält. Er ist leichtsinnig, sagte sie, läuft hinter jedem Rock her, aber mit der Zeit würde es schon werden. Und dann sagte sie, ich sei nicht besonders klug oder gebildet, aber ich hätte einen gesunden Menschenverstand, und das wäre genau das richtige, eine kluge und gebildete Frau könnte es mit ihm sowieso nicht länger aushalten als vielleicht vierzehn Tage.«

»Und was sagten Sie?« Der Graf verbarg ein belustigtes Lächeln hinter vorgehaltener Hand. »Waren Sie damit einverstanden?«

»Ich schon.«

»Und – er?«

»Er nicht. Er sagte, ich müßte mit ihm... Und er wäre nicht kleinlich, aber wenn ich nicht will, dann könnte ich gleich meine Sachen packen. Oh, Exzellenz, ersparen Sie mir das bitte! Es war beschämend!«

»Ich bitte Sie, Exzellenz, mir zu erlauben, die Angelegenheit klarzustellen«, meldete sich Alfred mit hochrotem Gesicht.

»Die Angelegenheit scheint klar genug! Sich die Notlage eines hilflosen jungen Mädchens zunutze machen zu wollen – empörend! Eines Offiziers unwürdig!«

»Bitte, Exzellenz, seien Sie ihm nicht böse!« Charlotta trat zum Grafen und legte die Hand mit einem sanften Druck auf seinen Arm. »Ich mußte Ihnen doch die Wahrheit sagen, nicht wahr? Aber ich habe ihm verziehen. Tun Sie es bitte auch. Er – er wußte es nicht besser... Bitte, Exzellenz!«

Graf Wellinghausen fragte sich später wiederholt, wie es Charlotta bei dieser kleinen Szene in der Bibliothek des Winthorstschen Gutshofes in so kurzer Zeit hatte gelingen können, ihn ganz und gar um den Finger zu wickeln. Damals war sie in die Gestalt einer hübschen, naiven und sehr geschwätzigen Frau geschlüpft. Später hatte er noch ein paar andere Gesichter von ihr gesehen. Aber: Wie viele besaß sie wirklich?

Wie auch – er war auf sie hereingefallen, genauso wie die beiden Polizeibeamten. Sie waren bestimmt nicht die ersten gewesen. Und wie er später mit Schadenfreude hatte feststellen können: bei weitem nicht die letzten!

Im Augenblick bewegten ihn freilich solche Gedanken nicht. »Wenn Sie meinen«, murmelte er beschwichtigt. »Jedenfalls finde ich Ihre Haltung außerordentlich großherzig... Was gefunden, Sawitzky?« Das galt dem Polizeibeamten, der eben in die Bibliothek getreten war, die Kassette der Baronin in den Händen.

»Außer der Kassette nichts von Bedeutung, Exzellenz.«

Sawitzky stellte die Kassette auf das Tischchen am Kamin. Der kleine, goldene Schlüssel steckte.

»Darf ich sie öffnen?« fragte der Graf.

»Bitte«, sagte Charlotta.

Der Graf drehte den Schlüssel um und klappte den Deckel hoch.

»Schmuck«, sagte er. »Warum haben Sie das nicht gleich gesagt?«

»Sie haben mich ja nicht danach gefragt, Exzellenz«, antwortete Charlotta mit einem unschuldigen Augenaufschlag.

An den Gästetrakt des Herrenhauses hatte der Vater der Baronin von Winthorst einen mittelalterlich anmutenden Turm mit Zinnen und Schießscharten anbauen lassen.

»Mein Vater meinte, daß er ein paar hundert Jahre zu spät geboren worden sei«, hatte die Baronin einmal Charlotta erzählt. »Seine Liebe galt dem hohen Mittelalter, der großen Zeit der fahrenden Ritter, König Artus' Tafelrunde, der Nibelungen, der Kreuzzüge, des deutschen Ritterordens. Mit der Zeit nahm seine Schwärmerei fast bedenkliche Formen an. Er baute sich diesen scheußlichen Turm, richtete darin eine Waffenkammer ein, einen Rittersaal, im Keller eine Folterkammer.«

Diesen Turm hatte später die Baronin dem alten Freiherrn von Stein zur Verfügung gestellt, der kaum wunderlicher erschien als sein Vorgänger. Allerdings auf eine andere Art. Der ehemalige Rittersaal diente ihm als Wohnraum, Bibliothek und Laboratorium. Zwischen alten Rüstungen standen mit Büchern, Manuskripten, Chemikalien, Reagenzgläsern und allerlei seltsamen Apparaten beladene Tische. In der Folterkammer hatte er eine Druckerei und Kupferstecherei eingerichtet und daneben eine Werkstatt, wo er Pergament nach einem »alten Geheimrezept« herstellte. Was er in seinem Turm trieb, war niemandem ganz klar.

»Hoffentlich nicht wieder so etwas Ähnliches wie vor Jahren, als er gewettet hatte, Banknoten so gut nachzumachen, daß nicht einmal Bankexperten sie als Fälschungen erkennen konnten. Er gewann die Wette und brachte die Banknoten auch in Umlauf. Jemand muß ihn angezeigt haben, und die Polizei hatte leider kein Verständnis für derlei Wetten. Er mußte seine Gefängnisstrafe absitzen. Danach nahm ich ihn bei mir auf.«

An diese Worte der Baronin dachte Charlotta, als sie den Freiherrn nach der Abreise des Grafen Wellinghausen und seiner zwei Polizeibeamten aufsuchte. Sie schob ein dickes, ledergebundenes Buch zur Seite, setzte sich auf den Tisch, baumelte mit den Beinen und blickte den kleinen, weißbärtigen Mann grübelnd an.

»Sie sind ein weitgereister, erfahrener Mann«, begann sie. »Ich möchte Sie etwas fragen.«

»Schieß los.«

»Welche Chancen hat ein ganz einfaches Mädchen, sagen wir: ein Mädchen aus dem Volk, das zum Kaiser vordringen will, um mit ihm ein Geschäft zu machen?«

Der Freiherr hob überrascht die weißen Augenbrauen. »Meines Erachtens sind seine Chancen gleich Null. Es käme nicht einmal bis zum Haupttor des Berliner Schlosses.«

»Wie weit käme – zum Beispiel – eine Baronesse?«

»Na, vielleicht bis zum dritten Adjutanten.«

»Und eine Gräfin?«

»Eine Gräfin könnte bis zum Vorzimmer dringen.«

»Dann muß ich eine Gräfin werden«, sagte Charlotta entschieden.

Der Freiherr schnappte nach Luft. »Du – du willst… Du bist übergeschnappt, Kind! – Aber sag, interessiert es dich gar nicht, wo ich die Papiere und das Tagebuch versteckt habe?«

»Schon. Wo?« fragte Charlotta abwesend.

Der Freiherr erhob sich aus dem uralten Sessel am Fenster, ging zu einer Ritterrüstung an der Wand und drückte ächzend den stählernen Arm hoch. Ein steinerner Quader in der Wand zu seinen Füßen glitt zurück, schwenkte knarrend zur Seite und ließ die überraschte Charlotta eine dunkle Öffnung sehen.

»Muß den Mechanismus bei Gelegenheit ölen«, grinste der alte

Herr. »Gut, was? Ein Geheimtresor. Selbst konstruiert. Für die Aufzeichnungen meiner Erfindungen und sonstige Dinge. – Oben in deinem Zimmer … Wäre der schnurrbärtige Schnüffler nur ein paar Sekunden eher gekommen, er hätte mich erwischt, als ich das Tagebuch und die Papiere aus der Kassette holte.«

»Ich habe getan, was ich konnte«, sagte Charlotta. »Aber länger konnte ich sie nicht aufhalten. Dieser abscheuliche Graf kam dazwischen.« Charlotta lachte. »Lieber Himmel – habe ich gelogen!«

»Offensichtlich mit Erfolg.«

»Wenn man schon lügen muß …« Charlotta kräuselte nachdenklich die Stirn. »Eine gute Lüge muß zur Hälfte immer aus Wahrheit bestehen. Nur dann ist sie glaubwürdig. Die Sachen können doch vorläufig in ihrem Versteck bleiben? Eine Gräfin also, sagen Sie, hätte die Möglichkeit …«

»Ich weiß nicht, was du willst, Kind. Aber was auch – schlag es dir aus dem Kopf.« Der Freiherr zerrte den stählernen Arm der Rüstung nach unten, und der schwere Steinquader glitt fugenlos wieder in seine ursprüngliche Lage. Dann ging er zurück zu seinem Sessel. »Wie ich dich kenne, hast du doch wieder etwas vor?«

»Die Baronin hat mir erzählt, Sie wären Experte in der Genealogie europäischer Adelsgeschlechter. Stimmt das?«

»Es gibt keinen besseren!« sagte der alte Herr aus dem Mundwinkel, während er sich die Pfeife anzündete.

»Es müßte eine Gräfin sein, die …« Charlotta sprang vom Tisch, ging zum Freiherrn und setzte sich auf die kleine Fußbank zu seinen Füßen. »Also, eine Gräfin aus einem uralten Geschlecht. Die letzte der Familie. Keine Verwandten mehr. Nicht besonders reich, aber auch nicht ganz arm. Und – vornehm. Nehmen wir also an, eine solche Gräfin taucht plötzlich auf. Hat sie Chancen, nicht gleich als – als Schwindlerin entlarvt zu werden?«

»Theoretisch schon. Wenn sie's geschickt anfängt.«

»Diese Gräfin könnte leidlich Englisch und Französisch, ein bißchen Italienisch. Richtig kann sie nur Deutsch.«

»Hm« Der alte Herr strich sich nachdenklich über den Bart. »Das macht die ganze Geschichte schon ein bißchen schwieriger. Wenn diese bewußte Dame Russisch könnte. Dort gibt es Fürstinnen, Großfürstinnen wie Sand am Meer. Von Gräfinnen gar nicht zu reden. Aber Deutsch? Tja... Wie wär's mit einer österreichischen Comtesse? Ja, das ist gut! Uralte, weitverzweigte Adelshäuser. Es gibt keinen Menschen, der sich da auskennt. Ein bißchen Österreich, ein bißchen Piemont. Vielleicht eine flandrische Seitenlinie, ein französischer Abzweig. Die Ururgroßtante als Geliebte des Sonnenkönigs. Durchaus möglich, bei dem gewaltigen Verschleiß, den er an Geliebten... Pardon. Und weiter – ein Urahn als General des Prinzen Eugen, gefallen im Spanischen Erbfolgekrieg. Und dann der Niedergang, Inzucht, Degeneration, kultivierte Nichtstuer. Als letzter Sproß aber plötzlich eine zauberhafte, junge Comtesse...«

»Das ist hübsch! Und wie geht's weiter?« Charlottas Augen leuchteten.

Der Freiherr stocherte in seiner Pfeife. »Nun ja, so eine Comtesse müßte natürlich beweisen, daß sie's wirklich ist. Papiere, alte Urkunden, ein Stammsitz... Wo? Vielleicht abgebrannt. Nun stell dir aber vor, das Ganze würde herauskommen! Ein Riesenskandal!«

»Oder auch nicht. Kennen Sie jemanden, der gern zugibt, daß er an der Nase herumgeführt worden ist?«

»Du bist ein Teufelsding! Na – ich würde es ihnen gönnen!« Der alte Herr schien plötzlich wie elektrisiert. »Diese – diese junge Comtesse taucht also eines Tages auf...«

»Sie kommt aus Paris oder London und quartiert sich im Hotel *Adlon* ein.«

»Eine Comtesse reist nie allein.«

»Eine Anstandsdame... Wo nehmen wir sie her?«

»Da fällt mir ein... Ich habe eine Cousine. Lebt allein, war immer unternehmungslustig. Verrückt! Vollkommen verrückt!«

»Und diese Papiere, Dokumente... Könnte man sie herstellen? Auf Ihren Maschinen, und wenn man genau weiß...«

»Natürlich könnte man das. Aber jetzt sag endlich…«

»Ich wußte es!« rief Charlotta, sprang auf, umarmte den alten Mann und küßte ihn auf beide Wangen. »Ich wußte, daß Sie mein Verbündeter… Daß Sie mir helfen werden. Ich wußte es!«

Drei Wochen nach diesem Gespräch, drei Wochen, die ausgefüllt waren mit fieberhaften, streng geheimgehaltenen Vorbereitungen, ließ Charlotta ihre Stute Cora satteln, um auszureiten – zum letztenmal.

Alfred hatte sich angeboten, sie zu begleiten, aber sie hatte ihn ziemlich barsch abgewiesen. Das Verhältnis zu ihm war von Tag zu Tag unerträglicher geworden. Er bedrängte sie, bat, drohte, bettelte mit Tränen in den Augen um einen einzigen Kuß. Es war widerlich!

Das war Charlottas letzter Tag auf dem Gut. Bei dem Gedanken an die Zukunft verspürte Charlotta ein erregendes Prickeln. Vor ihr lag die Welt. Wie unbewußt lenkte Charlotta die Stute über Feld- und Waldwege zu dem kleinen See und der Blockhütte, wo sie zum erstenmal den Mann getroffen hatte, der wie kein anderer ihre Phantasie beschäftigte. Halb hoffte sie, ihn wiederzusehen, halb bangte sie davor. Falls er noch da war… Was sollte sie ihm sagen?

Andererseits… Es war dumm von ihr, überhaupt hinzureiten! Sie sollte am besten umkehren, die ganze Geschichte vergessen.

Wenn das so einfach wäre, dachte sie. Nur ein kleiner Blick aus der Ferne. Dann reite ich zurück und denke nie wieder an ihn! Sie ritt in die geheimnisvolle Dämmerung des Waldes. Aus dem schluchtartigen Abbruch mit dem rauschenden Bach tief unten wehte es kühl herauf. Die Stute warf den Kopf hoch, spitzte die Ohren.

Auf der Anhöhe über dem Waldsee zügelte Charlotta das Pferd. Nur wenige Schritte von hier war damals die Stute vor dem Hund gescheut, der wie ein zottiger, kleiner Teufel dahergefegt war.

»Komm, schauen wir nach«, sagte Charlotta unsicher, klopfte

der Stute auf den Hals, ritt weiter, bog rechts ab, in die Richtung, wo sie die Blockhütte wußte – und tat damit genau das, was sie nie hatte tun wollen. Und dann sah sie die Hütte. Klein, verwittert, mit moosgrünem Dach. Blauer Rauch kräuselte aus dem gemauerten Schornstein, und die Tür war weit offen.

Charlottas Herz klopfte ungestüm. Er war also noch da. Was sollte sie ihm nur sagen, wenn er plötzlich… Sie war nur noch wenige Schritte von der Hütte entfernt, als ein großer, kräftiger Mann in die Tür trat und zu ihr emporblickte. Ein Fremder.

»Donnerwetter – ein Besuch!« rief er überrascht aus. »Und was für ein hübscher dazu. Was kann ich für Sie tun, meine Dame?«

»Nichts, danke. Ich komme nur zufällig vorbei«, sagte Charlotta, die ihre Enttäuschung kaum verbergen konnte.

»Sind Sie von drüben? Vom Gut?« Der Mann blickte Charlotta forschend an. Er war etwa sechzig Jahre alt, trug einen Vollbart und derbe Jagdkleidung. »Sind Sie – Charlotta?«

»Ja… Aber woher wissen Sie das?«

»Ich habe etwas für Sie.«

Der Mann nickte ihr zu, verschwand in der Hütte und kam gleich wieder zurück. In der Hand hielt er ein etwa zehn Zentimeter hohes, seltsam geformtes und glattgeschliffenes Stück Holz. »Hier, das ist es.«

Charlotta nahm das Holz entgegen und drehte es ratlos zwischen den Fingern. Eine steinharte, knorrige Wurzel in der Form einer Statuette. Natürlich! Der Rumpf, die Beine, die halberhobenen Arme. Und hier das Gesicht, dessen Züge nachgeschnitzt worden waren: ein kleines, braunes, rätselhaft lächelndes Gesicht mit spöttischen Augen, einem kantigen Kinn, breiter Stirn…

»Ein – ein Waldgeist!« sagte Charlotta leise. »Für mich?«

»Für Sie.«

»Aber – woher wußten Sie denn, daß ich hierherkomme?«

»Ich nicht. Arthur sagte es mir. Eines Tages kommt sie vorbei, sagte er. Gib ihr das zur Erinnerung.«

»Ich wußte es ja nicht einmal selbst...«

»Arthur wußte es.« Der fremde Mann lächelte.

Eine Kette Wildenten strich über den See. In der Ferne erklang kaum hörbar Hundegebell. Die Stute spitzte unruhig die Ohren.

»Arthur...«, sagte Charlotta leise, mit den Fingerspitzen zärtlich über das glatte Holz der Statuette streichelnd. »Heißt er so?«

»Hat er es Ihnen denn nicht gesagt?«

»Nein. Er nannte sich nur – Waldgeist.«

»Waldgeist... Das sieht ihm ähnlich!« Der Mann lachte.

»Arthur – und wie weiter?« fragte Charlotta.

Das Gesicht des Mannes wirkte plötzlich verschlossen. »Nennen Sie ihn weiterhin Waldgeist, es ist besser so«, sagte er ausweichend.

»Sie sind mit ihm befreundet?«

»Befreundet? Vielleicht. Bei ihm weiß man das nie so genau. Darüber entscheidet nur er allein.« Und nach einer Weile überraschend ernst: »Ich habe seinen Auftrag ausgeführt. Darf ich Ihnen jetzt auch einen Rat geben?«

»Ja... Natürlich.«

»Ich weiß, was ich sage. Verbrennen Sie das Ding oder werfen Sie es weg – und vergessen Sie es! Den Mann, der sich Waldgeist nannte, die Statuette, die Sie an ihn erinnern soll, alles. Was auch geschehen sein mag – nehmen Sie an, es wäre ein Traum gewesen. Nur einfach – ein Traum...«

5

Ende Mai 1909 berichtete *Daily Mail* in seiner Sonntagsbeilage über einen Empfang in der deutschen Botschaft in London. In dem ausführlichen Bericht stand unter anderem:

»... Unter den anwesenden Damen der hohen Gesellschaftskreise entdeckte der Berichterstatter auch die erst kürzlich aus

> Paris eingetroffene Charlotta, Comtesse von Taffy-Palmanova. Die zierliche junge Comtesse, deren Schönheit allgemein faszinierte, war eine vielbegehrte Tanzpartnerin... Sie trug eine herrliche Abendrobe aus blaßgelber Seide, die ihre makellosen Schultern frei ließ, und dazu wundervollen, alten und überaus kostbaren Familienschmuck, der wirkungsvoll kontrastierte. In einer Tanzpause sah man sie am kalten Buffet im angeregten Gespräch mit Sir Frederick Ponsoby, welcher von ihrer Erscheinung und von ihrem Charme genauso angetan schien wie alle männlichen Teilnehmer des glanzvollen Empfangs...«

Vor allem die letzten Zeilen gaben zu allerlei Vermutungen und Gerüchten Anlaß. Sir Frederick Ponsoby war der Privatsekretär des Königs Eduard VII. Eine seiner nur den Eingeweihten bekannten und natürlich stets geleugneten Aufgaben war, für den lebenslustigen König nach neuen, reizvollen Gesichtern Ausschau zu halten; denn Eduard VII. liebte die Gesellschaft schöner Frauen, trotz seines Alters und obwohl er in der letzten Zeit immer kränklicher wurde.

»Welch ein Unsinn, zu behaupten, Liebe kostet Manneskraft!« soll er einmal gesagt haben. »Im Gegenteil, sie erhält das Blut frisch. Die Erschöpfung der Liebe ist die einzige Medizin gegen den zu schnellen Verfall der Kräfte...«

Weder der Verfasser dieser blumigen Zeilen noch auch Sir Ponsoby konnten natürlich wissen, daß diese »zierliche junge Comtesse« mit bürgerlichem Namen Charlotta Wielcke hieß und keineswegs der letzte Sproß einer alten, überaus vornehmen Familie war, obwohl sie dies – dank Freiherrn von Stein – jederzeit hätte schwarz auf weiß beurkunden können. Auch konnten sie nicht ahnen, daß London nur die erste Station auf ihrem Weg nach Potsdam war und Sir Ponsoby sie gar nicht so zufällig kennengelernt hatte, wie er annahm.

Charlotta und ihre Begleiterin Louise von Stein wohnten in

einem kleinen, vornehmen Hotel am Regents Park. Von hier aus hatten sie die ersten Verbindungen zu Londons – und damit Englands – erster Gesellschaft angeknüpft, wobei sich Louise von Stein von unschätzbarem Wert erwies.

»Du weißt, wie ich das Reisen vermisse«, hatte sie auf Freiherr von Steins Anfrage, ob sie Lust hätte, Charlottas Reisebegleiterin zu werden, geantwortet. »Allerdings kennst du auch meine Einstellung. Entweder ich mag jemanden vom ersten Augenblick an, oder ich mag ihn nicht. Laß mich diese junge Comtesse kennenlernen, dann werden wir weitersehen. Wenn mir ihre Nase gefällt, begleite ich sie meinetwegen rund um den Globus.«

Die siebzigjährige, für ihr Alter erstaunlich rüstige kleine Dame lebte in einem Stift für adelige Fräuleins in Würzburg. An Charlottas Nase schien sie auf Anhieb Gefallen gefunden zu haben. Von Berlin, wo sie sich getroffen hatten, waren sie über Baden-Baden und Straßburg nach Paris gereist und von dort weiter nach London. Hier hatte die alte Dame Verbindung zu einigen alten Freundinnen aufgenommen.

»Von Museum zu Museum rennen, altes Gemäuer besichtigen… Auf die Dauer unbefriedigend! Ein Land lernt man erst durch seine Menschen richtig kennen. Das wichtigste ist dabei der Anfang. Man muß auf Sie aufmerksam werden, Comtesse. Dann wird man Sie weiterreichen, Sie überall einladen.«

Damit hatte die alte Dame genau das ausgesprochen, was Charlotta von ihr insgeheim erwartet hatte. Und so war es dann auch gekommen. Am Ende dieser erfreulichen Entwicklung hatte die Einladung zum Empfang in der deutschen Botschaft gestanden, einem Empfang, mit dem der Botschafter Graf Wolff-Metternich um *Goodwill* in der englischen öffentlichen Meinung warb.

Schöne Frauen gehören seit altersher zur Diplomatie. In ihrer Gesellschaft werden die Männer, auf die es ankommt, wieder umgänglich. Charlotta hätte also zu keiner besseren Zeit beschließen können, auf dem Weg über London nach Potsdam zu kommen, einem Weg freilich, auf dem sie jederzeit stolpern konnte, wie sich alsbald herausstellen sollte.

Auf der deutschen Botschaft vermerkte man mit Genugtuung das Interesse des Sir Frederick Ponsoby für die hübsche, junge Comtesse. Wie man Ponsoby kannte, dürfte es bei diesem Gespräch am kalten Buffet kaum bleiben. Und es geschah auch, was man erwartete.

Nach einer Schicklichkeitsfrist von drei Tagen meldete sich Sir Ponsoby bei Charlotta an. In dem vornehmen, mit alten, schweren Tudormöbeln eingerichteten Salon des Hotels wurde Tee serviert; eine Aufgabe, die Charlotta selbst übernahm.

Nach einer knappen Stunde verabschiedete sich Sir Ponsoby mit einem englisch unterkühlten Handkuß und der ehrlich gemeinten Zusicherung, wie überaus reizend dieser Nachmittag gewesen sei.

»Ich hoffe doch sehr, Comtesse, wir sehen uns nicht zum letztenmal?«

Charlotta lächelte Ponsoby zu. »Das hoffe ich auch, Sir.«

»Wie sehen Ihre Reisepläne aus?«

»Einstweilen habe ich vor, hierzubleiben. London gefällt mir. Ich möchte England kennenlernen.«

»Das richtige England findet man eigentlich auf dem Land.«

»Die berühmte Geschichte mit dem Rasen, nicht wahr?«

»Comtesse?«

»Auf die Frage eines – ich glaube eines Russen, wie man zu einem so herrlichen Rasen kommt, antwortete sein englischer Gastgeber, dies sei ganz einfach: man müßte ihn nur ansäen und dann dreihundert Jahre hindurch jeden Tag pflegen.«

»Ausgezeichnet!« Sir Ponsoby lachte. »Es würde mich außerordentlich freuen, Ihnen bei Gelegenheit einen der schönsten Rasen Englands zu zeigen. Mit dem dazugehörigen Schloß natürlich ...«

Sir Ponsoby löste sein Versprechen eher ein, als Charlotta erwartet hatte. Kaum vier Tage nach diesem Gespräch bekam sie eine Einladung auf Schloß Weymore in Devonshire. Auf schwerem

Büttenpapier, mit einer goldenen Krone in der linken oberen Ecke, stand dort zu lesen, daß sich Lord und Lady Sawnsham die Ehre geben, sie und ihre Begleiterin einzuladen.

»Eine nette Einladung«, sagte Louise von Stein, als ihr Charlotta den Brief zeigte. »Wollen wir annehmen?«

»Natürlich nehmen wir an. Der Rasen, wissen Sie…«

»Richtig, der Rasen…« Die alte Dame lächelte. »Aber – Lord und Lady Sawnsham? Ich kann mich nicht an sie erinnern.«

»Ich auch – kaum«, sagte Charlotta und kramte mit gerunzelter Stirn in ihrer Erinnerung.

War das nicht der runde, freundliche Herr mit dem roten Gesicht, einem weißen Seehundsbart und einer blanken Glatze? Und Lady Sawnsham… An sie konnte sich Charlotta beim besten Willen nicht erinnern.

Schloß Weymore. Wahrscheinlich ein uralter, gewaltiger Bau, graue, verwitterte Gemäuer, Türme und Zinnen, davor ein weiter, gepflegter Park mit jahrhundertealtem Rasen. Und auf diesen geheiligten Rasen würde sie, Charlotta Wielcke aus Potsdam, ihren plebejischen Fuß setzen – als Gast, nicht als Gärtnerin, wie es von Rechts wegen eigentlich sein sollte.

»Warum lachen Sie, Comtesse?« fragte die alte Dame.

»Warum die Comtesse lacht?« Charlotta tänzelte durchs Zimmer, warf den Brief empor, ließ ihn zu Boden flattern. »Die Comtesse findet das Leben sehr komisch, Madame…«

Der große, schnelle Wagen des Königs Eduard VII. verließ Windsor Castle, fuhr über die Themse und bog auf die Straße ein, die über Reading nach Devonshire führte. Sein Ziel war Schloß Weymore.

Sir Frederick Ponsoby saß im Fond, mit dem Rücken zur Fahrtrichtung, und betrachtete prüfend und ein wenig besorgt das Gesicht des Königs gegenüber, der mit einem abwesenden Blick hinaus auf die langsam vorbeigleitende Landschaft sah. Der König war in den letzten Jahren recht gealtert – auch wenn er es nicht wahrhaben wollte. Früher von einer untersetzten kräftigen Statur, war er fettleibig geworden. Asthma plagte ihn und dazu noch allerlei andere Leiden als Folge des üppigen Wohllebens vergangener Jahrzehnte.

Königin Victoria hatte einem ganzen Jahrhundert ihr Siegel aufgedrückt; ihr Sohn Eduard VII. hatte als ewiger Kronprinz der Männermode eine elegant-lässige Note verliehen. Damit hatte sich sein Einfluß auf die Umwelt – zumindest zu jener Zeit – erschöpft. »Bertie«, schrieb einmal seine Mutter, »ist eine Karikatur von mir, das ist ein Unglück.« Auch sein Vater, der gebildete Prinzgemahl Albert, hatte von ihm keine sehr hohe Meinung. In einem seiner Briefe an Kaiserin Friedrich, seine Tochter, hieß es unter anderem:

> »... Er nimmt leider an gar nichts Anteil als Dreß und immer wieder Dreß. Für Gesellschaft hat Bertie erkennbares Talent, sein Geist ist lebendig und scharf, wenn er sich einmal konzentriert, doch das geschieht überaus selten ...«

Dieser Verstand, von dem sein Vater geschrieben hatte, gepaart mit einer trägen Zielstrebigkeit und mit gelassener Welterfahrung, sollte später seinem Neffen Wilhelm II. noch sehr viel zu schaffen machen. Bis es soweit kommen sollte, bis er nach dem Tod seiner Mutter überraschend erfolgreich in die Politik eingriff, machte er sich das Leben freilich so schön und abwechslungsreich wie möglich.

Eduard VII. liebte Jagd und Pferderennen; noch mehr aber liebte er das Haschen nach hübschen Waldnymphen in den verschwiegenen Parks von Marienbad und das zärtliche Tête-à-tête mit schönen Frauen bei Kerzenschein und perlendem Champagner.

Sonst eher sparsam, war er in dieser Hinsicht von einer königlichen Großzügigkeit. So hatte er einmal der berühmten Tänzerin *La belle Otero* ein Billett mit dem daraufgekritzelten Zifferblatt einer Uhr geschickt; die Zeiger standen auf fünf. Die schöne Otero nahm die Einladung an, verbrachte mit ihrem – damals noch prinzlichen – Bewunderer ein paar schöne Stunden und erhielt dafür ein kleines Gut mit weithin berühmter Entenjagd am Ärmelkanal.

Nachdem er den Thron bestiegen hatte, änderte sich in Eduards Lebensgewohnheiten kaum etwas. Die Politik betrieb er ungefähr so wie seine amourösen Abenteuer. Mit Einfühlungsvermögen und Raffinement. Er reiste umher, warb, belohnte, steckte gelegentliche Niederlagen ohne mit der Wimper zu zucken ein, trieb das Spiel beharrlich weiter, und der Erfolg stellte sich auch prompt ein.

Um die Jahrhundertwende stand England isoliert da, umgeben von Staaten, die seine imperiale und wirtschaftliche Expansion mit feindseligen Gefühlen beobachteten. In wenigen Jahren gelang es Eduard VII., England aus der Isolierung zu lösen und das Augenmerk auf den Musterknaben unter den europäischen Nationen zu lenken, der sich langsam zu einem europäischen Alptraum entwickelte: Deutschland:

Nicht England bedeutet Gefahr für das europäische Gleichgewicht, besagte Eduards Politik, sondern das mit atemberaubender Energie aufstrebende Deutschland. Wir Engländer wollen weiter nichts, als unseren Geschäften in Ruhe nachgehen zu können. Die Deutschen aber machen aus ihrer unleugbaren Tüchtigkeit eine Weltanschauung. Man braucht sich ja nur ihren Kaiser anzuhören:

»Die Aufgabe der Jugend ist, sich der festen Überzeugung hinzugeben, daß unser Herrgott sich niemals eine so große Mühe für unser deutsches Vaterland gegeben hätte, wenn Er uns nicht noch Großes vorbehalten hätte. Wir sind das Salz der Erde!«

Das Salz der Erde. Besser, größer, tüchtiger als alle anderen. Ein gefährliches Sendungsbewußtsein. Hochfahrend. Unduldsam.

Selbstgerecht. Die europäischen Völker würden gut daran tun, die Gefahr zu erkennen, die darin liegt.

So spielte Wilhelm II. seinem Onkel und erklärten Feind Eduard VII. selbst in die Hände – und wunderte sich darüber, daß dessen Politik von Erfolg gekrönt wurde, während die Zahl seiner Feinde beängstigend schnell wuchs.

»Er ist ein Satan! Man glaubt gar nicht, was für ein Satan er ist!« rief er einmal aus, vor Zeugen natürlich, die diese Worte umgehend nach London kolportierten. Der »Satan« aber lächelte auf seine englisch distanzierte Art, schloß Verträge mit Frankreich und Rußland, warb um Österreich und machte sich gemächlich daran, Italien dem Dreierbund Berlin–Wien–Rom abspenstig zu machen.

Darüber sprach er auch mit Ponsoby, als er während der Fahrt nach Devonshire endlich das Schweigen brach.

»Haben Sie Erkundigungen über den Italiener eingezogen, den ich auf Weymore treffen soll, Ponsoby?« fragte er.

»Jawohl, Majestät«, antwortete Ponsoby. »Conte Cortona besitzt einen beträchtlichen Einfluß in der Regierung und steht überdies dem Königshaus sehr nahe. Er ist durchaus in der Lage, verbindliche Gespräche zu führen.«

»Deren Wert trotzdem umstritten bleibt. Hoffentlich bekommen unsere Freunde von der deutschen Botschaft nicht Wind davon.«

»Der Besuch des Conte Cortona hat einen ganz und gar privaten Charakter, Majestät. Um das zu unterstreichen, wird er von seiner Cousine und deren deutschem Mann begleitet. Die Prinzessin soll übrigens eine ungewöhnliche Schönheit sein.«

»So? Ist sie das? Und – dieser deutsche Mann?«

»Ein Prinz Heinrich von Dommes-Barrach, Majestät.«

»Hoffentlich riecht er nicht Lunte.«

»Schwerlich, Majestät. Seine italienische Marchesa führt ihn am Gängelband. Lucia heißt sie. Außerdem – Politik interessiert ihn nicht.«

»Und wer ist noch da?«

»Nur einige wenige Freunde, Majestät. Außerdem, ein paar junge Leute, die Euer Majestät bekannt sind. Mit einer Ausnahme …«

»Nun, Ponsoby?« Der König blickte seinen Sekretär fragend an.

»Ich habe mir erlaubt, die Einladung der Comtessa Charlotta von Taffy zu veranlassen, Majestät. Sie dürfte sich bereits auf Weymore befinden.«

»Ah … Sie erzählten mir von ihr. Hübsch?«

»Sehr, Majestät.« Ponsoby lächelte.

»Wie alt?«

»So um zwanzig herum, Majestät.«

»Ein schönes Alter, Ponsoby. Was würde ich dafür geben, noch einmal … Nun ja, uns beiden bleibt nichts anderes übrig, als unsere alten Herzen an der Jugend anderer zu erwärmen. Wann kommen diese Italiener?«

»Erst in einer Woche, Majestät.«

»Das ist gut. So haben wir Zeit, uns ein wenig zu erholen.«

Ponsoby, der genau wußte, was der König mit »erholen« meinte, nickte ernsthaft. »Sehr wohl, Majestät.«

Die Landschaft hatte sich jetzt merklich verändert. Die Straße schlängelte sich zwischen niedrigen, mit Eichenwäldern bestandenen Hügeln, immer wieder durch weite, saftig grüne Wiesen und Weiden unterbrochen. Bis nach Weymore waren es nur noch wenige Meilen.

Über eine flache, grasbewachsene Hügelkuppe galoppierte eine Gruppe von Reitern heran. Die Pferde streckten sich im Sprung über einen Graben, ihre Mähnen und Schweife flogen, die roten Röcke der Reiter leuchteten vor dem saftig-grünen Hintergrund … Ein Bild, das den König immer wieder zu begeistern vermochte.

»Lassen Sie anhalten, Ponsoby!«

Der Wagen blieb stehen. Jetzt konnte man bereits die Gesichter der vier oder fünf Reiter unterscheiden, unter denen sich auch eine junge Frau auf einem hochgewachsenen Apfelschimmel befand.

»Zum Teufel – wenn das nur gutgeht!« rief der König aus, als er sah, wie die junge Frau dem Schimmel die Zügel freigab und – den anderen bald um zwei, drei Pferdelängen voraus – zum Sprung über den recht hohen Weidenzaun ansetzte.

Es ging gut. Der Schimmel flog über den Zaun, übersprang den Straßengraben und galoppierte, nur wenige Schritte vor dem Wagen des Königs, über die Straße.

Die junge Reiterin schien mit dem Pferd gleichsam verwachsen. Ihr Körper bewegte sich im Rhythmus des Galopps mit vollendeter Natürlichkeit, die lange, rote Schleife ihres Reiterhütchens flatterte hinter ihr her. Auf der Höhe des Wagens drehte sie den Kopf zur Seite, so daß der König einen Blick auf ihr übermütig lachendes Gesicht mit weiß blitzenden Zähnen und die vom Rausch des schnellen Rittes wie trunkenen Augen werfen konnte. Dann überquerten auch die anderen die Straße, und wenige Augenblicke später verschwand die Gruppe im parkartigen Gelände auf der anderen Seite.

»Süperb, Ponsoby!« rief der König gutgelaunt aus. »Was sagen Sie dazu?«

»Das war sie, Majestät«, sagte Ponsoby.

»Ah ...« Der König lehnte sich mit geschlossenen Augen zurück. »Sie haben recht. Hübsch, sehr hübsch ...«, murmelte er, während der Wagen weiterfuhr. »Woher kommt sie eigentlich?«

»Sie wurde in einem Schweizer Internat erzogen und ist eben dabei, ein bißchen die Welt kennenzulernen, Majestät.«

»Eine kleine Comtesse entdeckt die Welt – und die Männer.« Der König strich lächelnd über seinen Bart. »Man sollte ihr wirklich dabei helfen, Ponsoby, nicht wahr?«

Ponsoby antwortete irgend etwas, aber der König hörte nicht mehr hin. Die Tage, die vor ihm lagen, waren ganz und gar nach seinem Geschmack. Ein bißchen Diplomatie, ein bißchen Liebe.

Der Reiz lag in der Mischung. Gespräche am Kamin, bei denen jedes Wort von Bedeutung sein konnte, und einige hübsche, zärtliche Stunden. Ein junger Frauenkörper, weiß leuchtend in der vom Kerzenlicht verzauberten Dämmerung des Zimmers. Junge Brüste unter der behutsamen Berührung seiner Hände. Halbgeschlossene, nach *innen lauschende* Augen, erwachende Leidenschaft, weiche Lippen, die sich unter seinem Kuß öffneten ... Nun, dachte der König, wir werden uns Mühe geben.

Charlotta wurde noch an diesem Abend dem König vorgestellt. Lord Sawnsham, der Hausherr, führte sie über die breite Treppe in die Wohnhalle, in der alles überdimensional erschien.

Armdicke Kerzen auf schweren, bronzenen Leuchtern kämpften vergeblich gegen die geheimnisvolle Dämmerung an, in der sich die Wände mit ihren gotischen Spitzbogenfenstern und die hohe, gewölbte Decke verloren. Die tiefen Ledersessel der Sitzgruppen schienen für die gewaltigen Ritter aus der Tafelrunde des Königs Artus gebaut worden zu sein. In dem Kamin, in dem mannsgroße, klobige Buchenholzscheite brannten, hätte man einen ganzen Ochsen braten können, und der kostbare, alte Teppich auf dem dunklen Dielenboden war wie ein bunter, von Blumen, Vögeln und allerlei Fabelwesen bevölkerter See.

Der König stand am Kamin und blickte ihnen entgegen: eine breite, bärtige Gestalt, die in Charlotta die Erinnerung an die Könige aus alten Rittersagen weckte. Ihr Herz klopfte ungestüm. Dann hatten sie den langen, langen Weg durch die Halle hinter sich. Charlotta sank in einen tiefen Hofknicks, und durch ihre Verwirrung hörte sie die Stimme des Lord Sawnsham sagen: »Charlotta, Comtesse von Taffy-Palmanova, Majestät.«

Charlottas Verhältnis zum König wurde vom ersten Augenblick an von einer starken erotischen Spannung bestimmt. Er hätte gut ihr Großvater sein können. Aber das schien unwichtig. Auch wußte sie um die unzähligen amourösen Geschichten, die von ihm erzählt wurden – und fühlte sich durch sie keineswegs abgestoßen. Im Gegenteil. Durch das, was er erlebt hatte, gewann dieser Mann nur an Faszination.

Es ist ein Fehler, zu glauben, eine Frau ließe sich durch die Liebesabenteuer eines Frauenhelden abschrecken. Der Gedanke, in seinen Armen zu liegen, übt einen starken sinnlichen Reiz auf sie aus – auch wenn sie das Gegenteil beschwört. Sie will versuchen, sein Geheimnis zu ergründen, sie ergibt sich ihm in der Hoffnung, stärker zu sein, als es ihre Vorgängerinnen waren. Ihr sollte das gelingen, was keiner vor ihr gelungen war: diesen Mann für immer zu halten, in der langen Reihe seiner Geliebten die letzte zu sein ... Eine Hoffnung, die so gut wie nie in Erfüllung geht.

An diesem ersten Abend wechselten sie nur ein paar belanglose Worte. Beim Dinner saß sie ihm schräg gegenüber, und sie fühlte wiederholt seinen Blick auf sich ruhen. Einmal begegneten sich ihre Augen für einen kurzen, atemlosen Augenblick, der in Charlotta die bange Frage nach dem, was kommen würde, aber auch eine kribbelnde Neugierde weckte.

Im übrigen aber behielt sie ihre ungezwungene Natürlichkeit und genoß diese Woche auf Schloß Weymore wie kaum eine Zeit zuvor. Außer ihr gab es noch drei weibliche und doppelt so viele männliche Gäste, die meisten von ihnen in mittleren Jahren.

Man ritt aus, man ging in dem großen Park spazieren, man führte Konversation – meist über das Wetter –, man spielte Bridge, einmal veranstaltete man ein Picknick, bei dem Charlotta wie zufällig neben den König zu sitzen kam. All dies tat man mit der gelassenen und ein wenig gelangweilten Selbstverständlichkeit von Menschen, die den Müßiggang zu einer Kunst gemacht haben.

In dieser steril-vornehmen Atmosphäre hätte es Charlotta auf die Dauer sicher nicht ausgehalten. Aber einstweilen gefiel es ihr. Und es gefiel ihr nur deswegen, weil diese äußeren Umstände nur den Rahmen für ein erregendes, vor Spannung vibrierendes Spiel abgaben. Die Menschen um sie herum glichen gesichtslosen Schemen. Das Schloß, der Park, die herrliche Landschaft. Sie waren nur Kulissen für dieses Spiel, bei dem es nur zwei handelnde Personen gab: den König und sie. Ein Spiel übrigens, das schnell seinem Höhepunkt zustrebte.

Der Vormittag des sechsten Tages war regnerisch gewesen, doch am Nachmittag klarte der Himmel auf, und die Sonne tauchte das Land in ein funkelndes, goldenes Licht.

Vor dem Dinner ging Charlotta allein in den Park. Sie atmete tief die kühle, frische Luft ein, und ein kaum bezähmbarer Wunsch überfiel sie, wie ein Kind über den Rasen zu laufen, sich hinzuwerfen, die Hände und das Gesicht in den herrlichen grünen Teppich zu vergraben…

Nun, sie war eine Comtesse. Eine Comtesse tat so etwas nicht. Und so kniete sie nur hin, strich mit geschlossenen Augen über den Rasen, und es war ihr, als strömte die Kraft der Erde in sie ein. Wie lange hatte sie dieses Gefühl vermißt! Seit damals, als sie, eine kleine Gärtnerin, im römischen Garten der Marchesa Pansa gearbeitet hatte. Jeden Tag. Und eines Tages war plötzlich der Mann hinter ihr gestanden, der als erster ihre Leidenschaft geweckt hatte. Heinrich. Ihr Prinz. Ihr Märchenprinz. Sie hatte ihn geliebt; Es war vorbei. Und der Gedanke daran tat nicht einmal weh, obwohl sie damals…

»Seit vierhundert Jahren jeden Tag gepflegt«, sagte hinter ihr die ruhige, ein bißchen näselnde Stimme des Sir Ponsoby. »Ich hoffe, der Rasen entspricht Ihren Erwartungen, Comtesse.«

Charlotta fuhr erschrocken zusammen und stand verlegen lächelnd auf. »Haben Sie mich erschreckt, Sir!«

»Tut mir leid.« Ponsoby faßte Charlotta am Ellbogen und führte sie weiter. »Ein herrlicher Tag heute, nicht wahr? Nun, es ist gut, daß ich Sie hier traf. Seine Majestät beauftragte mich, Ihnen eine Bitte zu überbringen.«

Charlotte fühlte, wie ihr Herzschlag für einen Augenblick aussetzte. War es jetzt… War es jetzt soweit?

»Und das wäre?« fragte sie gespielt gleichgültig.

»Seine Majestät fühlt sich heute nicht ganz wohl und will in seinen Räumen soupieren. Er bittet Sie, ihm dabei Gesellschaft zu leisten. Ich hoffe, Sie werden seinem Wunsch entgegenkommen.«

Charlotte befreite ihren Arm, blieb stehen und blickte Ponsoby an.

»Seinem Wunsch mit mir zu soupieren, Sir?«

»Seine Majestät schätzt und bewundert Sie, Comtesse«, antwortete Ponsoby mit einem verbindlichen Lächeln – doch seine Augen blieben dabei kalt und abschätzend. »Sie sind schön, begehrenswert. Wollen Sie ihm verübeln, daß er den Wunsch nach Ihrer Gesellschaft hat? Er ist ein König. Aber auch ein Mann.«

Lord Sawnsham hatte seinen großen, geschlossenen Hotchkiss nach Southampton geschickt, um die Gäste aus Italien abzuholen. Im Wagen, der jetzt auf der Straße über Salisbury in westlicher Richtung fuhr, herrschte eine gespannte Atmosphäre.

Die Überfahrt von Le Havre war stürmisch gewesen, und auf Sturm zeigten jetzt auch die unmutig zusammengezogenen Augenbrauen unter der schönen, weißen Stirn der ehemaligen Marchesa – jetzt Prinzessin Lucia von Dommes-Barrach. Sie fühlte sich angegriffen, ermüdet und häßlich. Die Seekrankheit hatte ihr zu schaffen gemacht – wie entsetzlich unappetitlich! –, und jetzt auch noch die Schaukelei über die schlechten englischen Straßen, mit dem Ziel, in einem dieser düsteren, zugigen Steinkästen hausen zu müssen. Auch wenn es nur für zwei oder drei Tage war!

»Nimmt denn diese schreckliche Fahrt gar kein Ende?« rief sie, als der Wagen über ein tiefes Schlagloch sprang. »Es ist gleich Nacht. Wie weit ist es noch, Heinrich?«

Heinrich sprach sie wie »Einrisch« aus, was dem Prinzen von Dommes-Barrach, ihrem Mann, früher einmal – das war noch gar nicht so lange her – gut gefallen hatte, vor allem nachts: Er hatte es hübsch gefunden, zärtlich. Jetzt hatte er diesen »Einrisch« allerdings satt. Er mußte ihn zu oft hören, meist mit einem tadelnden oder anklagenden Unterton. Auch nachts. Denn Lucia war sehr temperamentvoll und liebeshungrig und hielt nichts von gelegentlichen, wohltemperierten Zärtlichkeiten. Wohltemperiert... Bei diesem italienischen Vulkan!

»Einrisch, hast du mich nicht gehört?«

»Wie zum Teufel soll ich das wissen?« fragte der Prinz.

Conte Cortona, ein sehr gutaussehender, »schlanker Mann nahe Vierzig, mit einem schmalen, dunklen Schnurrbart und ironisch blickenden, schwarzen Augen, betrachtete amüsiert das Ehepaar gegenüber. Ausgerechnet diesem harmlos netten, ein bißchen langweiligen und ein bißchen einfältigen deutschen Prinzen eine Frau wie Lucia! Sie war eine Wildkatze und brauchte einen Dompteur und nicht einen Mann, der bei jedem zu lauten Wort schmerzlich zusammenzuckte. Der arme Einrisch. Erst ein paar Monate verheiratet und sah schon ganz mitgenommen aus.

»Kannst du denn nicht den Fahrer fragen, Einrisch?« rief Lucia, jetzt ernsthaft erbost.

»Einen Augenblick, meine Liebe«, sagte Conte Cortona, schob die Trennscheibe nach vorn zur Seite, tippte dem Fahrer auf die Schulter und fragte ihn in einem singenden, fehlerfreien Englisch, wie weit es noch nach Schloß Weymore sei.

»Noch eine gute Stunde, Sir«, sagte der Fahrer.

»Du hast es gehört, Lucia«, sagte Conte Cortona und schob die Trennscheibe wieder zurück.

»Madonna mia – eine Stunde!« rief die Prinzessin unglücklich.

Lord Sawnsham wußte, was er dem verwöhnten Gaumen seines hohen Gastes schuldig war. Für den mehrtägigen Besuch des Königs auf seinem Landsitz hatte er aus Paris einen Koch kommen lassen, den Eduard VII. besonders schätzte. Maître Lelouche – so hieß der kleine, temperamentvolle Mann mit einem gewaltigen, hochgezwirbelten Schnurrbart – war mit seinem Saucier und zwei Hilfsköchen angereist. Dementsprechend erlesen waren auch die Menüs, die in der riesigen Schloßküche unter seiner Anleitung zubereitet wurden. Für dieses Souper des Königs mit Charlotta (wie oft hatte Maître Lelouche in Paris solche Soupers zu zweit für den König vorbereitet!) hatte sich der Meister besondere Mühe gegeben.

Nach *Consomme Royal* – mit Sherry serviert – gab es Salm in *Sauce Prince Eduard,* die Lelouche bei einer anderen Gelegenheit extra für den König komponiert hatte. Dazu trank man einen leichten, spritzigen Mosel, der wie blasses, flüssiges Gold in den Kristallgläsern funkelte. Roten Bordeaux gab es anschließend zu gefüllten Schnepfenbrüstchen und den vom König gewünschten Beilagen. Zur Nachspeise – *Bisquit Lisette* und französischer Landkäse – wurde Champagner getrunken.

Charlotta hatte nach und nach ihre Befangenheit verloren. Sie sah sehr hübsch aus in ihrem langen, am Hals geschlossenen Abendkleid aus mitternachtsblauem Samt, das ihre im Licht der Kerzen wie mattes Elfenbein schimmernden Arme und Schultern frei ließ. Ihr hochgestecktes Haar wurde von einem kostbaren, mit Saphiren besetzten Diadem geschmückt, einem Geschenk der Baronin von Winthorst.

Die Weine und der Champagner hatten ihre Wangen rosa angehaucht, ihre Augen funkelten. Sie hatte vielleicht mehr getrunken, als es ihr guttat; zunächst um ihre Beklommenheit zu überwinden, und als es soweit war, einfach weil es ihr gut schmeckte.

Eduard VII. war ein glänzender Gastgeber, vor allem, wenn es sich um Frauen handelte. Es gelang ihm sehr schnell, eine Atmosphäre intimer Vertrautheit zu schaffen. Charlotta kam ihm dabei allerdings entgegen. Ihre natürliche Fröhlichkeit entzückte ihn. An ihr gab es nichts Gekünsteltes, und sie schien frei von Berechnung, die er bei den meisten Frauen fand, die ihm begegneten. Ihr Appetit war erstaunlich. Sie aß mit einer unbekümmerten Freude, die den König wehmütig an die eigene Jugend denken ließ, als er mit ebensolchem Appetit gegessen hatte. Das Hantieren mit verschiedenen Bestecken bereitete ihr dabei hin und wieder einige Probleme; in dem Schweizer Pensionat, in dem sie erzogen worden war, schien man diesen Fragen keine allzu große Wichtigkeit beigemessen zu haben.

Sie hatte schöne, kräftige Hände. Breiter und kräftiger, als bei den Damen der Aristokratie üblich. Nichts an ihnen war von deren schwächlicher Durchsichtigkeit. Es waren feste, verläßliche Frauenhände, die aussahen, als hätten sie auch schwere Arbeit kennengelernt (welch ein absurder Gedanke! sagte sich der König) und die zugleich den Wunsch nach ihrer zärtlichen Berührung weckten.

Dann waren sie bei Mokka, Cognac und Likören angelangt. Die livrierten Diener, die sich stumm und lautlos wie Schatten durch das Zimmer bewegten, räumten den Tisch ab, verschwanden. Charlotta lehnte sich zurück, verschränkte die Hände hinter dem Kopf und seufzte glücklich:

»Ein Märchen … Tischlein deck dich. Und wenn man gegessen hat, verschwindet das Tischlein, und der Champagner trägt einen fort, weit. Fast unter die Sterne.«

»Es soll immer wieder geschehen, das Märchen«, sagte der König. Dann sprachen sie weiter, aber alles, was sie sagten, war ohne Bedeutung. Charlotta schwebte ja unter den Sternen, sie fühlte ihr Blut durch den Körper pulsieren, sie fühlte jede einzelne Faser ihres Körpers, und sie fühlte das Begehren des Mannes gegenüber. Sie hatte Angst vor dem Augenblick, der sich mit Riesenschritten nahte, und sie fieberte ihm entgegen. Liebe, Leidenschaft. Sie hatte sie kennengelernt, und sie hatte sie vermißt. So lange schon. Heinrich: ein Schatten. Arthur, der »Waldgeist«. Sie hatte vergeblich gehofft. Und jetzt dieser Mann, ein König. Nur ein Mann.

»Komm, meine kleine Nymphe«, hörte sie ihn sagen, und sie

folgte ihm willenlos, als er sie ins Schlafzimmer führte. Wie gelähmt, mit geschlossenen Augen stand sie da, als seine Lippen zärtlich über ihren Nacken streiften und seine Finger ihr Kleid öffneten und es von ihren Schultern streiften.

Das Leinen kühlte angenehm ihren heißen Körper. Was geschah, mußte geschehen. Liebe: sie war dafür geboren. Ein Gesetz, dem sie sich beugen mußte. Sie war eine Frau und wartete auf den Mann, und ihr Schoß war bereit, ihn zu empfangen. Der Mann beugte sich über sie, sie hörte seine langsamen, schweren Atemzüge und dachte, es wäre die Erregung, die ihn so mühsam atmen ließ. Und dann spürte sie für einen Augenblick sein ganzes Gewicht auf sich, aber er glitt zur Seite, sie öffnete die Augen und richtete sich erschrocken auf.

Der Anblick, der sich ihr bot, gehörte fortan zu den schlimmsten Erinnerungen in ihrem Leben. Das Gesicht des Königs war violett angelaufen, sein Atem ging rasselnd, seine Hände tasteten umher, als suchten sie nach einem Halt. Dann sackte er neben dem Bett zusammen und blieb reglos liegen.

Charlotta saß sekundenlang wie gelähmt da und starrte die reglose Gestalt des Mannes zu ihren Füßen an. Er ist tot, dachte sie, ernüchtert, voller Angst, und mit einem erstickenden Gefühl voller Scham.

Dann vernahm sie jedoch in der beklemmenden Stille das Geräusch langsamer, schwerer Atemzüge, mit langen Pausen dazwischen. Von diesem Augenblick an handelte sie sehr schnell und umsichtig. Während sie sich anzog, wendete sie keinen Blick vom bewußtlosen König. Dann kniete sie hin, drehte ihn auf den Rücken und hob seinen Kopf an. Sein Gesicht hatte jetzt eine aschfahle Färbung angenommen, ein dünner Faden Speichel zog sich vom Mundwinkel über den Bart. Seine Augen waren halb offen, die Augäpfel rollten langsam hin und her.

Wie sie es fertigbrachte, hätte sie später nicht sagen können. Aber sie schaffte es: Sie hob den schweren Oberkörper des Mannes und glaubte vor Anstrengung ohnmächtig zu werden, bis er schließlich auf dem Bett lag. Dann knöpfte sie ihm die Hemdbrust auf. Aus dem Speisezimmer holte sie den silbernen Champagnerkübel, tauchte eine Serviette in das eisige Wasser und begann das Gesicht und die Brust des Königs abzureiben.

Die gräßliche, rollende Bewegung seiner Augapfel hörte auf. Er sah sie an, schien sie jedoch eine ganze Weile nicht zu erkennen. Dann öffneten sich seine bläulich verfärbten Lippen, und er flüsterte mit langen Pausen zwischen den Worten: »Habe ich – dich erschreckt – meine kleine – Nymphe? Es – tut mir – leid.«

Erst jetzt breitete sich eine Welle von Mitleid für diesen Mann in Charlotta aus. Ein alter, kranker Mann, hilflos. Ein Greis. Das war er, auch wenn er ihr vorhin anders erschienen war. Mein Gott, dachte sie, wie konnte ich nur, wie konnte ich nur! Der König versuchte sich aufzurichten, doch Charlotta drückte ihn sanft wieder zurück. »Bleiben Sie liegen, Majestät. Ich hole einen Arzt.«

»Keinen Arzt«, sagte der König. »Er kann auch nicht mehr tun, als du getan hast. Es geht mir wieder gut. Ein Ohnmachtsanfall... Ein bißchen zuviel Aufregung, meine kleine Nymphe.« Er lächelte, in sein Gesicht kehrte wieder Farbe zurück. »In der letzten Zeit passiert mir das öfters. Und immer – immer ist es wie ein kleiner Tod. Ich fürchte, ich werde bald die Schattenlinie überschreiten müssen. Bist du mir böse, Nymphchen?«

»Nicht sprechen, Majestät, bitte!« Charlotta legte ihre Hand auf seine Lippen, und wenn zwischen ihnen bis jetzt eine unübersteigbare Mauer aufgetürmt schien, zwischen ihm, einem König, und ihr, Charlotta, einem einfachen Mädchen, jetzt gab es diese Mauer nicht mehr. Sie waren gleich. Er ein Mann, der auf der Schwelle des Alters stand, und sie eine Frau, die sich anschickte, dieses herrliche, bunte Leben kennenzulernen, das bereits hinter ihm lag.

Etwas später war der König eingeschlafen, und Charlotta verließ das Zimmer. Vor einem Spiegel im Speiseraum brachte sie ihr Haar in Ordnung. Sie mußte Ponsoby finden, um ihm von dem

Ohnmachtsanfall des Königs zu berichten. Vielleicht war es doch nicht so harmlos, wie der König tat.

Der Läufer auf dem Gang, der zur Treppe in die Wohnhalle führte, erstickte Charlottas Schritte. Kurz bevor sie die Treppe erreichte, hörte sie von unten das Lachen einer tiefen, wohlklingenden Frauenstimme und blieb lauschend stehen.

Diese Stimme... Sie war ihr seltsam vertraut, weckte in ihr eine ungute Erinnerung. Rom... Das schöne, stolze Gesicht der Marchesa Lucia, ihre hochmütigen Augen. Aber das war doch unmöglich! Marchesa Lucia hier? Charlotta schüttelte verwirrt den Kopf, trat auf den Treppenabsatz und blickte hinunter in die Halle.

»Der Fuchs war ein alter, verdammt schlauer Bursche«, fuhr Lord Sawnsham in seiner Jagdgeschichte fort. »Es schien ihm Spaß zu machen, wenn ihm die Hundemeute und die Reiter auf den Fersen waren. Ich hatte den leisen Verdacht, daß er sich absichtlich aufspüren ließ. Mal lief er diesen, mal den anderen Weg, aber immer verschwand er an der gleichen Stelle. Spurlos. Keine Witterung mehr. Hunde zeigten dumme Gesichter und wir nicht weniger. Das Problem fing an, mich zu interessieren. Ich wollte diesem roten Teufel auf die Schliche kommen.«

Der Lord trank einen Schluck Sherry und schmatzte genießerisch.

»Sie wundervoll – wie sagt man? – erzählen!« rief Lucia. »Sie den Fuchs erwischen?«

»Ihr Englisch klingt bezaubernd, Prinzessin«, sagte der Lord.

»Oh – Sie machen Spaß!« Lucia lachte. »Wie das geht weiter mit Füchs?«

»Nicht ich *ihn* – er hat *mich* erwischt.«

»Er hat... Wie kann gehen das? Eine wundervolle Geschichte, Einrisch, du hörst?«

»Mhm, sehr hübsch«, sagte Heinrich von Dommes-Barrach und

konnte nur mit Mühe ein ausgiebiges Gähnen unterdrücken. Er war todmüde, Lucia dagegen … Wie ausgewechselt. Aber das war immer so. Fühlte sie sich bewundert, wie jetzt von diesen langweiligen Engländern um den großen Kamin, die andächtig der albernen Geschichte des Lord Sawnsham lauschten, schon blühte sie auf.

»Bevor die Jagd angeblasen wurde, reite ich also zu dem Abbruch, um mich dort zu verstecken«, hörte der Prinz Lord Sawnsham weiter erzählen, tat so, als ob er interessiert zuhörte, und ließ den Blick durch die große Halle gleiten.

Die gotischen Fenster, die hohe, gewölbte Decke, brennende Kerzen … Wie in einer Kirche, dachte er. Kalt. Der herrliche Schwung der Treppe im Hintergrund, die sich nach oben hin in der Dämmerung verlor und oben … Prinz Heinrich fuhr sich verwirrt über die Augen.

Oben stand eine schmale, schlanke Frauengestalt. Ein blasses Gesicht über dem dunklen Abendkleid, große, auf ihn gerichtete Augen, Hände wie in einer Geste atemloser Überraschung auf die Brust gedrückt. Charlotta? dachte er fassungslos. Das – das war doch nicht möglich! Charlotta!

»Einrisch!« hörte er da die Stimme seiner Frau. »Hörst du nicht?«

Prinz Heinrich fuhr zusammen und riß sich von dem Anblick der geheimnisvollen Frauengestalt los.

»Verzeihung, ich war etwas abwesend. Die Reise hat mich doch mehr angestrengt.« Von den Anwesenden schien die Frau auf der Treppe niemand bemerkt zu haben.

»Du bist unhöflich«, sagte Lucia. »Du träumst schon wieder.«

»Es träumt sich schnell in alten englischen Schlössern«, rettete sich der Prinz mit einem Bonmot aus der Situation und blickte verstohlen auf die Treppe. Die geheimnisvolle Frau war verschwunden.

»In manchen von ihnen träumt es sich allerdings nicht gut, Hoheit«, sagte ein hagerer, schnurrbärtiger Mann, dem man unverkennbar den ehemaligen Kolonialoffizier ansah. »Sie verstehen – Geister …« Er lachte schnarrend.

»Wenn es ein Traum war, dann war's ein schöner Traum«, sagte der Prinz versonnen. »Aber erzählen Sie weiter, Lord. Wie geht die Geschichte von dem schlauen Fuchs zu Ende?«

Charlotta machte die Tür hinter sich zu, lehnte sich mit dem Rücken dagegen und blickte Louise von Stein wortlos an.

»Um Himmels willen – was ist geschehen, Comtesse?« rief die alte Dame erschrocken. »Sie sind ja bleich wie der Tod! Kommen Sie!« Sie führte Charlotta zu einem Sessel. »Setzen Sie sich, ich hole Ihnen ein Glas Wasser. Ach, was! Ein guter Schluck Cognac tut immer gut.«

Sie lief in ihr Schlafzimmer und kam mit einer Flasche und einem Glas gleich wieder zurück. »Ich hab's für besondere Gelegenheiten, trinken Sie!« Charlotta trank das halbvolle Glas in einem Zug leer. Der Cognac brannte in ihrem Magen wie Feuer, verbreitete wohlige Wärme – und eine wohltuende, fast heitere Gleichgültigkeit, die es ihr leichter machen würde, der alten Dame reinen Wein einzuschenken.

»Und nun erzählen Sie, Comtesse.« Louise von Stein setzte sich ihr gegenüber. »Was ist passiert?«

»Es ist aus mit der Comtesse«, sagte Charlotta.

»Ah … Wie meinen Sie das?«

Merkwürdig. Die alte Dame schien nicht sonderlich überrascht.

»Ich heiße Charlotta Wielcke. Alles andere ist Schwindel.«

»Was Sie nicht sagen!«

»Sie sind gar nicht entsetzt, Madame?«

»Warum sollte ich? Ich weiß es schon lange.«

»Sie – Sie wissen es?« Charlotta rang um Luft. »Hat Ihnen Ihr Vetter, Freiherr von Stein …

»Nein. Er hat mir nichts erzählt. Ich hatte eines Tages so einen kleinen Verdacht und ging der Sache nach. Sie sollten alte Fotografien nicht so sorglos in den Schubladen herumliegen lassen. Eine von ihnen zeigt Sie als fünfzehnjähriges Mädchen, und hinten steht säuberlich aufgeschrieben, wer dieses Mädchen ist.«

»Wie unvorsichtig von mir!« murmelte Charlotta. »Und – wie lange wissen Sie's schon?«

»Seit einigen Wochen.«

»Aber warum haben Sie nichts gesagt?«

»Ich wollte wissen, wie die Geschichte weitergeht. Es war zu – zu spannend. Sie sind eine großartige junge Gräfin. Sehr viel besser als manche richtige.«

»Ich – ich glaube, ich brauche noch etwas von Ihrer Medizin, Madame.«

Louise von Stein schenkte ein, Charlotta trank, verschluckte sich, hustete und sagte dann, nach Atem ringend: »Das Spiel ist aus, Madame. Unten sitzen zwei, die mich von früher her kennen. Als ich – als ich noch nicht Gräfin oder Comtesse von Taffy war.«

»Gräfin von Taffy-Palmanova … Klingt hübsch. Ich schlage vor, wir belassen es einstweilen bei der alten Anrede – Comtesse. Hat sich die ganze Geschichte mein Vetter ausgedacht?«

»Er hat mir nur geholfen. Die Papiere und Dokumente … Sie sind hieb- und stichfest.«

»Ich weiß, er arbeitet sehr zuverlässig Aber was sagten Sie vorhin? Wer sitzt unten, der Sie von früher kennt?«

»Sie müssen heute abend angekommen sein. Heinrich und – und diese Hexe, und wenn ich's mir überlege, ist sie an allem schuld!«

Charlotta sah die alte Dame nur undeutlich durch den Tränenschleier, der sich auf ihre Augen legte. Ihr war unsagbar elend zumute. Zuerst die Ohnmacht des Königs, dann der Schreck auf der Treppe und jetzt diese Beichte und vorhin der Champagner und jetzt der Cognac – um sie drehte sich alles, sie wünschte sich, nie geboren worden zu sein.

Charlotta erzählte Louise von Stein noch in der gleichen Nacht ihre Geschichte. Und noch in der gleichen Nacht reisten sie mit einem Wagen, den ihnen Sir Frederick Ponsoby zur Verfügung gestellt hatte, nach London ab.

Sir Ponsoby hatte sich nur mäßig befremdet gezeigt, als ihm Charlotta eröffnet hatte, sie müßten wegfahren, gleich auf der Stelle. Eine junge, hübsche Comtesse hatte das Recht, launisch zu sein. Wahrscheinlich nahm er an, das Souper mit dem König, den er natürlich sofort verständigen wollte, wäre schuld an dieser überstürzten Abreise. Im Osten hellte sich der Himmel gerade auf, als er sich vor dem Gästetrakt von Charlotta und Louise von Stein verabschiedete. Dabei drückte er Charlotta ein Päckchen in die Hand.

»Zur Erinnerung an Seine Majestät… Seine Majestät bedauert sehr, daß Sie abreisen. Leben Sie wohl, Comtesse. Ich hoffe, wir sehen uns nicht zum letztenmal.«

»Bestimmt nicht, Sir…« Charlotta schielte ängstlich zu den Fenstern des Gästetraktes. Aber keines von ihnen ging auf, kein Gesicht erschien. »Die Welt ist klein. Manchmal überraschend klein.« Mochte Sir Ponsoby über diese Bemerkung denken, was er wollte. Sie war jedenfalls froh und unsäglich erleichtert, als sie endlich im Wagen saß, der mit laut ratterndem Motor abfuhr.

Das Päckchen des Königs öffnete sie erst am nächsten Tag. In einem Kästchen aus Saffianleder fand sie eine Halskette mit einer ungewöhnlich großen, von Brillanten eingefaßten, bläulich schimmernden Perle als Anhänger. Dabei lag eine Karte mit flüchtig hingekritzelten Zeilen: *Meiner kleinen Nymphe zur Erinnerung an E.*

»Ein wahrhaft königliches Geschenk!« sagte Louise von Stein bewundernd. »Es wird Aufsehen erregen – in Berlin. Wir reisen doch gleich morgen hin?«

Aber Charlotta schien sie nicht zu hören. Verträumt drückte sie die Perle an die Lippen und flüsterte: »Ein König… Ob ich ihn je wiedersehen werde?«

6

Berlin, Unter den Linden 1 war die Anschrift eines der berühmtesten Hotels des kaiserlichen Deutschland, des Hotels *Adlon.* Dies sollte für eine Weile auch Charlottas Anschrift werden.

»...Wer sich durch das prunkvolle Portal hineinwagt«, schrieben die Zeitungen nach der Eröffnungsfeier im Herbst 1907, »findet sich in einem üppigen Raum, förmlich satt an Kunstgegenständen, an schweren, kostbaren Stoffen, an teurem Stein und Metall. Erinnerungen an die Hallen venezianischer Paläste, an fürstliche Prunkzimmer, an Paradegemächer steigen auf. Alles ist schwer und massiv. Die viereckigen Säulen des Vorraumes sind aus dunkelgelbem, wolkigem Marmor, den steinernen Hallenkamin krönt eine römische Imperatorenbüste des Kaisers Wilhelm II. ... Hallen, Säle, Treppen, die mit höchstem Komfort ausgestatteten Zimmer, das Auge kann sich an all diesem Prunk kaum sattsehen...«

Die bis dahin unbekannte wirtschaftliche Blüte, Deutschlands Reichtum und sein Streben nach Repräsentation und Weltgeltung fanden hier ihre sichtbare Bestätigung. Lorenz Adlon, der Hausherr, wußte sehr wohl, warum er die cäsarische Büste des Kaisers – Wilhelm II. hatte bei der Eröffnungsbesichtigung sekundenlang in seinen eigenen Anblick versunken davorgestanden – in den Mittelpunkt der Eingangshalle gestellt hatte. Ohne Unterstützung des Kaisers, der dem bis dahin provinziell anmutenden Berlin auch mit diesem Vorhaben eine weltstädtische Note geben wollte, wäre dieses Hotel nie gebaut worden. Zumindest nicht in dieser Großartigkeit.

Von nun an stieg alles, was Rang und Namen hatte, bei Adlon ab. Königliche und fürstliche Hoheiten, Kohlenbarone aus Schlesien, Industrielle aus dem Ruhrrevier, reiche Landjunker aus Ostpreußen und Pommern und bayerische Grafen. Namens- und Geldadel aus dem In- und Ausland, neben berühmten Wissenschaftlern und Künstlern aber auch zwielichtige Existenzen, die sich von den Großen dieser Welt einen Gewinn erhofften.

Dieses Hotel erkoren Charlotta und Louise von Stein zu ihrem Hauptquartier. Hier befanden sie sich im Herzen des rege pulsierenden gesellschaftlichen Lebens – und waren zugleich relativ sicher vor der Entdeckung, wie man das in einer großen Menge immer ist.

»Es ist wie in einem Roman. Ich habe mir schon immer gewünscht, etwas Ähnliches zu erleben. Wenn es schiefgehen sollte, können wir ja wieder verschwinden, nicht wahr?« meinte Louise von Stein.

»Wenn ich Sie so reden höre, Madame… Fast wie Ihr Vetter Freiherr von Stein.«

»Das dürfte das Blut unseres Stammvaters August von Stein sein. Soll ich dir ein Geheimnis verraten? Also, dieser August bekam seinen Titel und eine Baronie durch seinen Namensvetter August den Starken zugesprochen. Wegen großer Verdienste, steht in der Urkunde. Dabei war unser August ein Gaukler gewesen, wurde eine Art Hofnarr und Kammerdiener des starken August, und seine Verdienste bestanden darin, daß er dem König bei dessen zahllosen Liebesaffären zur Hand gegangen war. Glaub mir, eine ganze Reihe von heute so feinen und erlauchten Familien ist auf ähnliche Art zustande gekommen…«

Kaum in Berlin, machte sich Charlotta auf die Suche nach einem anderen Manne: nach ihrem Jugendfreund Gustaf Schmolke. Nach Potsdam fuhr sie mit dem Zug. Dort nahm sie eine Droschke, ließ sich zum Neuen Palais bringen und befahl dem Fahrer zu warten, während sie durch den der Öffentlichkeit zugänglichen Teil des Parks schlenderte.

Eine verträumte, von süßer Wehmut erfüllte Stimmung befiel sie. Hier hatte sie ihre Kindheit verbracht. Wie gut kannte sie diese Wege, die Blumenbeete, die großen, alten Bäume, die für sie damals verzauberte Prinzen und Prinzessinnen gewesen waren. Und die große, ihre schäumenden Wassermassen gegen den blauen

Junihimmel emporschleudernde Fontäne unterhalb des Schlosses von Sanssouci. Der süße Duft von blühendem Jasmin, der in ihr die Erinnerung an jenen Abend weckte, als sie mit Gustaf das Gartenfest des Kaisers belauscht hatte.

Charlotta drang tiefer in den Park ein. Hier, auf dieser Lichtung, war sie zum erstenmal dem Tod begegnet. Die dunkle, sich nur mit Mühe aufrecht haltende Gestalt des Mannes mit dem geheimnisvollen Päckchen. Blut auf dem Päckchen und Blut auf Gustafs Händen, als er ihr das Päckchen entgegengehalten hatte... Ob Gustaf noch immer hier im Neuen Palais arbeitete?

Der Stallmeister war ein streng blickender Herr mit einem Kosakenschnurrbart und krummen Reiterbeinen. Unter Charlottas Lächeln schmolz seine zur Schau getragene Schroffheit wie Schnee unter der Märzsonne.

»Schmolke? Den Namen kenn ich. Früher einmal muß ein Schmolke hiergewesen sein. Warten Sie, Frollein, vielleicht kann Ihnen der alte Przybila helfen. Wenn ich mich nicht täusche, hat er hier schon unter Wilhelm I. gedient.«

So wurde der alte Przybila geholt, und Charlotta hatte einige bange Augenblicke zu überstehen. Sie erinnerte sich an den schweigsamen, graubärtigen Stallknecht sehr gut, und es bestand durchaus die Möglichkeit, daß er sie wiedererkannte.

Doch in den trüben Augen des alten Mannes flackerte kein Funke des Wiedererkennens auf, als er mit gebeugten Schultern vor ihr stand.

»Ich kann mich an Gustaf erinnern, Frollein. Als der alte Schmolke starb, das war sein Vater, hat sein Onkel ihn und die Anna, seine Mutter, abgeholt. Wohin? Ich weiß es nicht. Ich habe nie wieder von ihnen gehört.«

Mutlos kehrte Charlotta nach Berlin zurück. Wo sollte sie nach Gustaf suchen? Und hatte es überhaupt noch einen Sinn? Am besten, sie gab die Suche auf.

Louise von Stein war anderer Ansicht. »Aufgeben? Nicht doch! Wir müssen es nur anders anfangen. Ich habe hier einen alten Bekannten. Er war Polizeibeamter, inzwischen pensioniert. Für ein kleines Honorar wird er Gustaf so sicher aufspüren, wie Ihnen das Fest morgen abend Spaß machen wird.«

»Was für ein Fest?« Charlotta blickte überrascht auf.

»Vorhin wurde das für Sie abgegeben.« Die alte Dame übergab ihr eine gedruckte Einladung. Baron von Kueckelberg, stand da zu lesen, gäbe sich die Ehre, Charlotta, Comtesse von Taffy-Palmanova, zu einem Empfang anläßlich des hundertjährigen Bestehens des Schlesischen Reiterbundes einzuladen.

»Schlesischer Reiterbund? Wie komme ich dazu?« wunderte sich Charlotta.

»Während Sie nach Ihrem Gustaf suchten, war ich auch nicht untätig, meine Liebe. Eine feudale Gesellschaft, dieser Reiterbund.«

»Aber ich kenne einen Baron von Kueckelberg gar nicht.«

»Das ist auch nicht nötig. Wenn man im *Adlon* wohnt, wenn man sich ins Gästebuch als Comtesse Taffy-Palmanova einträgt und wenn man zu allem Überfluß so hübsch ist wie Sie, dann flattern einem solche Einladungen dutzendweise ins Haus. Dann hat man nur noch die Aufgabe, zu wählen. Eine bessere Position für den Sturm auf Potsdam können Sie gar nicht finden. Und Sie werden sehen – es wird Ihnen Spaß machen.«

Louise von Stein behielt recht: Charlotta machte es wirklich Spaß. An diesem ersten – und an allen folgenden Empfängen, Soireen, Diners und Gesellschaften, zu denen sie eingeladen wurde. Man begann über sie zu sprechen – ein untrügliches Zeichen, daß sie »dazugehörte«.

»Ein zauberhaftes Geschöpf. Alter österreichischer Adel. Ein Urahne von ihr kämpfte unter dem Prinzen Eugen vor Belgrad. Und eine von Taffy hatte ein Techtelmechtel mit Ludwig XIV. Ein guter Stall. Sieht man auf den ersten Blick. Allerbeste Rasse. Wohnt mit ihrem Anstandswauwau im *Adlon.*«

Doch dann kam jener Abend Ende Juni, als das Kartenhaus ihres so unwirklich anmutenden Scheindaseins einer jungen, österreichischen Comtesse zusammenbrach. Der Abend, als sie plötzlich dem Mann gegenüberstand, nach dem sie sich noch immer sehnte, auch wenn sie ihn manchmal vergessen glaubte.

Wenn sie später daran dachte – und sie tat es oft, obwohl die Erinnerung an diesen Abend wie eine schmerzende Wunde war, die nicht heilen wollte –, fiel ihr mit überdeutlicher Schärfe jede Einzelheit ein.

Offiziere der Berliner Garnisonen hatten in den grünen Empiresaal des Hotels Adlon zu einem Fest geladen. Uniformen, Fracks, Abendroben, Ordensschärpen, lachende Gesichter, übermütige Augen, das beseligte Schwingen zu den Melodien des großen Orchesters, und plötzlich der Tusch: der Kronprinz, ein junger, schlanker Mann mit blonden Haaren und dem schmalen Gesicht eines Windhundes, der gutgelaunt nach allen Seiten grüßte.

Charlotta nutzte die kleine Verschnaufpause aus und stahl sich einem verliebten Oberleutnant davon, als sie sich plötzlich am Ellbogen gefaßt fühlte und eine andere Stimme sagte: »Comtesse… Verehrteste Comtesse… Wie hübsch sich das anhört!«

Charlotta war es, als erstarrte ihr das Blut in den Adern. Ihre Knie waren wie aus Wachs, sie glaubte keinen Schritt weitergehen zu können, sie wollte weglaufen, aber sie folgte willenlos dem befehlenden Druck seiner Hand, die sie immer weiter fuhrte, hinaus aus dem Saal.

Dann waren sie plötzlich allein. Sie standen im Wintergarten, es roch betäubend nach Rosen. »Waldgeist…«, flüsterte sie heiser, mit einem verunglückten Lächeln. »Ich – ich weiß jetzt auch, wie Sie heißen, Arthur.«

Ihre Worte fielen ins Leere. Er blickte sie stumm an, sein Gesicht war hart, bleich, und auf seiner Stirn standen Schweißtropfen. Wie anders er aussah in seinem Frack mit einer breiten Ordensschärpe. Aber er war derselbe. Nur seine Augen… Blutunterlaufen, von einer unbezähmbaren Wildheit.

»Ganz recht, Arthur«, sagte er schließlich heiser. Dabei schwankte er ein wenig. War er – betrunken?

»Ich hätte nie gedacht… Ausgerechnet hier«, murmelte Charlotta.

»Charlotta Wielcke«, sagte er, als hätte er sie nicht gehört, und seine Stimme war voller Hohn. »Eine junge, hübsche Gräfin. Wie wird man das – so über Nacht?«

»Lassen Sie mich los, Sie sind betrunken!« rief Charlotta verzweifelt, doch seine Hand schloß sich nur noch fester um ihren Oberarm.

»Und jetzt sag mir – was soll das Theater? Jetzt verdrehst du anderen den Kopf, wie damals mir. Kleine, süße Waldfee. Wußtest du, daß ich mich damals mit dem Gedanken trug, dich zu heiraten? Ein Idiot, was? Kennt so ein kleines, hübsches, verlogenes Biest kaum ein paar Stunden – und schon glaubt er: das ist sie. Die Frau fürs Leben. Egal, wer sie ist. Und diese Frau entpuppt sich plötzlich…« Er begann zu lachen. Lautlos, bitter. Dann sprach er weiter, und jedes Wort war für Charlotta wie ein Schlag ins Gesicht: »Wie wär's mit einem Kuß, Comteßchen? Einem kleinen Kuß zum Abschied?«

»Sie tun mir weh – lassen Sie mich los, bitte!« rief Charlotta, weinend vor Schmerz, Entsetzen und einer abgrundtiefen Beschämung. Doch sein hartes, böses Gesicht kam immer näher, sie vermochte sich nicht zu rühren – und dann war das Gesicht plötzlich weg, und eine schneidende Stimme sagte:

»Lassen Sie die Dame sofort los!«

Ein schlanker, hochgewachsener Mann mit einem schmalen, aristokratischen Gesicht, einem bereits leicht angegrauten Bart und eisigen blauen Augen stand vor ihnen.

»Eine Dame?« knurrte der »Waldgeist«. »Sie ist eine leibhaftige Comtesse! Und Sie scheren sich jetzt zum Teufel, Graf!« Er drehte sich wieder zu Charlotta, versuchte sie an sich zu ziehen, doch der andere riß ihn herum und schlug mit flacher Hand in sein Gesicht.

Für einen Augenblick glaubte Charlotta, der Mann, von dem sie nur den Vornamen wußte, würde sich auf den anderen stürzen. Er ließ sie los, sein Körper duckte sich sprungbereit, dann aber wich aus ihm die Spannung, er fuhr sich mit einer seltsam hilflosen Gebärde über die Augen, und aus seiner Stimme war der letzte Rest von Trunkenheit verschwunden, als er sagte:

»Sie erwarten wohl, daß ich mich mit Ihnen schlage, Graf?«

»Ich stehe jederzeit zu Ihrer Verfügung.«

»Sie gottverdammter Narr. Ich werde es nicht tun – und das wissen Sie ganz genau!«

»Ich habe es befürchtet«, sagte der große, schlanke Mann. »Aber nun weiß ich es genau. Sie sind ein – Feigling, Hoheit.« Und dann zu Charlotta: »Nehmen Sie bitte meinen Arm, Comtesse. Ich bringe Sie von hier weg.«

Charlotta nickte, legte ihre Hand auf den Arm des großen Mannes, ließ sich von ihm wegführen, und es war ihr, als sei ihr das Herz zu einem leblosen Klumpen erstarrt, der eisig in ihrer Brust lag. Vor dem Eingang zum grünen Empiresaal blieb der Graf stehen und blickte Charlotta fragend an. »Verzeihen Sie bitte, ich habe mich nicht vorgestellt.« Der Graf verbeugte sich korrekt. »Stanislaus von Stürgkh. Wohin darf ich Sie bringen, Comtesse?«

Charlotta hörte die Stimme des Mannes wie durch eine gläserne Wand. Arthur, ihr »Waldgeist« – eine Hoheit? Er hatte sie belogen. Nein, nein, er hatte ja nie gesagt, wer er war. Trotzdem war es ihr, als hätte sie eine Ohrfeige bekommen. Warum eigentlich? Was ging sie dieser Mann überhaupt noch an?

»Bemühen Sie sich bitte nicht, Graf«, sagte sie mit einem verunglückten Lächeln. »Ich möchte auf mein Zimmer.«

»Wohnen Sie im Hotel?«

Charlotta nickte.

»Ich begleite Sie.«

In der Hotelhalle verabschiedete er sich von ihr und wartete, bis sie im Lift verschwand. Er hatte nichts von einem Wiedersehen gesagt, doch Charlotta hatte ganz deutlich das Gefühl, er würde wiederkommen. Sie irrte nicht. Der Graf suchte sie bereits zwei Tage später auf und kam von da an fast jeden Tag.

Charlotta rechnete. Sie saß am Schreibsekretär in dem kleinen Salon ihres Appartements, klopfte mit dem Bleistift nachdenklich auf die Zähne. Die Lage war kritisch.

»Wir steuern einer Katastrophe zu, Madame«, sagte sie schließlich zu Louise von Stein.

»Katastrophe? Wie meinen Sie das?«

»Wir geben mehr Geld aus, als wir haben. Viel mehr.«

»Geht das überhaupt?« fragte Louise von Stein, nur halb interessiert.

»Wir leben auf Kredit. Verstehen Sie? Die Leute glauben, ich sei fürchterlich reich.«

»Es ist ganz gut, wenn sie das glauben. Aber Sie bekommen doch jeden Monat…«

»…dreihundert Mark!« sagte Charlotta ungeduldig. »Das ist viel Geld, wenn man irgendwo eine kleine Wohnung mietet und nicht versucht, solche Sprünge zu machen wie ich. Aber dieses Hotel. Es ist mein Ruin.«

»Sie müssen heiraten«, sagte Louise von Stein. »Es wimmelt von reichen Männern, die glücklich wären, unsere – das heißt Ihre – Hotelrechnungen zu bezahlen.«

»Heiraten? Sie sind verrückt, Madame!«

»Jede Frau muß einmal heiraten. Je früher, desto besser. Wie wäre es zum Beispiel mit diesem Grafen Stürgkh? Er sieht besser aus als irgendein Mann, den ich kenne. Er ist gerade im richtigen

Alter: einundvierzig Jahre. Er war schon einmal verheiratet, gut. Aber das war schon vor fünfzehn Jahren.«

»Und Sie meinen, das sei so einfach, Madame?« unterbrach Charlotta die alte Dame. »Ich beschließe, ihn zu heiraten, und schon macht er mir einen Antrag!«

»Ich bin sicher, er wird Ihnen den Antrag machen. Der Graf hat keine nahen Verwandten. Er ist reich. Allein sein Barvermögen wird auf mehr als zwei Millionen Goldmark geschätzt. Dazu Ländereien in Pommern und Schlesien. Er besitzt Anteile bei einer Kieler Werft. Allein das ist eine Goldgrube, bei dem Eifer, mit dem unser Kaiser Kriegsschiffe baut. Weiter... Aber das genügt doch, oder nicht?«

»Donnerwetter!« Charlotta blickte die alte Dame fassungslos an. »Woher wissen Sie das alles?«

»Tja... Man hat so seine Verbindungen...«

»Ihr – Ihr Freund, der Polizist?«

»Er ist ein netter Mann. Gibt sich die allergrößte Mühe. Nur mit Ihrem Gustaf scheint es nicht zu klappen. Aber eines Tages wird er ihn finden. Wenn überhaupt jemand, dann er!«

Das klang sehr zuversichtlich, entschieden. Merkwürdig. Die alte Dame schien die Suche nach Gustaf und nach dem geheimnisvollen Päckchen zu einer persönlichen Angelegenheit gemacht zu haben. Es verging kaum ein Tag, an dem sie nicht davon sprach. Und warum wollte sie nicht, daß Charlotta ihren Polizistenfreund kennenlernte?

»Das würde Sie nur unnötig belasten«, hatte sie auf einen entsprechenden Vorschlag geantwortet. »Außerdem... Außerdem möchte er im Hintergrund bleiben. Lassen Sie mich nur machen!«

Das mit dem »Hintergrund« hatte so geklungen, als wäre es der alten Dame eben eingefallen. Warum?

»Wollte der Graf Sie nicht zu einer Spazierfahrt abholen?« fuhr Louise von Stein nach einer Weile fort. »Sie müssen sich umziehen. Und vergessen Sie dieses Papier und die Zahlen. Wenn Sie ihn heiraten, sind Sie mit einem Schlag alle Sorgen los.«

»Ich *kann* ihn nicht heiraten«, sagte Charlotta abwesend.

»Und warum nicht? Liebe?«

»Nein, nein, darum geht es nicht. Ich mag ihn gern. Doch ... Sie vergessen, wer ich bin. Es wäre Betrug.«

»Er braucht es ja nicht zu erfahren.«

»Betrug bleibt Betrug. Außerdem ... Was dann, wenn er es doch einmal erfährt?«

»Betrug? Lächerlich! Gut, er würde glauben, eine Gräfin zu heiraten. Durch einen unglücklichen Umstand stellt sich dann eines Tages heraus, Sie wären keine gewesen. Nur ein einfaches Mädchen. Aber was ändert das an der Sachlage? Nichts. Er hat Sie ja nicht geheiratet, weil Sie eine Gräfin sind, sondern weil er Sie liebt. Sie, Charlotta. Ob Sie nun Wielcke heißen oder von Taffy. Betrug? Nein. Jugendlicher Leichtsinn. Sie wollten wissen, wie es in dieser großen, vornehmen Welt zugeht. Und dann fanden Sie keinen Mut, zuzugeben, daß Sie geschwindelt haben. Aus Angst, ihn zu verlieren. Das schmeichelt seiner Eitelkeit. Sie haben ihn belogen, weil Sie ihn lieben.«

»Ich liebe ihn ja gar nicht«, sagte Charlotta lahm und suchte vergeblich nach dem Fehler in den Überlegungen der alten Dame; es gab einen Fehler, sie wußte es! Nur – wo?

»Vielleicht – noch nicht ...« Die alte Dame lächelte.

»Wir verkaufen den Pelz des Bären, der sich noch bester Gesundheit erfreut, Madame.«

»Der Bär ist reif zum Abschuß.« Louise von Stein beugte sich vor, und ihr kleines, von Falten und Runzeln durchzogenes Gesicht verlor plötzlich seine gewohnte Gutmütigkeit. Es erinnerte Charlotta an das Gesicht einer Hexe aus dem großen Märchenbuch, in dem sie als Kind geblättert hatte. So wie sie das Gesicht ihres Vetters, des Freiherrn von Stein, in manchen Augenblicken an das eines boshaften, kleinen Gnoms erinnert hatte.

Was für ein törichter Gedanke! Hexe, Gnom ... Waren diese beiden Menschen denn nicht die einzigen, die ihr, Charlotta, nach dem Tod der Baronin von Winthorst wohlgesinnt waren?

»Gräfin von Stürgkh«, flüsterte Louise von Stein. »Keine falsche Gräfin mehr. Keine Sorgen. Reichtum, Glanz. Wie bitter schmeckt Armut. Wer wüßte das besser als Sie? Seien Sie nicht töricht! Sie haben mir einmal von Ihrem Traum erzählt. Erinnern Sie sich? Als kleines Mädchen im Park von Sanssouci. Brennende Kerzen, große Toiletten, Offiziere, die sich über Ihre Hand beugen. Die Ersten im Reich werden Sie bewundern, Sie, Charlotta Wielcke. Die gleichen, die Sie gedemütigt und erniedrigt haben. Haben Sie es vergessen? Sie müssen sich entscheiden, Charlotta. Gehen Sie jetzt. Ziehen Sie sich um. Und denken Sie daran: Sie haben es in der Hand.«

In dem Werk eines zeitgenössischen Dichters über »Berlin, seine Geschichten und Gesichter« finden wir folgende Zeilen:

»... Offiziere der Garden verkehrten gern bei *Habel,* einer alten Weinstube Unter den Linden, wo es ganz nach Altvätersitte zuging. *Gebr. Habel, Hoflieferanten Sr. Majestät des Königs,* stand da auf einem einfachen Schild. Des preußischen Königs, wohlgemerkt, nicht des deutschen Kaisers! Aber auch im Innern schien die Zeit seit Jahrzehnten stillzustehen. Verräucherte, urgemütliche Räume, der anheimelnde Geruch nach Erbsensuppe, an den geschwärzten Wänden Bilder alter preußischer Könige, auf dem grünen Kachelofen ein ausgestopfter, schon recht zerzauster Adler.

Zu den häufigen Gästen der Weinstube gehörte auch Graf Stürgkh, ein bemerkenswert gutaussehender Mann. Eines Tages erschien er in Begleitung einer der schönsten Frauen, die ich je gesehen. Ihre Schönheit bestand in der Harmonie ihrer Erscheinung, ihres knabenhaft schlanken Körpers, im Gleichmaß ihrer Bewegungen. Am bemerkenswertesten waren jedoch ihre Augen. Ausdrucksvoll beherrschten sie das Gesicht und wechselten auf eine merkwürdige Weise die Farbe, je nach Beschaffenheit des Lichts und je nach augenblicklicher Stimmung. Eine Frau, ein verspieltes Kind, eine Sirene, eine Nymphe, eine Geliebte, ein Kobold und gleich darauf ganz und gar hoheitsvolle Dame…

Als sie nach etlicher Zeit mit ihrem Begleiter das Lokal wieder verließ, sagte einer der jungen Offiziere an meinem Tisch, ihr verträumt nachblickend: ›In dieser Frau schlummert alle Poesie dieser Welt…‹ Vom Weingeist weniger dichterisch beflügelt war ein anderer, der hinzusetzte, dies sei die junge Comtesse, der endlich gelungen schien, was so viele vor ihr versucht hätten, nämlich den Grafen der wehmutsvollen Melancholie zu entreißen, in die er seit dem frühen Tod seiner Frau verfallen war. Ich habe die schöne Comtesse nie wiedergesehen…«

Diese »wehmutsvolle Melancholie« war wohl auch mit ein Grund, weshalb sich Charlotta mit dem Grafen von Anfang an mehr beschäftigte als mit anderen Männern. Ein Hauch von Einsamkeit umgab ihn, Romantik. Er weckte ihre Neugierde, vielleicht auch ihr Mitgefühl. Und ehe sie sich versah, war sie auf dem besten Weg, sich in ihn zu verlieben.

Dabei hatte ihre Zuneigung für ihn nicht die geringste Ähnlichkeit mit der gebannten Erwartung des Kommenden und Unausweichlichen, als sie Heinrich kennengelernt hatte, und dem unersättlichen Hunger nach leidenschaftlichen Umarmungen, nachdem sie seine Geliebte geworden war. Auch nicht mit der elementaren Erkenntnis, dies sei der Mann, den sie lieben könnte, als sie Arthur, dem »Waldgeist«, zum erstenmal gegenübergestanden hatte: mit jener großen, wirklichen Liebe, der die Sehnsucht jeder Frau gilt, der Liebe, die man nur einmal im Leben erfährt.

Der Graf war nicht der Mann, der solche Gefühle in ihr wecken könnte. Sie achtete ihn. In seiner Nähe fühlte sie sich immer wie ein kleines Mädchen, das mit dem verehrten und bewunderten Onkel spazierengehen darf. Er war klug, gescheit, zuverlässig. Ein

Mann, dessen Hand man sich getrost überlassen durfte, um sich von ihr durch alle Fährnisse des Lebens führen zu lassen. Und – und, fragte sie sich, war das nicht besser und angenehmer als das anstrengende Auf und Ab einer großen, leidenschaftlichen Liebe, die einem die Sinne betäubte und den Verstand raubte?

»Ich denke, es ist an der Zeit, daß Sie etwas über mich erfahren, Comtesse«, sagte der Graf, nachdem sie sich zwei Wochen kannten, bei einem Spaziergang im Tiergarten. »Von mir erfahren«, setzte er mit einem leichten Lächeln hinzu. »Denn ich kann mir denken, daß Ihnen so allerlei zu Ohren gekommen ist.«

»Aber nein… Wenn – wenn man von Ihnen spricht, dann nur mit allergrößter Achtung.«

»So? Tut man das?« Der Graf betrachtete versonnen das bunte Bild der sommerlich gekleideten Spaziergänger, die leicht dahingleitenden Ruderboote auf dem kleinen See, während aus der Ferne die fröhlichen Klänge der Regimentsmusik herüberwehten. »Ich scheine also ein recht langweiliger Mann zu sein«, fuhr er nach einer Weile fort. »Die Leute, wie ich sie kenne, würden viel lieber über aufregende Dinge berichten. Und in der Tat, es gibt nichts Aufregendes in meinem Leben. Es fließt so dahin. Ein Fluß ohne Schnellen und Wirbel. Sozusagen – ein gutregulierter Fluß. Dabei gab es eine Zeit… Ich war schon einmal verheiratet.«

»Ich habe davon gehört«, sagte Charlotta leise.

»Ich habe meine Frau sehr geliebt. Wir waren glücklich. Ich konnte mir damals nicht vorstellen, daß es zwei Menschen geben könnte, die so glücklich wären. Meine Frau starb mit dreiundzwanzig Jahren. Sie ertrank in einem kleinen See bei unserem Familiengut. Ich habe das Gut verkauft. Damals war ich sechsundzwanzig Jahre alt. Ich konnte Anna nie vergessen. Und ich war der Meinung, ihren Tod nie überwinden zu können. Bis ich Sie traf.«

Charlotta schwieg. Was hätte sie darauf auch sagen können? Ihr Herz klopfte ungestüm, sie hatte Angst vor dem, was kommen mußte, und wollte es zugleich auch hören…

Aber der Graf sagte etwas ganz anderes, als sie erwartet hatte: »Ich werde morgen verreisen. Für eine Woche. Vielleicht auch länger. Warten Sie bitte nicht auf mich. Sehen Sie... Wie dumm und eingebildet von mir! Ich setze einfach voraus, Sie würden auf mich warten.«

»Aber ich tue es doch... Ich werde es tun!« rief Charlotta – und wußte nicht genau, ob sie die Wahrheit sagte oder nicht.

»Sie machen mich glücklich, Comtesse.«

Vielleicht ist das die Gelegenheit, dachte Charlotta, während sie dem Grafen ihre Hand überließ. Er fährt fort, und ich könnte auch... Irgendwie das Geld für die fälligen Rechnungen zusammenkratzen und einfach verschwinden. Das wäre die Lösung! Ich werde es tun, natürlich, ich werde es tun!

Aber sie tat es nicht. Und der Graf kam nicht erst nach einer Woche zurück, sondern schon nach vier Tagen, ließ sich bei ihr anmelden und betrat fünf Minuten später den kleinen Salon ihres Appartements – während Louise von Stein das Ohr auf das Schlüsselloch der Verbindungstür zu ihrem Zimmer drückte, wie Charlotta genau wußte.

Ohne große Umschweife bat der Graf Charlotta, seine Frau zu werden. »Ich wollte ein paar Tage allein sein, um mit mir ins klare zu kommen. Das ist nun geschehen. Daß ich Sie liebe, wußte ich. Nur wie sehr ich Sie liebe, wußte ich nicht. Als Mindestzeit habe ich mir eine Woche gesetzt. Aber bereits der erste Tag ohne Sie wurde mir zu einer Qual. Ich kann ohne Sie nicht leben, Charlotta. Wollen Sie meine Frau werden?«

Nein, Charlotta machte sich ihre Entscheidung nicht leicht. Sie hatte den Grafen um einen Tag Bedenkzeit gebeten. Nun war es bereits Mitternacht vorbei, sie saß noch immer hellwach auf ihrem Bett, umschlang ihre Beine und dachte mit dem Kinn auf den Knien nach.

Wenn man einen Mann heiratet, muß man ihn doch lieben, sagte sie sich. Man geht mit ihm schlafen, man gibt sich ihm hin, und das kann man nur tun, wenn man ihn liebt. Liebe ich ihn? Schon. Ja. Doch, ich liebe ihn. Nicht gerade übermäßig, aber immerhin. Ich könnte mit ihm schlafen gehen. Und außerdem … Das ist überhaupt nicht die Hauptsache! Er ist ritterlich, zuverlässig. Keine Sorgen mehr. Keine Hotelrechnungen, die man nicht bezahlen kann.

Charlotta Gräfin von Stürgkh. Es hörte sich hübsch an. Eine echte Gräfin diesmal. Sie, Charlotta Wielcke aus Potsdam. Wenn die Leute wüßten … Was für ein Skandal!

Aber er muß es ja nicht erfahren! Und wenn er es doch erfährt? Wenn eines Tages plötzlich Arthur auftaucht und es ihm sagt: *Hören Sie mal, mein lieber Graf, wissen Sie eigentlich, wen Sie da geheiratet haben?* Nein, sagte sie sich, Arthur nicht! Der »Waldgeist«. Mag er sein, was er will, Hoheit hin oder her, für mich bleibt er der *Waldgeist.* Er würde mich nie verraten! Mein Gott, was würde ich dafür geben, wenn *er* mich gefragt hätte, ob ich seine Frau … Es ist vorbei. Und vielleicht werde ich eines Tages den Grafen wirklich lieben.

Ich darf ihn nicht belügen. Er denkt, eine vornehme Comtesse zu heiraten – und bekommt eine armselige Charlotta Wielcke. Das kann ich ihm nicht antun. Morgen erzähle ich es ihm. Und wenn er mich dann noch immer heiraten will, dann … dann liebt er mich wirklich und ich tu es. Dann heirate ich ihn.

Charlotta war fest entschlossen, ihr Vorhaben auszuführen und dem Grafen die Wahrheit über sich zu sagen. Gleich am nächsten Tag, wenn er sich die Antwort holte. Sie war das auch noch fünf Minuten, bevor er kam, ja, auch dann, als er anklopfte und eintrat.

Aber im entscheidenden Augenblick verließ sie der Mut. Und dann war es zu spät. Gleich nachdem der Graf wieder gegangen war, trat Louise von Stein in den Salon.

»Na, endlich!« sagte sie befriedigt. »Eine Weile fürchtete ich schon, Sie würden eine Dummheit machen und ihm alles erzählen. Wann soll die Hochzeit sein?«

»Sie sollten nicht immer am Schlüsselloch horchen!« sagte Charlotta heftig, als müßte sie ihren Zorn auf sich selbst an der alten Dame entladen.

»Warum nicht? Ich dachte, wir hätten keine Geheimnisse voreinander!«

»Er hat mich zum Abschied nicht einmal geküßt. Nur die Hand.«

»Das kommt noch. Später. Er ist ein wohlerzogener Mann.«

»Ich will ihm eine gute Frau sein«, sagte Charlotta, ihre Lippen begannen zu zittern, und ihre Augen füllten sich mit Tränen. »Er ist so gut, und ich ... Warum hat er mich nicht geküßt?«

»Ein Mann wie er zeigt seine Gefühle nicht. Aber das muß nicht heißen, daß er keine hat. Warte nur, nach der Hochzeit ... Aber Charlotta hörte der alten Dame nicht mehr zu. Ich müßte doch glücklich sein, sagte sie sich. Bin ich das? Alle Frauen würden sie um ihn beneiden. Wie er aussah. Mit seinem ebenmäßigen, schönen Gesicht. Die kühnen, blauen Augen. Und alles, alles andere. Ein vollkommener Mann. Und er liebt mich. Ich habe allen Grund, glücklich zu sein. Warum nur, warum bin ich es nicht?

7

Sie heirateten in der Garnisonkirche von Potsdam; auf Wunsch des Grafen, dem Charlotta nur zu gern zustimmte, in einem möglichst engen Kreis. Außer einigen entfernten Verwandten, schwerblütigen, ernsten und selbstbewußten Männern und Frauen, wurden nur noch Offiziere der Garde-Ulanen eingeladen, bei denen der Graf als Oberleutnant gedient hatte.

Vor der Kirche standen die Offiziere Spalier. Bevor das jungvermählte Paar unter dem Bogen von blanken, in der Sonne blitzenden Säbelklingen zu dem wartenden Vierspänner schritt, blieb der Graf für einen Augenblick stehen, ließ den Blick über das farbenprächtige Bild wandern, beugte sich dann zu Charlotta und flüsterte:

»Glücklich?«

Charlotta sah in das schöne Gesicht des Mannes an ihrer Seite, erwiderte sein Lächeln und nickte. Ich bin glücklich, sagte sie sich, ich will auch ihn glücklich machen, immer!

Und dann geschah etwas, das sie wie mit einem brutalen Schlag aus dem Traum von einem erlebten Märchen zurück in die Wirklichkeit versetzte und zugleich die Reihe jener Ereignisse einleitete, die sie fast an den Rand des Wahnsinns bringen sollten.

Neugierige hatten die von Ulanen gebildete Absperrung durchbrochen und belagerten nun die Treppe und den Vierspänner. Die festlich geschmückten Pferde wurden nervös, als ein wild kläffender Hund zwischen die Hufe der Pferde geriet. Sie stiegen hoch, und dem Kutscher und zwei Reitknechten, die das vordere Paar an den Zügeln hielten, gelang es nur mit Mühe, sie am Durchgehen zu hindern.

Die Zuschauer klatschten begeistert Beifall, pfiffen, riefen sich Bemerkungen zu. In dem Durcheinander wurde Charlotta für einen Augenblick vom Grafen getrennt. Hilflos in der hin und her schiebenden Menge eingekeilt, wartete sie, als sie ganz nahe eine Stimme heiser flüstern hörte: »Du hast dir einen Grafen geangelt, Charlotta Wielcke. Aber vergiß nicht… Charlotta fuhr zusammen wie unter einem Peitschenschlag. Sekunden schienen zu vergehen, bevor sie die Kraft aufbrachte, sich umzusehen. Lachende oder sie bewundernd anstarrende Gesichter.

Männer und Frauen, die ihr Glück zuriefen. Jeder von diesen Menschen hätte es gewesen sein können.

»Komm, Liebste«, hörte sie da den Grafen sagen und spürte dankbar seinen Arm um ihre Schultern. »Wir können fahren. Verzeih, bitte, ich hätte für eine wirksamere Absperrung sorgen müssen.« Und leiser, während er sie in den Wagen schob: »Man kann es den Leuten nicht übelnehmen. Sie bewundern dich. Du bist für sie eine Märchenprinzessin. Für sie und für mich.«

Das Hochzeitsessen fand in der Villa des Grafen am Stadtrand von Potsdam statt. Das hübsche, einem Schlößchen im klassizistischen Stil ähnliche Gebäude mit schneeweißer Säulenfassade stand inmitten eines weiträumigen Parks, der sanft zur Havel abfiel.

Charlotta hatte sich wieder gefangen. »Wie schön!« rief sie aus, als sie ausstieg und an der Seite des Grafen stehenblieb. »Dieser herrliche Park… Ich wußte gar nicht… Und das soll das Häuschen sein, von dem du erzählt hast?«

»Gefällt es dir?«

»Sehr. Oh, du weißt nicht, wie sehr! Sollen wir hier wohnen?«

»Wenn wir in Berlin sind. Und – falls du mich aufnimmst.«

»Ich verstehe nicht…«

»Das Haus und alles ringsum gehört dir. Auch die Bootshütte dort unten. Siehst du sie?«

»Nein. Nein!« Charlotta starrte den Grafen mit großen Augen an, in denen neben Unglauben auch noch etwas anderes stand.

Entsetzen? Furcht? Fiel es ihr in diesen Augenblicken ein, welches Spiel sie spielte und wie hoch dessen Einsatz war?

»Doch. Dir allein«, sagte der Graf leichthin, faßte nach ihrem Arm und führte sie zur Freitreppe, an der sich die Dienerschaft in feiertäglich herausgeputzten Livreen postiert hatte. »In der Bootshütte findest du ein kleines Segelboot. Für zwei. Und alles verbrieft und gesiegelt. Mein Hochzeitsgeschenk. Und jetzt komm, Liebste. Wir dürfen die Gäste nicht warten lassen.«

Der Graf hatte beschlossen, die Hochzeitsreise (wohin es gehen sollte, wollte er Charlotta nicht verraten) gleich nach dem Essen anzutreten. Als sich Charlotta in ihren Räumen im ersten Stock umzog, schickte Louise von Stein die Zofe, die ihr dabei half, hinaus.

»Sie verzeihen, Gräfin«, sagte sie. »Aber ich muß mit Ihnen unter vier Augen sprechen. Wie gefällt Ihnen das alles?«

»Ich ... Ich weiß nicht.« Charlotta blickte sich in dem luxuriös eingerichteten, mit hellblauer Seide tapezierten Ankleidezimmer um und hob ratlos die Schultern. »Es ist alles so ... Ich kann noch keinen klaren Gedanken fassen.«

»Sie werden sich schnell daran gewöhnen. Wie an alles Angenehme. Dabei sollten Sie allerdings nicht vergessen ...«

»Madame?«

»Ich habe noch eine gute Nachricht für Sie. Mein Freund, der Polizist, hat endlich Gustaf gefunden.«

»Gustaf? Wo?« fragte Charlotta uninteressiert.

»In Tegel. Im Gefängnis.«

»Im – Gefängnis?« Charlotta verharrte mitten in der Bewegung. »Aber warum?«

»Diebstahl. Er soll bald wieder entlassen werden. Seine zwei Jahre sind um. Dann werden wir ihn aufsuchen.«

»Gustaf ...«, murmelte Charlotta. Die Hand mit der Bürste fuhr wieder mit fließenden Bewegungen auf und ab. Ihr langes, im Licht der Lampen beiderseits des Spiegels rötlich schimmerndes Haar knisterte kaum hörbar. »Nein, ich glaube nicht, Madame. Ich habe kein Interesse mehr, nach diesem Päckchen zu suchen. Gut. Wir gehen zu Gustaf. Aber nicht deswegen. Vielleicht kann ich ihm helfen. Begreifen Sie, Madame, dieses Päckchen ...«

»Ich glaube schon, daß ich Sie verstehe – Gräfin«, sagte Louise von Stein langsam, wobei sie das Wort *Gräfin* besonders betonte. Schwang in ihrer Stimme nicht eine leise, doch unüberhörbare Warnung mit? Das Gesicht der alten Frau schwebte weiß und hart in der Dämmerung über Charlottas Schulter. Dann öffneten sich ihre fest zusammengepreßten Lippen und sie sagte: »Aber Sie werden es tun. Auch wenn Sie kein Interesse mehr an dem Päckchen haben. *Sie werden es tun!*«

Das Gesicht verschwand, die Schritte der alten Dame trippelten hinaus, kamen gleich darauf wieder, verharrten hinter Charlotta, und ihre schmale, knochige, von blauen Adern überzogene Hand hielt ihr einen Briefumschlag entgegen. »Das wurde vorhin für Sie abgegeben. Wahrscheinlich Glückwünsche. Soll ich den Brief öffnen?«

»Bitte...«, sagte Charlotta, bemüht, ihre Unruhe unter gleichgültiger Miene zu verbergen.

Die alte Dame riß den Umschlag auf, nahm den Briefbogen heraus, las. Dann hielt sie den Bogen Charlotta hin und sagte: »Es sind keine Glückwünsche. Lesen Sie!«

Auf dem billigen, groben Papier standen nur wenige, in ungelenker Blockschrift geschriebene Sätze:

SCHÖN, WENN MAN SO ÜBER NACHT GRÄFIN WIRD! FAHREN SIE MIT IHREM GRAF RUHIG AUF HOCHZEITSREISE, CHARLOTTA WIELCKE, ÜBER DEM STALL GEBORENE! VIEL SPASS IM GRÄFLICHEN HOCHZEITSBETT! ICH WEISS ALLES! WENN SIE WIEDER DA SIND, MELDE ICH MICH! VIELLEICHT AUCH SCHON FRÜHER! DENKEN SIE NICHT, SIE KÖNNEN MIR ENTWISCHEN! ICH FINDE SIE ÜBERALL!

Charlotta setzte sich mit zitternden Knien hin. »Ich wußte es«, flüsterte sie tonlos. »Ich wußte es, daß es so kommen würde, aber ich dachte nicht... So schnell... Vorhin, vor der Kirche. Und jetzt das.«

»Was ist vor der Kirche geschehen?« fragte Louise von Stein.

Charlotta erzählte es. Louise von Stein hörte wortlos zu, nahm dann das Papier, trippelte zu dem kleinen Tischchen in der Ecke, zündete eine Kerze an und hielt den Brief an die Flamme.

»Der Mann vor der Kirche«, sagte sie, während das Papier hell aufflammte und in einer leeren Obstschale verkohlte, wohin sie es geworfen hatte, »muß auch diesen Brief geschrieben haben. Ein Erpresser. Natürlich darf man solche Dinge nicht auf die leichte Schulter nehmen. Aber man darf sie auch nicht überbewerten.«

»Ich hätte nicht heiraten sollen!« flüsterte Charlotta. »Ich wußte es!«

»Jetzt ist es zu spät. Dieser Mann schrieb doch, daß er Sie in Ruhe lassen würde, bis Sie wieder da sind. Wie lange soll die Hochzeitsreise dauern?«

»Acht oder zehn Wochen.«

»Wir haben also genug Zeit. Ich werde mit meinem Freund, dem Polizeibeamten, sprechen. Er ist absolut vertrauenswürdig. Und ich muß ihm ja nicht alles sagen, nicht wahr? Wir werden versuchen, diesen Erpresser ausfindig zu machen und ihm das Handwerk zu legen. Der Kreis der Leute, die um – um Ihr Geheimnis wissen können, *kann* nicht groß sein. Und was schrieb der Kerl noch? Sie würden vielleicht auch in der Zwischenzeit von ihm hören. Wenn er es tut – lassen Sie es mich sofort wissen, ja? Es könnte wichtig sein. Vielleicht bringt uns gerade das auf die richtige Spur. Abgemacht?«

Charlotta nickte.

»Und jetzt versuchen Sie diesen Mann zu vergessen. Der Graf darf Ihnen nichts anmerken. Lächeln Sie, zeigen Sie ihm, daß Sie glücklich sind.«

»Ich möchte es ja«, sagte Charlotta unglücklich. »Er ist so gut. Nur – wie, Madame? Wie soll ich das tun?«

Liebe Madame! Wien, den 30. August 1909

Bis jetzt ist noch nichts geschehen, worüber ich Ihnen verabredungsgemäß hätte berichten müssen. Glücklicherweise! Die Eindrücke dieser Reise sind so stark, daß es mir manchmal gelingt, das Ganze zu vergessen. Sind Sie mit Ihren Nachforschungen weitergekommen? Und was ist mit Gustaf? Ich bitte Sie, Madame, mich zu verstehen, wenn ich mit diesem geheimnisvollen Päckchen nichts mehr zu tun haben will. Es ist vorbei und ich will es vergessen!

Von Berlin fuhren wir über Dresden nach Prag, wo wir Stans

Verwandte mütterlicherseits besuchten. Stans Tante ist mit einem Grafen Wytlatschil verheiratet. Der Graf besitzt neben einem Landgut ein schmalbrüstiges, düsteres Palais in der Prager Altstadt. Die Tante ist schwer leidend, kann sich vor Rheuma kaum bewegen, und das wundert mich nicht. Die großen, gruftartigen Räume des Palais sind sogar jetzt im Sommer kalt und feucht. Wir blieben zwei Tage, die alten Leute waren reizend um uns bemüht, von Prag habe ich allerdings nur wenig gesehen.

Wien war unsere zweite Station. Wir stiegen im Hotel Sacher ab, und ich lernte bereits eine ganze Menge österreichisch-ungarischer Edelleute kennen, die sich hier ein Stelldichein geben. Vor allem diese Ungarn! Männer wie aus einem Bilderbuch mit ihren gewichsten Schnurrbärten und feurig blitzenden Augen. Ich hatte allerdings manchmal das Gefühl, sie spielen unentwegt Theater. Und erst die Offiziere, Madame! Elegant und farbenprächtig wie sonst nirgends. Sie erinnern mich – wehe, wenn das jemand erfährt! – an die Salzburger Nockerln, die ich in einem Lokal gegessen habe. Von einer herrlichen goldenen Farbe – und fast lauter Luft…

Übermorgen geht's weiter nach Meran. Ich schreibe Ihnen, sobald sich dazu eine Gelegenheit bietet. Einen dicken Kuß auf die Wange, Ihre dankbare Charlotta.

Liebe Madame! Meran, den 2. September 1909

Gestern ist es geschehen. Wie, frage ich mich immer wieder, wie kann er wissen, wohin wir reisen? Ich kann es nicht begreifen, und manchmal denke ich mir, alles sei nur ein böser Traum. Aber dann sehe ich die Rosen auf dem Tisch und weiß, daß ich nicht träume.

Lassen Sie mich bitte der Reihe nach berichten. Die Fahrt von Wien über Kärnten war lang und anstrengend. Gestern vormittag kamen wir endlich mit einiger Verspätung an. Auf dem

Bahnhof nahmen wir eine Droschke und fuhren ins Hotel, ein großes Gebäude über dem Etschtal, wo Stan einige Zimmer bestellt hatte. Im Salon unseres Appartements sah ich auf dem Tisch einen großen Strauß herrlichster roter Rosen. Zunächst war ich der Meinung, daß sie uns von der Hotelleitung als Begrüßung zugedacht waren, bis ich im Strauß einen Briefumschlag entdeckte. Darin fand ich eine Karte mit nur wenigen Worten in Blockschrift: HERZLICH WILLKOMMEN IN MERAN!

Ich war vor Schreck wie erstarrt. Diese Schrift erkannte ich sofort. Es war die gleiche wie in dem anonymen Brief, den ich in Potsdam bekommen habe. Es ist kein Irrtum möglich. Die Karte lege ich diesem Brief bei, damit Sie sich davon überzeugen können.

»Wie aufmerksam von den Leuten, findest du nicht auch?« fragte mich Stan, als er die Karte gelesen hatte.

Ich konnte nur nicken. Wie aufmerksam... Welch ein Hohn!

Ihre unglückliche Charlotta.

Liebe Madame! Venedig, den 8. September 1909

In Meran blieben wir nur eine knappe Woche. Das Wetter, das zu dieser Zeit in Südtirol immer schön und beständig sein soll, machte uns einen Strich durch die Rechnung. Es regnete unentwegt. Die meiste Zeit verbrachten wir im Hotel, mit Ausnahme eines Tages, als wir zu einem österreichischen Herzog eingeladen wurden. In dessen Jagdhaus saßen wir am Kamin, und der Herzog, ein liebenswürdiger, weißhaariger Herr, erzählte uns köstliche Geschichten. Ein Kavalier vom Scheitel bis zur Sohle, eben – ein Österreicher.

Im strömenden Regen reisten wir ab. Als wir die Berge hinter uns ließen, klarte der Himmel auf, und in Venedig begrüßte uns strahlender Sonnenschein. Wir fuhren mit der Gondel in ein Hotel in der Nähe vom Markusplatz. Als meine Zofe die Koffer auspackte, beschwerte sie sich über italienische Eisenbahner. »Den schönen neuen Koffer mit einer fetten Kreide zu beschmieren!« schimpfte sie. Als ich nachsah, fand ich quer über den Koffer meinen Namen geschrieben. Meinen richtigen Namen: WIELCKE.

Ich wage mich kaum noch hinaus. Jeden Augenblick erwarte ich etwas Neues, was er sich mit seiner teuflischen Phantasie ausgedacht hat. Ich möchte weg, weit weg. Nur – wohin? Hat er nicht geschrieben, er würde mich überall finden! Was soll ich nur tun, Madame? Wäre ich doch das geblieben, was ich war!

Charlotta.

Liebe Madame! Venedig, den 12. September

Es ist schon spät nachts. Stan ist bereits zu Bett gegangen, ich kann Ihnen ungestört schreiben. Heute nachmittag hat er sich wieder gemeldet. Stan wollte einige Briefe schreiben, und so ging ich für eine Stunde allein aus. Wie herrlich wäre es hier, wie würde ich diesen Aufenthalt in Venedig genießen, wenn es nicht diesen schrecklichen Alptraum gäbe, von dem ich mich nicht mehr befreien kann. Die schönen, alten Paläste, der Markusplatz, die vielen verwinkelten Gäßchen, die malerischen Kanäle mit ihren Gondeln. Ich schlenderte ziellos umher, und es dämmerte schon, als ich zurück ins Hotel ging. Auf einer dieser unzähligen kleinen Brücken, von denen keine der anderen gleicht, blieb ich für eine Weile stehen.

Während ich das schreibe, habe ich jede Einzelheit ganz deutlich vor mir. Und es ist mir, als hörte ich wieder das leichte Tapsen bloßer Füße auf dem Pflaster, die sich schnell näherten und hinter mir verharrten. Ich drehte mich um. Ein kleiner Junge stand da und schaute mich mit seinen schwarzen Augen an. Sie haben fast alle die gleichen, sammetweichen und seltsam alten – oder besser: wissenden – Augen, diese italienischen Kinder.

»Signora Wielcke?« fragte er. Und bevor ich noch etwas entgegnen konnte, drückte er mir ein Päckchen in die Hand und lief davon. Mein erster Impuls war, das Päckchen wegzuwerfen. Doch ich tat es nicht, obwohl ich wußte, daß es nur von ihm sein konnte. Ich wickelte es auf und fand darin eine Glasschlange.

Es war eine jener Glasarbeiten, die hier überall verkauft werden. Eine Schlange aus Glas, halb aufgerichtet und auf einem Sockel aus grünem, poliertem Marmor befestigt. Doch der Kopf fehlte, er mußte erst kurz vorher abgeschlagen worden sein; denn die Bruchstelle war noch ganz frisch, und einige Glassplitter lagen noch im Papier.

Ich drehte die Schlange ratlos zwischen den Fingern. Was sollte dieses merkwürdige »Geschenk« bedeuten? Eine Schlange. Trägerin dämonischer Kräfte, Sinnbild des Bösen, des Unheils, der Hinterlist, Verschlagenheit und der Lüge. Aber auch der Klugheit. Eine Schlange mit abgeschlagenem Kopf. Nun verstand ich.

Als hätte ich mich daran verbrannt, schleuderte ich das Ding weit von mir ins Wasser – und da geschah etwas, was mir das Blut in den Adern zu Eis erstarren ließ. Ich hörte *ihn* lachen. Es war ein lautes, höhnisches Lachen, das kein Ende nehmen wollte, das Lachen eines Wahnsinnigen oder eines Dämons.

Ich floh. So schnell ich konnte lief ich weg, halb verrückt vor Angst, und das schreckliche Lachen begleitete mich, und ich glaubte es auch noch zu hören, als ich längst eine belebte Straße erreicht hatte.

Er ist überall, Madame. *Er* überwacht jeden meiner Schritte. *Er* läßt mich keinen Augenblick aus den Augen. Ich kann es nicht länger ertragen. Ich muß es Stan sagen, ich muß es tun, sonst werde ich noch wahnsinnig. Aber werde ich dazu je den Mut finden?

Charlotta.

Auf diese letzte Frage an Louise von Stein wußte Charlotta bereits in dem Augenblick die Antwort, als sie sie gestellt hatte. Ich müßte es tun, sagte sie sich, während sie den Brief zuklebte. Aber ich kann es nicht. Es würde ihn töten. Sie blieb noch lange am Schreibtisch sitzen und starrte auf ihre verschränkten Hände im Lichtkreis der Tischlampe. Schließlich stand sie auf, zog sich aus und ging ins Schlafzimmer. So leise wie möglich legte sie sich hin und knipste die Nachttischlampe aus.

Die Atemzüge des Mannes neben ihr gingen langsam und gleichmäßig. Er schlief. Charlotta konnte im Licht der Straßenbeleuchtung, das durch die verglaste Balkontür einfiel, die Umrisse seines Profils sehen. Ein schönes, regelmäßiges Profil mit hoher Stirn, einer kräftigen Nase, schmalen, gutgeschnittenen Lippen: Ihr Mann.

Merkwürdig, wie fremd er ihr war. Als hätte er sich in eine unerreichbare Ferne zurückgezogen, die sein eigentliches Zuhause war. Hier, bei ihr, war er nur zu Gast. Würde er ihr je vertraut werden, so vertraut, wie ihr ein Mann sein müßte, in dessen Bett sie sich legte? Stan.

Wie fremd ihr dieser Name klang. Stanislaus von Stürgkh. Ein Ritter. Immer gleichmäßig freundlich. Nie aufbrausend. Nie ungerecht. Nie ausgelassen. Nie schlecht gelaunt. Immer ein Edelmann. Mit einem unterdrückten Seufzer wandte Charlotta den Kopf ab und ließ den Blick durch das Zimmer wandern.

Teure Möbel aus kostbaren, seltenen Hölzern, seidene Tapeten, an den Wänden Originalbilder italienischer und französischer Impressionisten. Die Fürstensuite. Immer nur das Beste. Das Teuerste. Als Charlotta Wielcke hätte sie nie eine Chance gehabt, ein Hotelappartement wie dieses hier auch nur zu betreten. Höchstens als Zimmermädchen.

Jetzt aber war sie Gräfin von Stürgkh. Ihre beschwörenden Worte zu Gustaf im Park von Sanssouci waren in Erfüllung gegangen. Man achtete sie, man sprach von ihrer Schönheit. Offiziere beugten sich über ihre Hand, und wenn sie aufsahen, las sie in ihren Augen Verehrung, Bewunderung und nicht selten Begehren.

Die Welt war für sie anders geworden. Aber auch – schöner? Schön war sie auf dem ostpreußischen Gut der Baronin von Winthorst gewesen. Die Winterabende am Kamin. Die Spaziergänge am Flußufer. Die Ausritte, der Weg durch den Wald. Der kleine See. Das besorgte Gesicht des Mannes, das sich über sie beugte…

Charlottas Blick wanderte weitet und heftete sich auf die kleine Holzfigur auf dem Kaminsims, mit der mattschimmernden, polierten Oberfläche. Der kleine Waldgeist. Von Arthur geschnitzt. Die Holzfigur begleitete sie überall hin. Ein Amulett, hatte sie dem Grafen gesagt. Nicht weiter von Bedeutung. Doch insgeheim hatte sie bei diesen Worten gedacht: Er hat daran gearbeitet, also ist in diesem Holz ein bißchen von ihm, und so ist er auch immer dort, wo ich bin: er ist bei mir.

Charlotta schloß die Augen. Sie fühlte, wie ihr Tränen über die Schläfen liefen, aber sie wehrte sich gegen die Tränen nicht. Durch den Halbschlaf, der sich auf sie zu senken begann, hörte sie die Geräusche der Nacht, vom Wind herangewehte Töne einer Gitarre und noch ein Geräusch, das sich seltsam fremd ausnahm.

Charlotta wurde mit einem Schlag hellwach. Sie fuhr hoch, blickte zur Balkontür, und es war ihr, als ob eine eisige Faust ihr Herz umklammert hätte. Im Licht der Straßenbeleuchtung sah sie auf dem Balkon deutlich die Silhouette eines Mannes. Er trug einen weiten, schwarzen Umhang und einen breitkrempigen Hut. Darunter der undeutliche, bleiche Fleck des Gesichts. Etwas Drohendes ging von seiner reglosen Gestalt aus, Beklemmendes, Unheilvolles. Jetzt trat er einen Schritt näher, hob die Hand, wie um die Tür aufzustoßen. Oder auch, um ihr zu winken.

»Stan! Stan!« rief Charlotta erstickt, drehte sich um, schüttelte den schlafenden Mann an der Schulter. »Stan – wach auf! Stan!«

Graf Stürgkh fuhr auf.

»Dort – dort auf dem Balkon!« Charlotta blickte wieder hin.

Die dunkle Gestalt des Fremden war verschwunden.

»Was ist – auf dem Balkon?« fragte der Graf, und in seiner Stimme schwang leichter Unmut mit. »Ich sehe nichts.«

»Ein Mann… Ich habe ihn deutlich gesehen, er wollte herein.«

Der Graf stand wortlos auf, ging zur Balkontür, zog sie auf und blickte hinaus. »Draußen ist niemand«, sagte er.

»Aber ich habe ihn ganz deutlich gesehen!« rief Charlotta.

Der Graf kam zurück, setzte sich neben sie aufs Bett, legte die Hände auf ihre Schultern, drückte sie sanft zurück, und seine Stimme klang beruhigend, als spräche er zu einem erschreckten Kind: »Du mußt geträumt haben. Du zitterst. Ist dir kühl?«

»Nein«, sagte Charlotta. »Nein.«

»Beruhige dich!« murmelte seine Stimme, und sie spürte seinen Atem an ihrer Wange. »Das Licht auf deinem Gesicht… Wie verzaubert… Du bist schön, und ich liebe dich.«

Er küßte sie auf die Augen, seine Lippen glitten über ihr Gesicht, preßten sich auf ihren Mund, zwangen ihn, sich zu öffnen. Seine Hände fuhren über ihren Körper, umspannten die Brüste, die Hüften, die Schenkel, zwangen sie auseinander, und dann spürte sie ihn auf sich und in sich; sie tat, was er von ihr erwartete, aber ihr Körper blieb dabei kalt und gefühllos, und der Blick ihrer weitoffenen Augen hing wie gebannt an der kleinen, im Licht der Straßenbeleuchtung matt schimmernden Holzfigur auf dem Kaminsims.

Am nächsten Morgen fand Charlotta vor der Balkontür einen Briefumschlag. Darin steckte ein Bogen gewöhnlichen Briefpapiers mit folgenden Worten in der ihr so gut bekannten Blockschrift:

DIE VERGANGENHEIT IST NICHT WIE EIN SCHMUTZIGES HEMD, DAS MAN AUSZIEHEN UND WEGWERFEN KANN! SIE IST WIE DER SCHATTEN, DER EINEN ÜBERALLHIN BEGLEITET! EINES TAGES MELDET SIE SICH WIEDER! VIELLEICHT SCHON BALD!

Und am gleichen Tag bekam sie einen Brief von Louise von Stein, in dem die alte Dame berichtete, G. wäre aus dem Gefängnis vorzeitig entlassen und in ein Armenspital eingeliefert worden. »Er soll ziemlich schwer krank sein«, schrieb sie, »aber Sie müssen sich nicht um ihn sorgen, er hat alle Pflege, die er braucht.«

Der Stationsarzt hatte einen grauen, ungepflegten Spitzbart, kalte Fischaugen hinter dem goldenen Kneifer und eine hohe Fistelstimme.

»Gustaf Schmolke? Ja, ich erinnere mich an ihn, mein lieber Freiherr, ich habe ihn selbst untersucht. Darf ich fragen, welches Interesse Sie an diesem Mann haben? Sie verstehen, immerhin ein Dieb, ein Verbrecher …«

»Ein Gelegenheitsdieb«, sagte Freiherr von Stein. »Er hat seine Strafe abgesessen.«

»Immerhin, solche Burschen werden immer wieder rückfällig.«

»Dafür bin ich da, Herr Doktor. Ich werde mich um ihn kümmern.«

»Dazu werden Sie nicht viel Gelegenheit haben. Kennen Sie ihn von früher?«

»Er war Pferdeknecht bei einem Freund von mir. Übrigens – ein ausgezeichneter. Vor seiner Abreise nach Amerika bat er mich, der Freund, daß ich Gustaf nach Abbüßung der Strafe in meine Obhut nehme. In dem Kerl steckt ein guter Kern. Oder sind Sie anderer Meinung?«

»Keineswegs, keineswegs. Und nun sind Sie sicher daran interessiert, daß ich Ihnen reinen Wein einschenke?«

»Ich bitte Sie darum, Herr Doktor.«

»Tja … Sie haben völlig recht, mein lieber Freiherr, es hat keinen Sinn, den Kopf in den Sand zu stecken, die Wahrheit tut not. Also, Gustaf Schmolke, Schwindsucht im letzten Stadium, wurde nach einem Blutsturz aus dem Gefängnishospital direkt hierhergebracht, damit er hier sterben kann. Allgemeinbefinden dementsprechend, gebe dem Mann nicht mehr als drei, höchstens vier Wochen. Sie wollen ihn trotzdem zu sich nehmen, Freiherr?«

»Das ist meine Absicht, Herr Doktor.«

Der Arzt blieb stehen und blickte den Freiherrn mit bedeutsam gehobenen Augenbrauen an. »Sie nehmen einen Sterbenden zu sich!«

Der kleine Freiherr verbeugte sich leicht. »Darüber bin ich mir im klaren. Dieser Mann hat in seinem Leben nicht viel Gutes erfahren. Sollte man sich dann nicht bemühen, wenigstens seine letzten Tage schöner zu gestalten? Ihn – sozusagen mit Liebe und Opferbereitschaft umgeben, die er nie kennengelernt hat und ihn somit mit dieser für ihn sehr unfreundlichen, düsteren Welt zu versöhnen?«

»Sehr lobenswert, Freiherr, ja, Barmherzigkeit tut not!« Der Stationsarzt hüstelte. »Es müßte mehr Menschen wie Sie geben, dann wäre *Humanitas* nicht nur ein gern und viel zu oft gebrauchtes Schlagwort. Nehmen Sie ihn also mit und versuchen Sie, seine letzten Tage leichter zu machen.«

Der Baum vor dem kleinen Fenster der Kammer, in der er lag, war unglaublich grün, und der Himmel, der zwischen den Zweigen hindurchschimmerte, war von einem herrlichen, strahlenden Blau, wie er früher nie gewesen war. Er konnte stundenlang den Baum anschauen und den Himmel und die wenigen Gegenstände in der Kammer. Jetzt wußte er mehr, begriff mehr, sah mehr und besser, als er früher je gesehen hatte.

Und das hatte er diesem kleinen, weißbärtigen Mann zu verdanken, der ihn aus dem schrecklichen, düsteren Krankenhaus geholt hatte und dessen Gesicht sich – wie in den letzten Tagen so oft – wieder über ihn beugte:

»Also fangen wir von vorn an, Gustaf. Versuche, dich zu erinnern. Du mußt dir Mühe geben. Willst du?«

Gustaf nickte. Aber er wußte im voraus, daß alle Mühe vergeblich sein würde – und das machte ihn traurig; denn er wollte diesem Mann seine Dankbarkeit zeigen.

»Ein Versager! Ein völliger Versager!« sagte eine andere Stimme, bei deren Klang Gustaf unwillkürlich zusammenzuckte. Sie gehörte der kleinen, weißhaarigen Frau, die dem Mann so ähnlich sah, als wären sie Bruder und Schwester.

»Du mußt zurück in die Vergangenheit, Gustaf!« sagte der Mann. »Verstehst du mich? Du mußt zurück, immer weiter zurück, bis dorthin, wo du noch ein Kind warst.«

»Ein Kind«, murmelte Gustaf. »Ich weiß es...«

Es war gar nicht schwer, zurück in die Vergangenheit zu gehen. Früher hatte er die Zeit hingenommen, wie man den Wechsel von Tag und Nacht hinnahm oder die Jahreszeiten. Jetzt aber begriff er sie. Sie war wie ein gewaltiger Strom, er schwamm nicht mehr mittendrin, sondern stand am Ufer und sah sie vorbeiströmen. Und wenn er wollte, ging er am Ufer zurück, in die Vergangenheit.

»Die Mutter – der Vater – der Stall!« sagte die Stimme des alten Mannes eindringlich. »Erinnerst du dich?«

Aber Gustaf brauchte sich nicht zu erinnern. Er *war* dort, in der Vergangenheit. Er sah das Lächeln der Mutter, das so selten ihre schmalen, abgehärmten Lippen umspielte, den mächtigen Schnurrbart des Vaters, er atmete den warmen Geruch nach Pferden im Stall ein...

»Gib's auf – er ist doch schwachsinnig!« sagte die Stimme der Frau.

»Und Charlotta!« sagte der Mann. »Erinnerst du dich?«

»Charlotta«, wiederholte Gustaf.

»Du gingst mit ihr in den Park von Sanssouci...«

»Ja«, sagte Gustaf. »Ich ging mit ihr hin, ich weiß es genau, wir gingen zum Fest, und der Kaiser und die großen Soldaten...«

»Auf dem Weg zurück habt ihr einen sterbenden Mann gesehen. Er hat ein Päckchen verloren. Erinnerst du dich?«

»Das Päckchen… Ich habe es genommen«, sagte Gustaf.

»Und dann hast du es irgendwo versteckt! Wo, Gustaf? Wo!«

Die Stimme des alten Mannes drängte, sie quälte ihn, er versuchte sich zu erinnern, aber es war vergeblich. Es war wie ein blinder Fleck in seinem Gedächtnis. Es gab mehrere. So konnte er sich zum Beispiel nicht erinnern, warum man ihn ins Gefängnis gesteckt hatte. Der alte Mann sagte dazu, daß er die Erinnerung daran verdrängt hätte. Aber wenn man sich Mühe gab…

»Laß ihn doch!« sagte die Stimme der alten Frau. »Er muß ausruhen. Wenn er dir unter den Händen wegstirbt, bringt uns das auch nicht weiter.«

»Es gäbe noch eine Möglichkeit«, sagte der Mann. »Charlotta. Wenn er sie plötzlich sehen würde.«

»Du weißt, daß es unmöglich ist. Sie kommt erst in sechs Wochen zurück, und bis dahin ist er längst tot und begraben.«

Gustaf hörte die Stimmen sprechen, er verstand auch die einzelnen Worte, aber die bleierne Müdigkeit und die Erschöpfung nach diesem langen Gespräch ließen ihn den Sinn dessen, was sie sagten, nicht begreifen. Dann entfernten sich die Stimmen, murmelten irgendwo weit weg, und dann war plötzlich die des alten Mannes wieder ganz nah:

»Hörst du mich, Gustaf?« fragte sie. »Sieh mich an! Nachher kannst du schlafen, solange du willst. Sieh mich an!« Gustaf machte die Augen auf. Das weißbärtige Gesicht des alten Mannes war jetzt ganz nah über ihm. »Du willst doch gesund werden, Gustaf?« fragte er. »Willst du das?«

Gustaf nickte.

»Hier kannst du das nicht. Aber es gibt eine Möglichkeit. Wir müssen dorthin, wo es nie regnet, verstehst du? Wo der Himmel immer blau ist und die Sonne scheint. Die Sonne wird dich wieder gesund werden lassen, hörst du mich?«

»Ja«, murmelte Gustaf. »Ich höre… Ich verstehe. Die Sonne.« Dann schlief er ein.

Conte Ferrero gab ein Maskenfest unter dem Motto: »Abschied vom Sommer.« Das Motto war freilich nur nebensächlich; wenn nicht unter dem, dann hätte das Fest unter einem anderen stattgefunden.

Trotzdem hätte Charlotta auf die Einladung gern verzichtet. Auch der Wahl ihres Kostüms widmete sie weit weniger Sorgfalt, als sie es sonst getan hätte. Sie entschied sich für ein dunkelrotes Abendkleid, ließ sich das Haar nach der Mode des sechzehnten Jahrhunderts frisieren und legte um die bloßen Schultern einen Schal aus schwerer, mit kostbaren Stickereien versehenen Seide, ein Geschenk des Grafen, mit einer dazugehörigen Augenmaske.

»Du siehst wunderschön – und rätselhaft aus«, sagte der Graf, im Kostüm eines venezianischen Edelmannes, als sie fertig angezogen vor ihn trat. »Wie ein Bild von Tizian. Man wird dich bewundern – und mich beneiden.«

»Lieb von dir«, sagte Charlotta zerstreut und küßte ihn auf die Wange. »Was meinst du – wird es lange dauern?«

»Das klingt, als ob du das Fest möglichst schnell hinter dir haben wolltest. Freust du dich gar nicht?«

»Doch, doch. Natürlich freue ich mich.«

»Das klingt nicht sehr überzeugend. Aber du wirst sehen, es wird dir gefallen.«

Und Charlotta gefiel es tatsächlich. Schon nach kurzer Zeit fühlte sie sich in die große, glanzvolle Zeit Venedigs zurückversetzt. Das große Palais des Conte Ferrero bildete für das Fest eine traumhaft schöne Kulisse. Die Treppenaufgänge mit ihren marmornen Skulpturen, die weiten Säle, die kostbaren Spiegel, der tausendfache Kerzenschein, der an einen Kanal angrenzende, von Fackeln und Lampions in ein verzauberndes Licht getauchte Garten mit seiner tropisch anmutenden Blumenpracht. Und überall Musik, kostbare Gewänder, übermütig blitzende Augen hinter den Schlitzen der Masken. Ein rauschendes, farbenfrohes Fest voller Sinnenfreude – wie immer bei Conte Ferrero.

Die Unruhe und die Angst der vergangenen Tage fielen von Charlotta ab. Sie tanzte, sie fühlte sich bewundert, sie genoß den Augenblick – bis sich im Garten ein venezianischer Kavalier aus dem fünfzehnten Jahrhundert zu ihr beugte und murmelte: »Die Vergangenheit, Gräfin. Denken Sie daran?«

»Ich – ich verstehe Sie nicht«, stammelte Charlotta. »Was wollen Sie damit sagen?«

»Sie verstehen sehr gut – Charlotta Wielcke!« zischte der Mann. Seine Augen glitzerten hinter den Augenschlitzen der Maske.

»Wer – sind Sie?« Charlottas Worte waren kaum zu hören.

»Sie werden es erfahren. Alles. Heute noch. Hören Sie mir gut zu. Sie gehen jetzt durch den Garten bis zum Kanal. Dort...«

»Aber ich kann doch nicht! Mein Mann...«

»Er tanzt. Er wird Sie nicht vermissen. Und wenn... Sie sind ja sehr erfindungsreich. Eine kleine Ausrede... An der Kanalbrüstung wenden Sie sich nach rechts. Hinter einer Pergola am Ende des Gartens ist ein kleiner, halbversteckter Anlegeplatz. Ich werde dort in einer Gondel warten. In zehn Minuten. Haben Sie verstanden?«

Charlotta schien wie betäubt.

»In zehn Minuten – und keine Minute später!« sagte der Mann mit einem drohenden Unterton.

»In zehn Minuten«, wiederholte Charlotta. »Ich – ich habe verstanden. Ich werde pünktlich sein.«

Die Gondel glitt schnell über das dunkle, ölige Wasser des Kanals. Das Licht der Laterne auf dem Bug huschte über die links und rechts senkrecht aufragenden Hauswände.

»Ist es noch weit?« fragte Charlotta den schweigsamen, maskierten Mann, der ihr gegenübersaß. Sie hatte ihre Fassung wiedergewonnen. Wie dieses Abenteuer auch ausgehen mochte – sie stand offenbar vor der Lösung der Fragen, mit denen sie sich in den vergangenen Wochen gequält hatte.

»Es ist nicht mehr weit«, sagte der Maskierte.

»Wollen Sie mir nicht sagen, zu wem Sie mich bringen?«

»Sie werden es rechtzeitig genug erfahren.«

Die Gondel bog in einen engen Seitenkanal ein, fuhr unter einer Brücke hindurch und legte an einer schmalen Treppe an. Der Maskierte half Charlotta beim Aussteigen.

»Folgen Sie mir!« Ihre Schritte hallten laut in dem schmalen Durchgang zwischen zwei Häusern. Vor einer im Schatten des dicken Mauerwerks kaum sichtbaren Tür blieb der Maskierte stehen und klopfte an. Innen wurde ein schwerer Riegel zurückgeschoben, die Tür ging knarrend auf. Der Maskierte trat zur Seite und forderte Charlotta mit einer Handbewegung auf, voranzugehen.

Charlotta trat ein. Dabei konnte sie nur mit Mühe ein nervöses Auflachen verhindern. All dies, was sie hier erlebte, erschien ihr plötzlich wie ein schlechtes Theaterstück. Bei der Inszenierung hatte man nichts außer acht gelassen: die maskierten Gesichter, die Fahrt mit der Gondel, die verborgene Tür, die unheimliche alte Frau, die ihnen die Tür aufgemacht und sie hereingelassen hatte, der lange, fahl beleuchtete Gang. Und schließlich eine Tür aus dicken Eichenbohlen, die ihnen den Weiterweg versperrte. Der Maskierte schob einen schweren Riegel zur Seite.

»Treten Sie ein. Sie werden einen alten Bekannten finden. Einen Jugendfreund. Gehen Sie!«

Charlotta gehorchte zögernd. Während die Tür hinter ihr ins Schloß fiel, fand sie sich in einem großen, kahlen Raum. Auf einem Tisch in der Mitte stand ein Leuchter mit fünf brennenden Kerzen, aber ihr Licht kämpfte vergeblich gegen die Schatten an, in denen sich die Dimensionen des Raumes verloren. Die Luft war schwer, feucht, abgestanden, es roch modrig wie in einer Gruft.

Aber Charlotta beachtete ihre Umgebung kaum. Sie starrte auf die reglose Gestalt eines Mannes auf dem einfachen Bett an der Wand. Sein bleiches Gesicht mit der spitz hervortretenden Nase und den dunklen Augenhöhlen war das eines Toten. Ihr Herz begann wie ein kleines, wildes Tier zu hämmern, das aus seinem Gefängnis auszubrechen versuchte.

Wer war dieser Mann? Wirklich – ein Jugendfreund? Charlotta trat zögernd näher. Der Mann wandte den Kopf zu ihr, seine tiefliegenden, stumpfen Augen starrten sie ausdruckslos an.

»Gustaf?« flüsterte Charlotta. »Mein Gott, Gustaf!«

Jetzt schien auch der Kranke sie zu erkennen. Er lächelte. »Er sagte – daß – daß du kommen wirst«, flüsterte er lächelnd. »Aber ich habe – ihm nicht mehr geglaubt. Du – du siehst so schön aus. Bist du jetzt eine – Prinzessin? Erinnerst du dich? Er sagte es...«

»Wer?« fragte Charlotta. »Von wem sprichst du?«

»Er hat versprochen... Ein Land, wo immer die Sonne scheint. Aber er hat mich hier eingesperrt, und ich kann nicht... Es ist kalt. Wie Eis. Hier drinnen...«

Der Kranke tastete über seine Brust. Auf seiner Stirn perlten Schweißtropfen. Charlotta wischte sie ihm mit ihrem Taschentuch ab, und er lächelte ihr dankbar zu.

»Damals hast du gesagt, daß du einmal so schön angezogen und die Kerzen... Ich erinnere mich ganz genau... Die Zeit... Ich kann in ihr hin und zurück... Überallhin... Und jetzt weiß ich auch...«

»Wer hat dich hierhergebracht, Gustaf?« unterbrach ihn Charlotta. »Du bist doch krank... Wer war es?«

»Ich, meine Liebe. Ich höchstpersönlich«, kam da aus dem Hintergrund eine Stimme, bei deren Klang Charlotta erstaunt aufblickte. Aus dem tiefen Schatten einer Mauernische trat ein kleiner, weißbärtiger Mann vor und blinzelte Charlotta vergnügt zu.

»Freiherr von Stein!« rief Charlotta fassungslos. »Sie? Aber wie...«

»Sieh mal an!« grinste der Alte. »Du hast mich trotz deines schwindelerregenden Aufstiegs in die höchsten Gefilde der vornehmen Gesellschaft nicht vergessen! Lieb von dir, sehr, sehr lieb. Und du möchtest natürlich wissen, warum ich hier bin, warum Gustaf hier ist und schließlich, warum ich dich auf eine so geheimnisvolle Art hierherholen ließ.« Der Alte kicherte, trat näher heran, beugte sich vor und flüsterte: »Die Blumengrüße in Meran, die Schlange mit dem abgeschlagenen Kopf… Ich werde den Schleier des Geheimnisses lüften; Jetzt. Warum schaust du mich so erschrocken an? Du wirst alles erfahren. Alles!«

Graf Stanislaus von Stürgkh war zutiefst beunruhigt: Er hatte Charlotta im Gewühl der Masken aus den Augen verloren und suchte seit einer halben Stunde vergeblich nach ihr. Er durchstreifte die Säle, den Garten, drängte sich zur Tanzfläche vor, erwehrte sich höflich, aber bestimmt einer Bajadere und blieb schließlich ratlos in der Treppenhalle stehen, als ein Mann im Kostüm venezianischer Edelleute aus der Casanova-Zeit zu ihm trat: »Sie suchen Ihre Frau, Graf? Sie hatte einen kleinen Weg… Anschließend wird sie gleich ins Hotel gehen. Das soll ich Ihnen ausrichten.« Er verbeugte sich leicht und verschwand hinter einer Gruppe ausgelassener Masken.

Der dicke, goldbetreßte Hotelportier, der ihm in der Halle entgegenkam, verneinte die beiläufig klingende Frage des Grafen, ob seine Frau schon da sei.

»Ich habe die Gnädigste nicht gesehen. Darf ich Ihnen die Post von heute abend aushändigen?«

Der Graf nickte zerstreut und nahm einen kleinen Stapel Briefe und Zeitungen entgegen. Im Salon seines Appartements knipste er die Tischlampe an, setzte sich hin und begann die Post durchzusehen, um die Zeit bis zu Charlottas Ankunft totzuschlagen… Zwei Berichte seiner Gutsverwalter, einige Bankauszüge, die Mitteilung des Vermögensverwalters über eine vollzogene Transaktion. Und ein Brief von der alten Louise von Stein, ihrer Gesellschaftsdame.

Der Graf legte den Brief vor sich hin und starrte ihn nachdenklich an.

Die alte Dame war Charlottas engste Vertraute. Ob sie die Gründe für die merkwürdige Veränderung kannte, die mit Charlotta in den letzten Wochen vorgegangen war? Früher heiter, ausgeglichen, schien sie jetzt von einer seltsamen Unruhe erfaßt worden. Manchmal brütete sie dumpf vor sich hin, war in Gedanken weit weg, wenn er ihr etwas erzählte. Abwesend. Teilnahmslos. Teilnahmslos auch nachts, wenn sie seine Zärtlichkeit über sich ergehen ließ... Und schließlich ihr spurloses Verschwinden heute nacht, der geheimnisvolle Fremde.

Was ging vor? Was bedeutete das alles? Ob wohl in dem Brief der alten Dame aus Potsdam eine Antwort auf diese Fragen zu finden war? Oder wenigstens eine Andeutung, die ihm weiterhalf? Der Graf streckte die Hand aus, ließ sie sekundenlang über dem Brief schweben, nahm ihn dann auf und tat etwas, was er noch nie getan hatte. Er riß einen Brief, der nicht an ihn adressiert war, auf, und begann ihn zu lesen.

Die Welt des Grafen von Stürgkh war bis zu dieser Nacht eine denkbar einfache gewesen. Charlotta hatte in sein Leben zwar einige Unruhe gebracht und ihm einige manchmal überraschende Farbtupfer gegeben, sein festgefügtes Weltbild jedoch nicht im geringsten beeinflußt. Er war ohne jede Einschränkung glücklich.

Aufgewachsen in der puritanischen, freudlosen Atmosphäre eines preußischen Adelshauses und in den Kadettenanstalten des Königs, war er einer überaus strengen Erziehung unterworfen worden. Zucht und Ordnung, Gehorsam und Treue, Tradition und Verantwortung, Mannesstolz und Standesbewußtsein, Gerechtigkeit und Ritterlichkeit, König und Vaterland... Für ihn waren das nie leere Schlagworte gewesen. Er hatte einen festen Platz in der von Gott gewollten Ordnung zugewiesen bekommen und mußte ihn nach bestem Wissen und Gewissen ausfüllen.

Als zweiter Sohn des Grafen Georg von Stürgkh war er nach altem Brauch zunächst für die Offizierslaufbahn bestimmt worden. Seine Abstammung und seine Anlagen garantierten ihm eine glänzende Karriere. Doch der Tod seines älteren Bruders Friedrich-Georg kam dazwischen – ein, zugegeben, nicht ganz standesgemäßer Tod: Bei dem nächtlichen Besuch, den er einer drallen Stallmagd abgestattet hatte, war er über eine Mistgabel gestolpert und hatte sich an einem Zinken verletzt. Nach fünf Tagen starb er an Blutvergiftung.

So hatte Stanislaus – mittlerweile Oberleutnant der Garde – Abschied nehmen müssen, um das väterliche Erbe anzutreten. Er verwaltete und mehrte es mit Geschick, wobei ihm der schnelle wirtschaftliche Aufschwung Deutschlands sehr entgegenkam.

Kurz bevor er Charlotta kennenlernte, hatte Graf Stürgkh beschlossen, für den Reichstag zu kandidieren. Das preußische Herrenhaus wäre mehr nach seinem Geschmack gewesen, doch hatten ihn einflußreiche Freunde – unter ihnen auch Reichskanzler Bülow – überzeugt, daß man Männer wie ihn in der vordersten Front des Kampfes um die politische Einheit des Reichs brauchte.

Die Sozialisten gewannen mehr und mehr an Macht und Einfluß; es war höchste Zeit, ihnen die Flügel zu stutzen. Die Kampagne linksstehender und selbst bürgerlicher Kreise gegen den Kaiser Ende 1908 anläßlich seines verunglückten Interviews mit *Daily Telegraph,* bei der sogar seine Abdankung gefordert wurde, hatte den Ausschlag gegeben. Der Kaiser war vielleicht nicht sehr geschickt gewesen, mag sein. Doch wie auch: Die Aufgabe der reichserhaltenden Kräfte und vor allem des Adels war es, treu zu ihm zu stehen, in Glück und Unglück, auf Leben und Tod.

Der Weg, den sich der Graf vorgezeichnet hatte, lag offen vor ihm. Um sein Glück vollkommen zu machen, hatte ihm nur eine

Frau wie Charlotta gefehlt. Nun aber drohte diese klare, übersichtliche Welt zusammenzubrechen. Noch weigerte sich der Verstand des Grafen, die Tragweite dessen zu begreifen, was er las. Dieser Brief war einfach zu absurd, um ihm Glauben zu schenken. Und doch, stand es hier nicht schwarz auf weiß?

Liebe Charlotta! Potsdam, den 16. September 1909
Ihr letzter Brief hat mich mit Bestürzung erfüllt. Ich kann mir sehr gut vorstellen, wie Ihnen die rätselhaften Ereignisse während Ihrer Hochzeitsreise nahegehen. Dieses seltsame »Geschenk« an der Brücke, die gläserne Schlange mit abgeschlagenem Kopf, und dann das unheimliche Lachen. Doch verliert das Unheimliche seinen Schrecken, wenn man den Ursprung kennt. Sie müssen sich stets sagen, daß es sich bei dem Unbekannten, der Sie verfolgt, um einen gemeinen Erpresser handelt, der Sie zermürben und Ihren Widerstand von vornherein brechen will. Behalten Sie die Nerven! Eines Tages wird er sich zu erkennen geben, um Ihnen seine »Bedingungen« zu offerieren. Er hätte nichts davon, dem Grafen sein Wissen zu verraten. In diesem Augenblick würde es ja nutzlos werden, und er könnte nur noch mit einem Skandal drohen. Nur Mut, meine Liebe! Die Angst ihrer Opfer ist der beste Verbündete von solchen verbrecherischen Elementen. Bewahren Sie klaren Kopf und bedenken Sie, daß man manchmal nachgeben muß, wenn man aus einer scheinbar ausweglosen Situation herausfinden will.
Hier läuft alles seinen geregelten Gang. Der Kaiser ist zur Zeit in Potsdam; das Tatü-tata seines Automobils ist fast jeden Tag zu hören, wenn er spazierenfährt. Kopf hoch, also!
Ihre ergebene Louise von Stein.

Der Graf starrte verständnislos auf das Papier in seinen Händen. Charlotta in der Gewalt eines Erpressers? War das die Erklärung für ihr merkwürdiges Verhalten in den letzten Wochen? *Er hätte nichts davon, dem Grafen sein Wissen zu verraten.* Was für ein – Wissen? Und – mit was für einem Skandal könnte er drohen? Ein Skandal. Das war das wenigste, was er, der Graf, brauchen konnte. Allein das Wort verursachte ihm tiefes Unbehagen.

Er legte das Papier auf den Tisch und drückte dann die Hände zu Fäusten, um ihr Zittern zu unterdrücken. Wo war Charlotta nur? Eine nahe Kirchturmuhr schlug einmal. Der Graf zog automatisch seine Taschenuhr hervor und verglich die Zeit: fünfzehn nach zwölf. Mitternacht vorbei. Ob Charlotta etwas geschehen war? Mein Gott, dachte er, nur das nicht, alles andere könnte ich ertragen, nur das nicht! Voller Unruhe zündete er sich eine Zigarette an, rauchte mit tiefen, durstigen Zügen, drückte die Zigarette wieder aus, stand auf und ging zum Fenster, blickte auf die Straße und wartete, wartete …

Charlotta sah den alten, kleinen Mann an, und in ihr sträubte sich alles gegen das Unbegreifliche, das Unfaßliche, das sie hörte.

»Es war doch hübsch eingefädelt, nicht wahr?« sagte Freiherr von Stein, und seine schmale, feingliedrige Hand strich bedächtig über den weißen Bart. Er blinzelte ihr zu und sprach dann weiter – sprach genau in dem gleichen, plaudernden Ton, wie damals bei Baronin von Winthorst, als er von seinen Abenteuern in fernen Ländern erzählt hatte: »Du bist ein phantasievolles Mädchen gewesen. Menschen mit Phantasie sind die besten Objekte. Sie haben Vorstellungskraft, verstehst du? Sie können sich das Unheil ausmalen. Sie sind leicht zu zermürben. Ich wollte dich weichmachen wie Wachs. Leider kam seine Krankheit dazwischen. Dieser Gustaf hat mir eine Menge Scherereien gemacht. Allein die Fahrt hierher! Ein kleines Vermögen! Ein Extra-Abteil erster Klasse! Nun – wir werden es verrechnen, nicht wahr?«

»Aber – warum? Warum?« flüsterte Charlotta fassungslos.

»Warum? Kannst du dir das nicht an fünf Fingern abzählen, meine Liebe?« Der alte Mann lachte lautlos. »Schade, daß ich meine Karten so früh auf den Tisch legen muß. Andererseits ... Du bist nicht dumm. Du weißt, worum es geht – auch ohne neue gläserne Schlangen. Also hör zu: Die Idee kam mir, als ich das Tagebuch der Baronin las. Eine großartige Idee. Oder dachtest du, ich würde das Tagebuch nicht lesen, nachdem ich es bei mir versteckt hatte? Das blaue Päckchen! Wenn die Leute so sehr dahinter her sind, sagte ich mir, dann muß es verteufelt wichtig sein. Vielleicht – Staatsgeheimnisse? Es wäre doch ganz schön, das Ding in die Hand zu bekommen, dachte ich. Sein Besitz bedeutet Macht. Verstehst du: Macht!«

Er trat vor, streckte seine Hand aus und ballte sie zur Faust.

»Ihr seid alle in meiner Hand. Siehst du: hier drinnen. Eine grandiose Idee, diesen Grafen zu heiraten! Charlotta Wielcke wird eine Gräfin! Seit dem Augenblick bist du hier drinnen. Ich halte dich fest. Es gibt kein Entkommen. Du gehörst mir. Und wenn ich dieses geheimnisvolle Päckchen habe, auch die anderen. Mir! Sieh mich an: ein Zwerg. Alle sagten es immer: bloß ein kleiner, krummer Zwerg. Sie schoben mich beiseite. Sie verachteten mich. Alle. Auch du! Schweig – ich weiß es! Ich habe es in deinen Augen gesehen: Mitleid und Verachtung. Ich will kein Mitleid. Ich hasse Mitleid. Nun gut, nun gut: jetzt werdet ihr mich fürchten. Auch du. Und weil du mich fürchten wirst, wirst du mir helfen. Das Päckchen ... Aber das ist noch nicht alles. Das ist nur eine Kleinigkeit. Ich habe andere Dinge vor, mit dem Päckchen fangen wir nur an.«

Der alte Mann begann zu lachen. Glucksend erst und dann immer lauter und schriller – und in diesem unheimlichen Lachen fand Charlotta die Bestätigung dessen, was ihr Baronin von Winthorst bald nach ihrer Ankunft in Ostpreußen gesagt hatte:

»Manchmal ist der alte Herr nicht ganz richtig im Kopf. In der letzten Zeit scheint es schlimmer geworden zu sein. Man darf seine

Worte nicht auf die Goldwaage legen. Was er von seinen Reisen und Abenteuern erzählt, muß nicht alles stimmen. Aber er ist harmlos.« Und bei einer anderen Gelegenheit, kurz bevor sie gestorben war: »Ich habe mit einem Psychiater gesprochen. Es würde alles auf Paranoia hindeuten. Weiß der Himmel, was das bedeutet! Er will bei Gelegenheit vorbeikommen.«

Sie, Charlotta, hatte die Sorgen der Baronin für übertrieben gehalten. Der alte Freiherr war ihr zwar etwas wunderlich erschienen, aber – wahnsinnig? Konnte denn ein Wahnsinniger einen solchen teuflischen Plan ersinnen und verwirklichen? Oder offenbarte sich vielleicht gerade darin sein Wahnsinn?

»Ich verstehe«, sagte Charlotta langsam, wie um Zeit zu gewinnen. »Es war Ihre Idee und Ihr Plan. Aber Sie haben doch nicht allein… Wer hat Ihnen dabei geholfen?«

»Für Geld tun die Leute alles. Und jetzt werde ich dir etwas verraten.« Der alte Mann senkte seine Stimme zu einem heiseren Flüstern: »Das erste Gebot einer Verschwörung ist, daß sich ihre Mitglieder untereinander so wenig wie möglich kennen. Nur der Kopf, der kennt sie alle.« Und dann plötzlich nüchtern und sachlich: »Du wirst jetzt Gustaf dazu bringen, daß er dir erzählt, wo er das Päckchen versteckt hat. Sag ihm, warum er sich daran erinnern muß. Sag ihm, daß du erledigt bist, wenn er es nicht tut.«

»Und – dann?« fragte Charlotta.

»Zunächst nur das. Los, frag ihn!«

»Ich weiß es«, sagte Gustaf, und seine Stimme klang überraschend laut und klar.

Charlotta drehte sich um. Der Kranke hatte sich halb aufgerichtet, sein Gesicht war schweißüberströmt, seine breiten, knochigen Schultern stachen spitz unter dem Hemd vor.

»Dann sag es – sag es schon, du Tölpel!« schrie ihn der Freiherr an.

»Und wenn ich es nicht tue, ist sie erledigt, ja?« fragte Gustaf, und seine kleinen Augen unter der klobigen Stirn waren dabei ausdruckslos wie zwei Glasmurmeln auf den erregten alten Mann gerichtet. »Du willst sie erledigen. Ich weiß, was das ist. Im Gefängnis sagte ein Bulle immer: ›Ich werde euch erledigen.‹ Manchmal nahm er einen mit und tat es. Einmal machte er es mit mir. Zurück mußten sie mich tragen. Ich weiß, was das bedeutet!«

»Zum Henker mit deinem Gefängnis!« rief der Freiherr wütend. »Wo ist das Päckchen? Wo hast du es versteckt?«

»Ich erinnere mich«, sagte der Kranke und blickte jetzt Charlotta an. »Und du weißt es auch!«

»Die – Truhe?« Charlotta formte das Wort lautlos mit den Lippen.

»Nein. Im zweiten Versteck. Weißt du es?«

Charlotta blickte den Kranken sekundenlang an – und plötzlich wußte sie es wirklich. »Ich weiß es«, nickte sie.

»Wo?« rief der Freiherr, griff nach ihrem Arm und schüttelte sie. »Sprich schon – wo?«

»Wirst du es ihm sagen?« fragte Gustaf.

»Ich weiß nicht.« Charlotta machte sich mit einer unwilligen Bewegung frei. »Leg dich jetzt wieder hin, Gustaf. Ich werde dafür sorgen, daß man dich von hier wegholt.«

»In ein – Krankenhaus?« fragte Gustaf ängstlich.

»Nein. Nicht ins Krankenhaus. Dorthin, wo Sonne ist. Und ich werde dir einen Arzt besorgen. Gleich. Noch heute nacht.«

Der Kranke fiel langsam zurück, und auf seinem eingefallenen, grauen Gesicht erschien ein glückliches Lächeln. »Ich wußte es«, murmelte er. »Nimm dich vor ihm in acht… Er ist böse.«

»Er wird mir nichts tun. Gar nichts.« Charlotta beugte sich über den Kranken, legte ihre Hand für einen Augenblick auf seine Wange, richtete sich wieder auf und ging zur Tür.

Doch der alte Mann war schneller. Er stürzte an ihr vorbei, drehte den großen Schlüssel im Türschloß um und zog ihn ab.

»Sonne!« rief er höhnisch. »Ein Arzt! Hübsch ausgedacht. Aber nicht, bevor du es sagst, hörst du?«

»Ich werde es Ihnen nicht sagen!« Charlottas Stimme klang jetzt hell und bestimmt. »Sie haben den Bogen überspannt – Sie Zwerg! Erzählen Sie Ihre Geschichte von Charlotta Wielcke, die eine Gräfin wurde, wem Sie wollen. Aber vergessen Sie dabei nicht, daß Sie ihre Dokumente gefälscht haben. Eine ganze Reihe von Dokumenten. So wie schon einmal Banknoten. Und wenn ich es mir genau überlege ... War das Ganze nicht Ihr Plan? Vielleicht kommt es sogar zu einer Gerichtsverhandlung gegen die Hochstaplerin Charlotta Wielcke. Wem aber würde das Gericht eher glauben: mir – oder Ihnen, einem Mann, der schon einmal wegen Fälschung saß?«

Charlotta hätte nicht sagen können, woher sie diese Worte nahm. Sie kamen ihr einfach zu. Eine tiefe, beklemmende Stille folgte ihnen. Das Gesicht des alten Mannes verzerrte sich vor Wut. Er blickte auf den schweren Schlüssel in der Hand, und die Wut auf seinem Gesicht wich einem teuflischen Grinsen.

»Wollen – wollen wir nicht lieber in aller Freundschaft ... So wie früher ...«, begann Charlotta begütigend, so wie man zu einem Kranken oder einem störrischen Kind spricht.

»Ich werde dich töten!« flüsterte der Freiherr, während er mit erhobener Hand langsam auf sie zukam. »Es wird eine Weile dauern, aber ich werde es tun! Jeden, der sich mir in den Weg stellt! Ich werde dich töten, und niemand wird dich hier unten hören, wenn du um Hilfe schreist. Schrei doch! Warum schreist du nicht?«

Charlotta wich entsetzt zurück, bis ihr die verschlossene Tür den Weg versperrte. Das tödlich entschlossene Gesicht des alten Mannes. Des armen, kranken, alten Mannes, seine irren Augen, fremde Augen, die Augen eines Wahnsinnigen, Mord in den Augen. Und plötzlich das Klatschen schnell heranlaufender bloßer Füße auf dem Steinboden und zwei große, gelbe, knochige Hände, die sich um den Hals des alten Mannes legten.

»Nicht – Gustaf – nicht!« schrie Charlotta verzweifelt auf.

Doch es war zu spät. Der Kopf des alten Mannes mit entsetzten, herausgequollenen Augen wurde zur Seite gerissen, und sein Genick brach mit einem grauenhaften, trockenen Knirschen.

Gustaf ließ den schlaffen Körper zu Boden gleiten und starrte sekundenlang auf seine Hände, als wollte er nicht glauben, daß sie noch immer eine so tödliche Kraft aufzubringen vermochten. Dann blickte er auf und murmelte kaum hörbar, während sich der Schleier des Todes nach diesem letzten, verzweifelten Aufbäumen seiner Lebenskraft auf seine Augen senkte: »Er war ein böser Mann – er wollte – aber ich – ich…«

Seine Stimme erstickte in einem krampfhaften Husten, er drehte sich um, als wollte er zurück zu seinem Bett, tastete nach einem unsichtbaren Halt und schlug wie ein gefällter Baum lang hin. Unter seinem Gesicht quoll helles, schaumiges Blut vor und kroch über die Steinfliesen, vermischte sich mit Staub, wurde langsamer, träger, erstarrte, starb.

Charlotta trat ins Zimmer, machte die Tür hinter sich mit abwesenden, schlafwandlerisch wirkenden Bewegungen zu, lehnte sich mit dem Rücken dagegen und blickte ihren Mann wortlos an.

Der Graf saß am Tisch, den offenen Brief der Louise von Stein vor sich. Als er Charlottas kreidebleiches Gesicht sah, machte er eine Bewegung, als wollte er aufspringen und ihr entgegenlaufen. Doch dann zwang er sich mit zusammengepreßten Lippen wieder zu seiner steinernen Ruhe.

»Du willst sicher wissen, wo ich war«, sagte Charlotta nach langen, sich endlos dahinziehenden Sekunden mit der leeren Stimme einer sprechenden Puppe. »Ich werde es dir sagen. Ich werde dir alles erzählen. Von Anfang an. Von dem Augenblick, als ich im Park von Sanssouci ein Sommerfest des Kaisers belauschte: an der Seite eines Jungen, der heute zum Mörder wurde, weil er mich verteidigen wollte. Aber auch er lebt nicht mehr.«

8

Zwei Wochen später, Anfang Oktober 1909, kamen Graf Stürgkh und Charlotta zurück nach Potsdam. Der Graf wollte sich hier nur wenige Tage aufhalten; anschließend hatte er vor, auf eine unbestimmte Zeit zu verreisen, um sich der dringenden Angelegenheiten auf seinen Gütern anzunehmen.

»Auf eine unbestimmte Zeit.« Das konnte zehn Tage, aber auch zehn Wochen bedeuten. Schon früher nicht besonders redselig, sprach er nach Charlottas Beichte in Venedig nur noch das, was unbedingt nötig war.

»Du wirst verstehen, daß ich mich zu diesen Ungeheuerlichkeiten im Augenblick nicht äußern kann«, hatte er damals gesagt. »Hast du mir alles erzählt?«

»Alles.«

Aber das entsprach nicht ganz der Wahrheit. Charlotta hatte die kleine Episode mit dem »Waldgeist«, der sich später als Angehöriger der Hocharistokratie entpuppt hatte, verschwiegen: Sie war ihr nicht wichtig genug erschienen. Oder gab es dafür einen anderen Grund? Hatte sie sich vor der Frage des Grafen gefürchtet, was ihr dieser Mann bedeutete? Eine Frage, auf die sie wahrheitsgemäß nur hätte antworten können: Ich liebte ihn vom ersten Augenblick an, ich kann ihn nicht vergessen.

»Ich will es dir glauben, obwohl ich keinen Grund habe, deiner Wahrheitsliebe zu vertrauen. Wenn ich meine Entscheidung getroffen habe, werde ich es dir sagen.«

Und Charlotta, mit einem hilflosen Lächeln: »Ich – ich dachte, du würdest mich sofort davonjagen. Verdient hätte ich es.«

»Das wäre töricht. Empörung und Zorn sind schlechte Ratgeber. Beantworte mir bitte nur noch einige Fragen: Dieser Freiherr von Stein und dein Jugendfreund Gustaf waren beide wirklich tot?«

»Ja.«

»Als du das Haus verlassen hast – wurdest du beobachtet?«

»Ich habe niemanden gesehen. Aber das muß nicht heißen... Ich lief einfach davon. Ich floh, so schnell ich konnte.«

»Zur Verantwortung kann dich natürlich niemand ziehen. Aber die Geschichte kann uns Ungelegenheiten bereiten. Ich werde mich darum kümmern. Und jetzt entschuldige mich bitte.«

Welch eine ungeheure Selbstbeherrschung! Charlotta bewunderte diesen Mann dafür – zugleich aber war er ihr seit dieser Nacht fast ein wenig unheimlich geworden. Die Selbstbeherrschung, die eisige Höflichkeit selbst in solchen Augenblicken, wo ein anderer vor Wut und Zorn außer sich geraten wäre... Nach drei Tagen hatte der Graf seine Entscheidung getroffen, und sie war ganz anders ausgefallen, als Charlotta es sich je hätte vorstellen können.

»Unter den gegebenen Umständen würde unsere Ehe sofort geschieden, da sie unter falschen Voraussetzungen geschlossen wurde. Ich müßte allerdings die Gründe für mein Scheidungsbegehren angeben. Es gäbe einen Skandal. Meine politische Karriere wäre beendet.«

»Wenn du willst, können wir einen anderen Scheidungsgrund finden.« Charlotta hatte es erhebliche Mühe gekostet, genauso ruhig und sachlich zu sprechen wie der Graf. »Ich würde – zum Beispiel – zugeben, daß ich dich betrogen habe.«

»Ah... Und hast du das?«

»Aber nein. Natürlich nicht!«

»Der Gedanke daran, als gehörnter Ehemann dazustehen, ist genauso unerträglich wie der – mit einer Schwindlerin verheiratet zu sein. An eine Ehescheidung zu denken, verbietet mir auch meine religiöse Einstellung. Ich habe den Fehler gemacht, nicht gründlicher nach der Vergangenheit der Gräfin Charlotta von Taffy-Palmanova zu forschen. Nun muß ich dafür einstehen.«

»Du hast damals Nachforschungen betrieben?«

»Ich habe mich – erkundigt. Etwas Nachteiliges erfuhr ich nicht. Sonst hätte ich ja wohl kaum… Freiherr von Stein hatte seine Sache ausgezeichnet gemacht. Und du hattest deine Rolle ausgezeichnet gespielt.«

»Wie ist deine Entscheidung also ausgefallen?«

»Nach außen hin bleiben wir vorläufig verheiratet. Du spielst deine Rolle als Gräfin Stürgkh weiter. Hoffentlich so gut wie bisher. Das Haus in Potsdam – dort wirst du leben – gehört nach wie vor dir.«

»Aber ich kann es doch nicht behalten. Ich will es nicht – danach!« hatte Charlotta verzweifelt ausgerufen. Doch der Graf hatte ihren Einwand mit einer ungeduldigen Handbewegung abgetan.

»Was ich schenke, pflege ich nicht zurückzunehmen. Du kannst es – meinetwegen – als Honorar für deine schauspielerische Leistung betrachten. Weiter: Ich werde dafür sorgen, daß du standesgemäß leben kannst. Du hast dein Ziel, als Gräfin auftreten zu können, ja erreicht. Das war doch dein Ziel?«

»Nein, nein! Nicht so! Ach, ich weiß es nicht.«

»Vielleicht fällt mir eines Tages eine andere Lösung ein, wie wir dieses unerfreuliche Verhältnis unauffällig beenden können. Bis dahin…«

»Aber – das ist doch… Es ist unnatürlich. Laß mich doch lieber gehen! Irgendwohin…«

»Das ist unmöglich.«

»Du vergißt Louise von Stein. Ich habe guten Grund, anzunehmen, daß sie an diesem Komplott beteiligt war.«

»Mit dieser Dame werde ich mich beschäftigen, wenn wir wieder in Potsdam sind.«

»Ja, du wirst auch das in Ordnung bringen«, hatte Charlotta unglücklich genickt. »Du bringst immer alles in Ordnung. Aber in Wahrheit… in Wahrheit ist gar nichts in Ordnung. Ich – mein Gott – ich schäme mich schrecklich. Warum tust du das alles?

Deine politische Karriere … Du willst keinen Skandal. Sind das die einzigen Gründe? Ist das wirklich – alles?«

»Ich habe es dir gesagt: das ist alles.«

Aber der Graf hatte nicht die ganze Wahrheit gesagt. Es gab noch einen anderen, sehr einfachen und einleuchtenden Grund. Vielleicht kam Charlotta nur deswegen nicht darauf, weil er ihr zu abwegig erschien, nach allem, was vorgefallen war.

Kaum in Potsdam angekommen, machte der Graf sein Versprechen wahr und ließ Louise von Stein zu sich rufen. Das Gespräch dauerte über eine Stunde. Danach verließ die alte Frau die Villa. Mit dem Wagen des Grafen wurde sie zum Bahnhof gebracht; das Gepäck sollte ihr nachgeschickt werden.

»Sie fährt zurück nach Würzburg«, sagte der Graf beim Abendessen. »Du wirst nie wieder etwas von ihr hören.«

Sie saßen sich in dem großen, schönen Eßzimmer gegenüber; das waren die ersten Worte, die sie seit zehn oder vielleicht auch zwanzig Minuten wechselten.

»Hat sie es zugegeben?« fragte sie, und ihre Stimme verlor sich in dem großen, stillen Raum.

»Ich habe die Überzeugung gewonnen, daß sie die wirkliche Triebkraft des Komplotts war. Zumindest lieferte sie ihrem Vetter die Informationen.«

»Aber – warum?«

»Habgier. Und vielleicht auch – Neid.«

»Neid? Ich verstehe nicht.«

»Sie hatte ein armseliges, glückloses Leben geführt. Dir schien alles zuzufliegen. Das weckte ihre Mißgunst.«

»Ich frage mich nur, wie sie sich so verstellen konnte. Die ganze Zeit über … Wie brachte sie das nur fertig?«

»Wie man das fertigbringt, solltest du doch am besten wissen. Wir werden nie wieder etwas von ihr hören. Sprechen wir nicht mehr über sie. In einigen Tagen werde *ich* verreisen. Auf meine Besitzungen. Für eine unbestimmte Zeit. Zuvor fahren wir zusammen nach Ostpommern, auf das Gut des Barons von Rüxleben. Ich habe seine Einladung schon vor längerer Zeit angenommen. Man erwartet von mir, daß ich meine Frau mitbringe. Wir bleiben drei oder vier Tage. Unter anderem wird auch eine Parforcejagd stattfinden. Traust du dir zu, mitzureiten?«

»Parforcejagd? Wie schön!« rief Charlotta. »Ich wollte schon immer eine mitmachen. Natürlich traue ich mir das zu. Hast du mich noch nie im freien Gelände reiten gesehen?«

»Dazu hatte ich noch keine Gelegenheit.«

»In England, auf Schloß Weymore, habe ich alle in Grund und Boden geritten. Es ging über Stock und Stein, über Zäune und …«

»Darf ich bitte etwas klarstellen«, unterbrach sie der Graf auf seine kalte, unpersönliche Art, und Charlottas Begeisterung und vielleicht auch ein winziger Hoffnungsschimmer, daß sich mit der Zeit doch noch alles einrenken würde, sank in sich zusammen. »Du bist dort nicht zu deinem Vergnügen, sondern um deiner Rolle als Gräfin Stürgkh gerecht zu werden.«

»Ich kann aber trotzdem Spaß an einer Parforcejagd haben«, sagte Charlotta trotzig.

»Eine Parforcejagd gehört dazu. Vergiß das bitte nicht.«

»Ich werd's schon nicht vergessen. Mußt du mich denn immer wieder mit der Nase darauf stoßen, daß ich, daß ich …«

»Dein Ton mißfällt mir!« sagte der Graf eisig.

»So – mein Ton mißfällt dir?« fragte Charlotta unerwartet sanft – wie immer, wenn sie kurz davor war, zu explodieren. Ihre Nerven waren zum Zerreißen angespannt. Gut, sie hatte gefehlt, war im Unrecht, hatte eine Riesendummheit gemacht, aber sie war ehrlich genug gewesen, ihm die Wahrheit zu sagen. Und nun ritt er darauf herum, als bereitete es ihm Vergnügen, in der offenen Wunde herumzustochern.

»Dein Ton mißfällt mir in der Tat!« sagte der Graf langsam. Sie starrten sich über den Tisch schweigend an – und zum erstenmal seit vielen Tagen wich Charlotta seinem Blick nicht mehr aus.

Wie er schon dasaß! Eine strafende Gottheit. Unerreichbar auf dem Olymp seiner Selbstgerechtigkeit. Ein Standbild aller preußischen Tugenden. Nun gut: im Bewußtsein ihrer Schuld war sie bereit, alles zu tun, was er von ihr verlangte. Aber er sollte sie nicht immer und immer wie ein böses, mißratenes Kind behandeln! Und wenn er jetzt nur noch ein Wort sagte, dann...

»Du hast dir deine Stellung in voller geistiger Verantwortlichkeit erschlichen«, sagte der Graf. »Nun mußt du auch die Konsequenzen ziehen und dich so benehmen, wie es diese Stellung von dir verlangt. Betrachte jetzt dieses Gespräch als beendet.« Er machte eine Bewegung, als wollte er aufstehen, doch Charlottas Stimme hielt ihn fest.

»Nur einen Augenblick«, sagte sie schwer atmend. »Dann kannst du gehen und meinetwegen nie wieder ein Wort mit mir reden. Das ist mir egal. Ich habe eine gewaltige Dummheit gemacht. Aber nicht, weil ich eine falsche Gräfin gespielt habe. Das hat mir eine Menge Spaß gemacht. Sondern weil ich dich geheiratet habe. Was für eine Dummheit das war, merke ich jetzt, wo ich dich so sprechen höre...

»Sprichst du jetzt die Wahrheit?« fragte der Graf tonlos.

»Was denn sonst? Bis jetzt habe ich nichts gesagt, habe mich nicht verteidigt. Aber ich bin kein dummes Mädchen mehr. Und wenn du es auch nicht wahrhaben willst: ich bin deine Frau. Und weil du mich geheiratet hast, auch eine Gräfin. Und ich rede, wie und wann es mir paßt. Und wenn ich sage, verdammt und verflucht, ihr könnt mir alle den Buckel runterrutschen, und der Teufel soll euch eingebildete Aristokraten holen, und der Teufel muß mich geritten haben, als ich mich mit euch einließ, und daß mir diese Ehe mit dir wie ein gottverdammter Knochen im Hals steckt, dann sage ich es. Und es ist mir piepegal, wenn du das nicht fein genug findest. Und wenn's dir nicht paßt, dann gehe ich. Und du kannst an die große Glocke hängen, was für ein schlechtes Frauenzimmer ich bin. Und ich werde alles zugeben. Und ich pfeife auf die Gräfin Stürgkh. Dein Haus kannst du behalten. Und du kannst dich weiter in deiner Großmut sonnen. Aber in Wirklichkeit war's gar keine. Du willst bloß keinen Skandal. Und bloß deswegen soll ich auch das Haus behalten und...« Sie beugte sich vor und funkelte den wie erstarrt dasitzenden Grafen angriffslustig an. »Es gehört doch mir, ja? Mit allem, was drin ist? Was du einmal verschenkst, hast du gesagt. Und wenn es mir gehört...« Ohne den Blick von ihm zu wenden stand sie auf, nahm ihren Teller, hob ihn hoch über den Kopf und schmetterte ihn zu Boden. Und noch einen. Und ein Weinglas. Und die kostbare Kristallvase, so daß die Scherben und das Wasser und die rosa Nelken in einem wüsten Durcheinander durch das Zimmer spritzten. Dann stemmte sie die Hände in die Hüften, und ihr Gesicht nahm einen unsäglich hochmütigen Ausdruck an, als sie sagte: »So. Jetzt ist's mir wohler. Und wenn du jetzt nur ein einziges Wort sagst, daß ich mich nicht standesgemäß benehme und daß eine feine Gräfin kein Geschirr und keine Vasen zertrümmert, packe ich meine Siebensachen und gehe. Auf der Stelle!«

Sie wartete. Aber der Graf sagte nichts, und sie drehte ihm den Rücken zu, ging hinaus und blickte sich dabei nicht mehr um: Er sollte um keinen Preis sehen, wie ihr Tränen aus den Augen stürzten.

In dieser Nacht lag Charlotta noch lange wach. Sie hatte ein schlechtes Gewissen. Was sie dem Grafen gesagt hatte... Ach, du meine Güte, dachte sie, das war ein bißchen zuviel gewesen.

Sie hörte ihn in seinem Schlafzimmer, zwei Türen weiter, auf und ab gehen. Fünf Schritte hin, fünf Schritte zurück. Stundenlang. Das zertrümmerte Geschirr. Schade um die schöne Vase. Aber andererseits... Die Worte, die aus ihr wie von selbst herausgesprudelt waren, hätten sie erstickt, wären sie ungesagt geblieben. Nur das mit der Dummheit, weil sie ihn geheiratet hatte. Das hätte sie vielleicht doch nicht sagen sollen.

Das Rauschen des Herbstwindes in den Baumkronen des großen Parkes. Die kleine Bootshütte, das Segelboot. Wie schön könnte es sein. Das Schlagen einer Kirchturmuhr, Mitternacht, halb eins. Und immer noch die Schritte: hin und zurück, hin und zurück.

Warum legt er sich nicht hin? fragte sich Charlotta. Was hat er nur davon, die ganze Nacht auf und ab zu laufen? Es wird immer wieder zu solchen Szenen kommen. Und ich werde immer so liegen wie jetzt: allein, horchend, schlaflos. Ohne Liebe, immer allein.

Ich kann ja verstehen, wie sehr ihn das alles treffen mußte, dachte sie schläfrig. Aber er sollte nicht so sein. So unmenschlich. Kalt... Er hatte mich doch nicht geheiratet, weil ich eine Gräfin war, sondern weil er mich liebte. Ist der Name denn wichtiger als die Person, die ihn trägt? Er liebte mich nie wirklich, er liebte immer nur sich selbst. Das ist es! Sonst würde er jetzt hierherkommen und sagen: Du verdienst eine gehörige Tracht Prügel, aber es ist mir egal, ob ich eine Gräfin Taffy oder Charlotta Wielcke geheiratet habe, ich liebe dich, und jetzt mach ein bißchen Platz, daß ich mich zu dir legen kann! Und dann würde er mich in die Arme nehmen, und ich würde ein bißchen heulen, und dann würde ich ihm beweisen, daß es wirklich egal ist, wie man heißt.

Arthur würde es tun, dachte sie. Auch ein Fürst oder sonstwas, aber er würde es tun. Der Waldgeist... Mein Waldgeist. Ihm wäre es egal. Er wollte mich, er sagte es, und ich weiß, daß er nicht gelogen hat.

Sie mußte für eine Weile eingeschlafen sein. Plötzlich schrak sie auf, stützte sich hellwach auf die Ellbogen und lauschte. Aber sie hörte nichts, außer dem Rauschen des Windes. Und plötzlich wußte sie, was ihr fehlte: das Geräusch der Schritte im Zimmer des

Grafen. Ob er endlich schlafen gegangen war? Oder hatte er… Diese beklemmende, unnatürliche Stille. Charlotta knipste die Nachttischlampe an, stand auf und schlüpfte hastig in ihren Morgenmantel. Unhörbar tastete sie sich durch das dunkle Boudoir, zögerte vor der Tür zu seinem Schlafzimmer ein wenig und machte sie dann so leise wie möglich auf.

Der Graf saß mit dem Rücken zu ihr reglos am Schreibsekretär. Das Gesicht hielt er in den Händen vergraben, seine Schultern bebten. Und dann hörte Charlotta von dort einen zitternden, schluchzenden Laut, der sie tiefer traf als alles, was er ihr bisher gesagt hatte.

War es möglich, daß dieser starke, bis in die letzte Faser selbstbeherrschte und so unverwundbar erscheinende Mann, war es wirklich möglich, daß er – weinte?

Charlotta unterdrückte eine kaum zu bezwingende Regung, hinzulaufen, ihn zu umarmen, sein Gesicht an ihre Brust zu drücken, ihn festzuhalten: um Kraft zu schöpfen aus seiner Schwäche, doch nur, um ihm davon wieder abzugeben. Aber sie durfte es nicht tun. Sie durfte nicht Zeugin seiner Schwäche werden und ihn dadurch noch tiefer demütigen. Leise, ganz leise zog Charlotta die Tür wieder zu, ging zurück, und ihr Herz war schwer vor Mitleid.

So nahe wie jetzt in seinem Unglück war ihr dieser Mann noch nie gewesen, auch nicht früher, als sie in seinen Armen gelegen hatte. Seine Kälte, seine Härte, seine spöttische Überlegenheit waren nur ein Schutzschild, hinter dem er seine Hilflosigkeit und Verwundbarkeit verbarg.

Nein, sie liebte ihn nicht wirklich: jetzt, in diesen Augenblicken, wurde ihr das vollends klar. Doch nie würde sie es fertigbringen, ihn zu verlassen, wenn er es nicht wünschte, wie sinnlos ihr eine Zukunft mit ihm auch erscheinen mochte. Sie war seine Gefangene. Für immer?

Die deutsche und europäische Vorkriegsgesellschaft war mit einem Ozeandampfer vergleichbar. Es gab Passagiere der ersten, der zweiten, der dritten Klasse und die anonyme Masse in den Zwischendecks. Der Kapitän war absoluter Herrscher über das lebende und tote Schiffsinventar: ein Kapitän von Gottes Gnaden mit königlichem Blut in den Adern, das zwischen ihm und den gewöhnlichen Sterblichen eine unüberbrückbare Kluft aufriß.

Selbst der leichtlebige und – wie man ihm nachsagte – demokratisch angehauchte Eduard VII. vergaß das nie. Als bei einem Hofball in Windsor König Kalakua von den Kannibaleninseln den Vortritt vor dem deutschen Kronprinzen erhielt, erklärte er dem empörten Sohn des Kaisers Wilhelm II.: »Wenn dieses Scheusal ein König ist, gebührt ihm der Vortritt; wenn er aber keiner ist, sondern nur ein gewöhnlicher Nigger – warum ist er dann hier?«

Das absolutistische Prinzip, nach dem Kaiser und Könige regierten, war durch nominelle Verfassungen und schwache, ihnen hörige Parlamente nur unwesentlich gemildert. Die hierarchisch gegliederte Gesellschaftsordnung stützte sie; zwischen den einzelnen Klassen des Staatsschiffes gab es unübersteigbare Schranken.

Die Zahl der Menschen freilich, die sich dagegen auflehnten, nach Demokratie verlangten und nach gleichen Chancen für alle, wuchs schnell. Und je zahlreicher sie wurden und je lauter ihre Stimmen, desto eifersüchtiger wurden von den Herrschenden die Schranken überwacht, die ihre Privilegien schützten.

Charlotta hatte etwas Ungeheuerliches begangen. Mit List und Tücke hatte sie sich über diese Schranken hinweggesetzt und sich aus dem tiefsten Zwischendeck geradewegs in die erste Klasse hochgeschwindelt. Sie hatte damit mehr als eine strafwürdige Tat begangen: ein Sakrileg.

Arme Charlotta! Dabei hatte sie sich alles so hübsch vorgestellt. Was wie ein herrlicher Spaß begonnen hatte, weitete sich nun zu einer bitterernsten Affäre aus. Aber zunächst einmal bekam sie Gelegenheit, sich auf dem Gut des Barons Rüxleben, in dieser exklusiven ersten Klasse, noch ein wenig umzusehen. Und das hätte ihr trotz allem, was vorher geschehen war, bestimmt viel Spaß gemacht – wenn nicht diese merkwürdige Ahnung eines nahenden Verhängnisses gewesen wäre.

Die Fahrt nach Ostpommern durch die weite Landschaft, die golden getönt unter der herbstlichen Sonne lag. Die herzliche Begrüßung durch Baron von Rüxleben, einem runden, quicklebendigen Mann mit rosigem Vollmondgesicht und krummen Reiterbeinen. Das laute Hallo der zwanzig oder dreißig Gäste, die alle von der Fröhlichkeit des Gastgebers angesteckt schienen. Die Selbstverständlichkeit, mit der sie, Charlotta, in diesen Kreis aufgenommen wurde. Die stille Heiterkeit der Baronin von Rüxleben, einer geborenen Gräfin Radzyvill.

»Jeden Herbst geht es bei uns ein bißchen laut zu, meine Liebe. Die Jagd... Sie reiten doch auch, Gräfin?«

»Leidenschaftlich gern.«

»Dann sind Sie hier richtig. Es gibt kaum irgendwo schöneres Terrain. Und wenn man vom Pferd fällt, dann meistens weich, in den Sand.«

Selbst die Natur schien in die Harmonie dieser Tage einzustimmen: das strahlend schöne Wetter mit dem blaßblauen, wolkenlosen Himmel, die weiße Fassade des Landschlosses, die saftig grünen Rasenflächen, die funkensprühenden Wasserfontänen der zwei Springbrunnen, die berauschenden Farben der herbstlichen Wälder... Warum also dieses beklemmende Gefühl, das Charlotta nicht loswerden konnte und das von Tag zu Tag stärker wurde?

Die Parforcejagd war auf den vierten Tag angesetzt. Am Vorabend reiste überraschend Kronprinz Wilhelm mit der Kronprinzessin Cäcilie an – gerade zur rechten Zeit, um an einem kleinen, improvisierten Ball teilzunehmen.

»Laßt euch nicht stören!« rief der Kronprinz gutgelaunt in den Tanzsaal, als er eintrat. »Eine fabelhafte Idee, Baron! Ein kleines Tänzchen vor der morgigen Jagd.«

Während die Kronprinzessin – eine der schönsten Frauen, die Charlotta je gesehen hatte – eine unermüdliche Tänzerin war, tanzte der Kronprinz kaum. Charlotta fühlte ein paarmal seinen bewundernden Blick auf sich ruhen, und dann sah sie, wie er nach einer Weile langsam auf sie zukam. Wollte er sie zum Tanzen auffordern?

»Komm – gehen wir!« hörte sie da die Stimme des Grafen hinter sich und fühlte den Griff seiner Hand an ihrem Oberarm. Sie folgte ihm ohne Widerspruch, fast ein wenig erleichtert.

Um neun Uhr wollte man zur Jagd aufbrechen. Nach einem Frühstück an langen, weißgedeckten Tischen auf der Schloßterrasse und kurz bevor der Jagdführer zur »Meet«, der Musterung, aufrief, trat der Kronprinz zum Grafen und zu Charlotta.

»Freue mich, Sie zu sehen, Graf. Allerdings, muß sagen, daß ich gestern ernstlich böse auf Sie war. Hatten Ihre reizende Gattin entführt, gerade als ich sie zum Tanzen auffordern wollte. Muß jedoch zugeben, daß ich Ihren Egoismus voll und ganz verstehe.« Er beugte sich mit einem bewundernden Lächeln auf dem schmalen, intelligenten Windhundgesicht über Charlottas Hand.

»Wir haben uns schon mal gesehen, Gräfin?«

»In Berlin, Kaiserliche Hoheit. Hotel Adlon.«

»Stimmt. Erinnere mich sehr gut. Sie reiten mit?«

»Jawohl, Kaiserliche Hoheit.«

»Halten Sie sich nur an mich! Wenn jemand dem Fuchs auf den Fersen bleibt – vorausgesetzt, die Meute stöbert einen auf –, dann meine Wenigkeit.« Er beugte sich vor und flüsterte ihr mit einem verschwörerischen Blick zu: »Kein Kunststück... Ich habe den Stallmeister bestochen, mir das beste Pferd zu geben. Sehen Sie, der Fuchs mit den traurig herabhängenden Ohren? Sieht aus wie ein Droschkengaul. Wenn er aber die Meute hört, kommt ihm keiner nach. Geht über Hindernisse wie eine Katze.«

»Man sieht's ihm an, Kaiserliche Hoheit. Allerdings...«

»Gräfin?«

»Er muß bei Laune sein.«

»Donnerwetter! Kennen Sie ihn? Das hat auch der Stallmeister gesagt.«

»Man sieht's ihm an. Er hat es faustdick hinter den Ohren.«

»Sie sprechen über den Gaul wie über einen Menschen, Gräfin. Dazu gehört eine Menge Pferdeverstand.« Der Kronprinz lachte. »Und Ihr Pferd?«

»Die kleine Schimmelstute. Sie ist sehr hübsch.«

»Ihre Kaiserliche Hoheit, die Kronprinzessin, reitet nicht mit?« fragte der Graf.

»Fühlt sich nicht ganz wohl. Macht sich auch nicht viel draus. Also, Gräfin – bleiben Sie mir auf den Fersen. Abgemacht?«

»Abgemacht, Kaiserliche Hoheit«, sagte Charlotta mechanisch. Ihr war, als sei sie plötzlich zu Eis erstarrt.

Ein Mann war aus dem Schatten der Eingangshalle getreten. Er blieb auf der Freitreppe stehen und ließ seinen Blick prüfend über die bunte Jagdgesellschaft gleiten. Dann beugte er sich zu einer jungen, gutgewachsenen, blonden Frau, die ihm gefolgt war und jetzt ein bißchen verlegen neben ihm stand, sagte etwas und klopfte ihr beruhigend auf die Wange. Die Frau lächelte, nickte eifrig, und aus ihrem hübschen, rundlichen Gesicht sprach abgrundtiefe Bewunderung und Ergebenheit, als sie zu ihm aufsah. Arthur. Der »Waldgeist«.

Der Stimmenwirrwarr rundum war plötzlich leiser geworden. »Sieht ihm verdammt ähnlich, das Frauenzimmer hierherzubringen«, sagte hinter Charlotta eine tiefe Männerstimme ungeniert. »Möchte wissen, was er sich dabei denkt«, sagte eine andere. »Allerdings – gutgewachsen. Kann man verstehen.«

Baron von Rüxleben trat zu dem Paar auf der Treppe und beugte sich über die Hand der jungen Frau. Arthur, Fürst zu Wied, lachte; seine Zähne in dem harten, braungebrannten Gesicht blitzten weiß in der Morgensonne. Dann kam auch die Baronin hinzu und geleitete sie zu der Frühstückstafel.

»Ich – ich möchte weg!« flüsterte Charlotta. »Bitte, Stan, ich möchte weg!« Doch der Graf hörte sie nicht. Ihre Stimme ging im Klang der Hörner unter, die zur Musterung bliesen.

Charlotta ritt wortlos an der Seite des Grafen, unberührt von der lautstarken Fröhlichkeit des Aufbruchs. Der Schock dieser unerwarteten Begegnung hatte sie wie der Blitz aus heiterem Himmel getroffen. Wer war diese blonde Frau? Hatte Arthur am Ende geheiratet? Ein bohrender Stachel der Eifersucht setzte sich in Charlottas Herz fest. Es ging sie ja wirklich nichts an, sie hatte selbst auch geheiratet. Dieses ergebene Lächeln auf dem hübschen, ein bißchen dümmlichen Gesicht der jungen Frau... Richtig ärgerlich!

»Mir scheint, es geht bald los«, sagte der Graf.

»Mhm«, nickte Charlotta abwesend.

Die Kolonne war durch das Parktor gezogen und von der Fahrstraße auf einen Feldweg eingeschwenkt. Vorneweg ritt der »Master«. Ihm folgte die aufgeregte, laut bellende und von zwei Hilfsjägern nur mühsam im Zaum gehaltene Hundemeute. Und dann der farbenprächtige Zug der Jagdreiter, mit den rotberockten Herren und den schlanken Damen in ihren eleganten Reitkleidern. Das Gelände wurde karger. Zwergkiefern umsäumten den sandigen Weg. Das Tempo wurde verschärft. Kurze Zeit später machte die Meute die Fährte des Fuchses aus; die Hunde zerrten schrill bellend an den Leinen, bis sie freigelassen wurden. Galopp.

Charlotta schüttelte die unlustigen Gedanken ab. Das war ihre erste Parforcejagd, und sie wollte sich dieses Erlebnis nicht verderben lassen. Die anfangs noch geschlossene Kolonne zog sich auseinander. Charlotta gab der Stute die Zügel frei. Ein herrliches, schnelles Pferd! Seitlich neben ihr tauchte der vorgestreckte Kopf des großen Wallachs auf, den der Graf ritt. Charlotta drehte sich um und lachte dem Grafen zu.

War auf dem schönen, ernst-gesammelten Gesicht des Grafen als Antwort nicht der Widerschein eines Lächelns erschienen? Des ersten seit jener Unglücksnacht in Venedig? Würde am Ende zwischen ihnen doch noch alles gut werden?

Charlotta konzentrierte sich jetzt ganz auf den schnellen Ritt. Vergessen waren die unguten Ahnungen der vergangenen Tage, die Unlust von heute morgen, der Schock der Begegnung mit Arthur. Der Wind schnitt ihr ins Gesicht, mit wachsender Freude spürte sie die rhythmischen Bewegungen des galoppierenden Pferdes unter sich.

Vorn links der schmale, weit vorgebeugte Rücken des Kronprinzen. Er schien Schwierigkeiten mit seinem Pferd zu haben. Die Reitpeitsche, mit der er es zur Eile antrieb, würde ihm da nichts nützen. Nicht bei diesem Pferd, das den Kopf jetzt mit fliegender Mähne immer wieder hochwarf, das Weiße in den Augen zeigte und wiederholt seitlich auszubrechen versuchte. Der »Droschkengaul« schien nicht gerade bei Laune zu sein. Der Kronprinz würde gut daran tun, sich an meine Fersen zu heften und nicht umgekehrt, dachte Charlotta übermütig, als sie an ihm vorbeizog.

Das Gelände öffnete sich zu einer weiten, mit dürftigem Gras bewachsenen Wiese. Die Hundemeute verschwand weit vorn in einer Senke und tauchte gleich darauf auf dem gegenüberliegenden Hang wieder auf. Dann war auch Charlotta dort, schlitterte den sandigen Abhang hinunter, übersprang einen schmalen Bach und merkte gleich darauf, daß der Graf plötzlich zurückfiel.

Die Stute gehorchte nur widerwillig, als Charlotta das Tempo verlangsamte und in einem Bogen zurückritt. Die Reiter, die sie bereits hinter sich gelassen hatte, jagten an ihr vorbei.

»Mein Pferd lahmt!« rief der Graf Charlotta zu, während er absaß. »Reite den anderen nach, schnell! Sonst verlierst du zuviel Boden!«

Charlotta gehorchte nur zögernd. Doch gleich darauf nahm sie der Ritt wieder gefangen. Sie hatte tatsächlich viel Boden verloren. Nachdem sie die Böschung gemeistert hatte, sah sie vor sich einige Nachzügler, unter ihnen auch Baron von Rüxleben.

»Schnell, meine Kleine, schnell!« rief sie der weitausgreifenden Stute zu. Eine Buschreihe. Dahinter welliges, mit einzelnen Baumgruppen bestandenes Weideland. Ein Feldweg. Und dahinter eine Hecke, über die gerade zwei Reiter setzten.

Die Hecke war höher, als Charlotta vermutet hatte. Sie riß die Stute empor – und wußte im gleichen Augenblick, daß sie es zu früh getan hatte. Das Pferd streifte mit den Vorderhufen und blieb mit der Hinterhand hängen. Während Charlotta noch versuchte, es aufzufangen, sah sie, wie sich ein Pferd, das kurz vor ihr über die Hecke gesetzt hatte, überschlug. Der Reiter flog aus dem Sattel. Dann prallte auch die Stute hart auf, knickte ein. Charlotta verlor die Steigbügel, fühlte, wie sie aus dem Sattel gehoben wurde. So wie schon einmal, dachte sie in Sekundenbruchteilen, aber die Baronin sagte, hier fällt man weich.

Dann schlug sie auf, verlor für kurze Zeit die Besinnung und fand sich auf dem Boden sitzend wieder. Sie faßte sich an den Kopf, ihre Hand berührte etwas Warmes, Weiches und zuckte zurück. Charlotta blickte erschrocken empor. Aber es waren nur die Nüstern der Stute, die hinter ihr stand und ihr Haar beschnupperte.

»Gott sei Dank, es ist dir nichts passiert«, murmelte Charlotta. »Und mir auch nicht. Was machen wir jetzt?«

Ihr Blick wurde klarer. Sie blickte sich um – und begann zu lachen. Das Pferd, das vorhin am gleichen Hindernis gescheitert war, galoppierte mit wild baumelnden Steigbügeln davon. Der Reiter lief ihm hinkend, rufend, drohend nach, bis es verschwand.

»Du läufst mir nicht davon«, sagte Charlotta zu der Stute, faßte nach den Zügeln und zog sich hoch. So weich, wie die Baronin behauptet hatte, war sie doch nicht gefallen. Die Hüfte und die rechte Schulter taten ihr weh, und vor ihren Augen flimmerte es noch immer ein bißchen, als sie den Hut holte und ihn aufsetzte.

Baron von Rüxleben und ein fremder junger Mann trabten

heran. Sie zügelten ihre Pferde, und während der Fremde absaß, fragte der Baron besorgt, ob sie sich etwas getan habe, und meinte:

»Ich hatte sofort ein ungutes Gefühl, als ich Sie auf die Hecke zureiten sah.«

»Ich habe mir nur zwei oder drei blaue Flecken geholt.«

»Der märkische Sand«, lachte der Fremde. Er war kaum über dreißig und hatte ein jungenhaftes, fröhliches Gesicht mit arglosen, blauen Augen.

»*Ich* fand ihn gar nicht so weich!«

»Gestatten Sie, daß ich mich vorstelle: Dr. Springer.«

»Ein Knochenflicker«, lachte der Baron.

»Sie denken aber auch an alles, Baron«, sagte Charlotta. »Ich hatte Angst, daß der Kleinen etwas passiert sei. Aber sie scheint es noch besser überstanden zu haben als ich.« Charlotta klopfte der Stute liebkosend auf den Hals.

»Die Stute scheint ihr Herz an Sie verloren zu haben, Gräfin«, sagte der Baron lächelnd, als er sah, wie das Pferd die Nüstern in Charlottas Schulterbeuge steckte.

»Das beruht auf Gegenseitigkeit. Wollen Sie mir bitte aufsitzen helfen, Herr Doktor?«

»Haben Sie vor, weiterzureiten? Den anderen nach? Oder kommen Sie mit uns? Das Halali dürfte nicht mehr lange auf sich warten lassen.«

Charlotta schüttelte mit dem Kopf. Der Rausch des schnellen Rittes war verflogen, und das Halali reizte sie nicht. Darunter stellte sie sich etwas Schlimmes vor: eine knurrende, kläffende Hundemeute, die sich um einen armen, zu Tode gehetzten Fuchs balgte. »Lassen Sie sich bitte nicht aufhalten, Baron. Vielleicht gibt es noch so eine Hecke, über die man Purzelbäume schlägt. Ich werde mich inzwischen nach meinem Mann umsehen. Wir kommen dann vielleicht nach.«

Charlotta ritt den gleichen Weg zurück. Aber sie fand den Grafen nicht mehr in der Talsenke. Ein Jagdhelfer erzählte ihr, der Graf wäre mit einem der Ersatzpferde den anderen nachgeritten. »Reiten Sie über den Hügel. Auf der Kuppe steht eine große, alte Föhre. Sie können den Weg nicht verfehlen.«

Charlotta ließ sich Zeit. Der Weg führte sie durch einen lichten Föhrenwald und begann dann auf den kegelförmigen, runden Hügel anzusteigen. Als sie die Kuppe erreichte, zügelte sie die Stute und horchte. In der Ferne verklangen die Töne des Halali. Charlotta hatte jetzt nicht die geringste Lust mehr, die Jagdgesellschaft einzuholen. Sie stieg ab und setzte sich unter die große, alleinstehende Föhre auf der Hügelkuppe. Die Sonne wärmte angenehm ihren Rücken. Es roch nach Harz und nach Waldboden, die Stute suchte schnaubend nach frischen Grashalmen, unten im Wald rief lauthals ein Vogel.

Man müßte wie ein Vogel fliegen können, dachte Charlotta. Über das Gutshaus und die Felder zum Fluß und immer weiter, bis zum Meer. Und wenn es mir gefiele, auch über das Meer, dorthin, wo mich niemand kennt, wo ich wieder ich sein könnte. Ihr Kummer hüllte sie wie eine schwere, beklemmende Wolke ein. Sie hatte sich das Leben einer Gräfin so hübsch vorgestellt, alles war so aufregend gewesen, daß sie zum Denken gar nicht gekommen war. Und jetzt? Es war zu spät. Das Rad der Zeit konnte man nicht zurückdrehen. Ihr Kindheitstraum war in Erfüllung gegangen. Sie hatte alles: Geld, Kleider, ein großes Haus, wurde bewundert, beneidet. Nur eines hatte sie nicht: Freiheit und ein klein wenig Glück, Liebe...

»Die Elfe träumt in die Ferne«, sagte da hinter ihr eine Stimme, unter deren Klang sie erschrocken zusammenfuhr. »Möchte die Elfe ihren goldenen Käfig verlassen?«

Charlotta sprang auf und blickte den Mann an, der wie kein anderer bisher in ihr die Bereitschaft zu Liebe und Hingabe geweckt hatte. Um seine strenggeschnittenen Lippen spielte ein Lächeln, von dem sie früher angenommen hatte, es wäre nur überlegen und spöttisch gewesen, und von dem sie jetzt – jetzt in diesem Augenblick wußte, daß es nur wissend und ein wenig traurig war.

»Wie – wie kommen Sie hierher?« fragte sie mit zitternder Stimme.

»Ich kenne diesen Hügel«, sagte er. »Und ich weiß, woran man denkt, wenn man hier oben sitzt.«

Ihre Blicke tauchten ineinander, sie wußten um ihre Liebe, um ihre Hoffnungslosigkeit, um die lange, leere Zukunft, die vor ihnen lag, sie wußten, daß ihnen nur Augenblicke wie diese hier gegeben wurden und danach immer wieder die Trennung.

»Warum haben Sie das getan, Charlotta?« fragte er, und seine Stimme klang genauso wie damals, als er sie unter dem Sternenhimmel auf das Gut der Baronin von Winthorst begleitet hatte.

Das war für sie zuviel. Der ganze aufgestaute und in den vergangenen Wochen so mühsam im Zaum gehaltene Kummer brach sich Bahn, als sie rief: »Sie sind schuld! Warum sind Sie damals gegangen? Warum haben Sie mich nicht mitgenommen? Oder haben Sie gelogen?«

»Nein«, sagte der Mann. »Ich habe nicht gelogen.«

»Sie haben nicht gelogen«, flüsterte Charlotta. Tränen liefen über ihre Wangen, aber es machte ihr nichts aus, wenn er sie weinen sah. »Nun – Sie haben das, was ich Alfred sagte, für bare Münze genommen. Dabei wollte ich ihn nur loswerden. Haben Sie denn das nicht gemerkt? Und dann, in Berlin... Warum fragten Sie mich nicht, *warum* ich dort war? Ich hätte es Ihnen gesagt. Warum haben Sie nicht mit mir *gesprochen?* Vielleicht, vielleicht wäre dann alles anders gekommen. Und ich war böse und zornig und unglücklich, und dann kam Stan und fragte mich, ob ich ihn heiraten wolle, und ich tat es, und niemand war da, der mir gesagt hatte: Du machst eine Riesendummheit. Niemand *sprach* mit mir. Und dann versuchte man mich zu erpressen, ich sah zwei Menschen sterben, und ich dachte: Es ist egal, was passiert, aber ich sage ihm die Wahrheit, ich will nicht weiterlügen. Und ich sagte es ihm. Alles.«

»Er – weiß es?« fragte der Mann bestürzt. »Der Graf? Dein Mann?«

»Ja«, sagte Charlotta.

»Aber ...«

»Was soll ich denn tun?« rief Charlotta unglücklich. »Seitdem ist es, als wäre in ihm etwas gestorben. Es wäre besser gewesen, wenn ich es ihm nicht gesagt hätte. Oder wenn ich einfach davongelaufen wäre. Jetzt muß ich weiterlügen, alles ist nur Lüge, und eines Tages wird es ja doch herauskommen, und sie werden mich hetzen, so ... so wie vorhin den armen Fuchs, und ich werde keine Chance haben. Und ich muß immer an *damals* denken, und weil ich es tue, bin ich immer, immer ...«

»Allein?« fragte der Mann leise.

Charlotta nickte. Das war es: allein. Aber sie hatte nicht mehr die Kraft, das Wort auszusprechen.

»Du hast recht«, hörte sie ihn murmeln. »Du hast recht, meine kleine Charlotta: Ich war ein Idiot.«

»Und jetzt bringen Sie auch diese Frau mit, ich hasse sie, und alle behandeln mich wie ein unmündiges Kind, aber das bin ich nicht mehr. Ich bin es nicht!«

»Nein«, sagte er ernst. »Du bist kein Kind. Und ich habe kein Recht mehr, es zu sagen. Aber ich liebe dich. Ich liebe dich, seit du vom Pferd gefallen bist und ich in Todesängsten schwebte, du könntest dir den Hals gebrochen haben.«

»Heute auch«, lachte Charlotta unter Tränen. »Ich bin heute wieder vom Pferd gefallen, und jetzt habe ich dich getroffen. Immer, wenn ich vom Pferd falle ...«

»Damals habe ich dich weggetragen«, sagte er.

»Der Waldgeist ... In sein Waldschloß«, flüsterte Charlotta. Und obwohl sie wußte, daß es falsch war, was sie jetzt tat, und daß es ihre Schwierigkeiten nur ins Unermeßliche steigern würde, wehrte sie sich nicht, als er sie an sich zog und ihr mit den Fingern zärtlich über das nasse Gesicht strich, um ihr die Tränen abzuwischen.

Gleich nachdem das Halali geblasen wurde – er war noch rechtzeitig dazugekommen –, machte sich Graf Stürgkh auf die Suche nach Charlotta.

Baron von Rüxleben hatte ihm zwar wiederholt versichert, ihr Sturz wäre harmlos gewesen, sie hätte sich auf die Suche nach ihm, dem Grafen, begeben und müßte wohl jeden Augenblick hier eintreffen. Trotzdem war der Graf zu besorgt, um ruhig warten zu können. Er ließ sich vom Baron eine Abkürzung des Weges beschreiben und ritt los.

Der sandige Boden dämpfte die Schritte des Pferdes. Hinter jeder Wegbiegung erwartete der Graf, Charlotta auftauchen zu sehen, und seine Besorgnis wuchs, als er sich von Mal zu Mal enttäuscht sah. Vielleicht war der Sturz doch nicht so harmlos verlaufen. Der Graf gab dem Pferd die Sporen und fiel in leichten Galopp. Nicht auszudenken, wenn Charlotta wirklich etwas zugestoßen war! Sie hat mich belogen, dachte der Graf, sie hat sich diese Ehe mit mir erschwindelt, aber Gott steh mir bei: ich liebe sie.

Er hatte es schon immer gewußt. Auch in jener verfluchten Nacht in Venedig. Und später, als er vergeblich versucht hatte, seine Liebe abzutöten. Die fadenscheinigen Gründe, die er erfunden hatte, um sie bei sich zu behalten. Er hatte selbst daran geglaubt. Dabei hatte es immer einen einzigen Grund für seine Entscheidung gegeben: Er wollte sie nicht verlieren.

Das war die Wahrheit. Und ihre ganze Tragweite war ihm vorhin bewußt geworden, in dem kurzen Augenblick, als sie sich während des Jagdrittes zu ihm umgedreht und ihn angelächelt hatte. Ihre Augen ... Leuchtend vor Freude und Begeisterung. Die halboffenen Lippen mit den weiß schimmernden Zähnen dahinter. Der junge, geschmeidige Körper, der sich jeder Bewegung des Pferdes anpaßte. Seine Frau. Eine – Hochstaplerin? Hätte eine gewöhnliche Hochstaplerin den Mut aufgebracht, ihm die Wahrheit zu erzählen?

War es denn nicht gleichgültig, welchen Namen sie früher getragen hatte? War seine unversöhnliche Haltung nicht nur seiner Eigenliebe und seinem verletzten Stolz entsprungen? Seiner Eitelkeit? Seine Entscheidung war ein fauler Kompromiß gewesen. Entweder hätte er sie fortjagen – oder die ganze Geschichte vergessen sollen. Wenn er sich schon entschlossen hatte, sie bei sich zu behalten, dann hätte er auch die Kraft aufbringen müssen, zu sagen: Versuchen wir, Klarschiff zu machen. Du hast dich einer hübschen Reihe von Vergehen schuldig gemacht, wobei wir von Urkundenfälschung gar nicht reden wollen. Wir wollen die Geschichte in Ordnung bringen. Und dann heiraten wir noch einmal: Diesmal wirst du meine Frau unter deinem richtigen Namen.

Das ist es! dachte der Graf erregt, während er auf dem jetzt steil ansteigenden Weg das Pferd zur Eile antrieb. Es wird ein tolles Gerede geben, wenn die Angelegenheit publik werden sollte. Aber ich werde es tun. Zum Henker mit den Hohlköpfen, die mich dafür verurteilen sollten! Zum Henker mit der politischen Karriere! Was bedeutet mir schon eine Karriere ohne sie? Denn ... Denn wie ich sie kenne, wird sie diesen Zustand nicht mehr lange ertragen. Eines Tages wird sie beschließen, auf und davon zu gehen.

Hoffentlich – sagte er sich voll banger Unruhe, hoffentlich ist es noch nicht zu spät! Hoffentlich habe ich Narr nicht ihre Liebe abgetötet. Oder die Ansätze einer Liebe. Oder auch nur ihre Sympathie, ihre Achtung. Was auch sein mag: ich will sie nicht verlieren!

Das waren die Gedankengänge des Grafen, kurz bevor er die Hügelkuppe erreicht hatte und unter der großen, allein stehenden Föhre Charlottas Schimmelstute und noch ein zweites Pferd entdeckte. Die nachfolgenden Ereignisse, die zu soviel Rätselraten und zu der empörten Interpellation eines sozialdemokratischen Abgeordneten vor dem Reichstag Anlaß gaben, kann man nur unter einem Gesichtspunkt begreifen: Der Graf hatte mit diesem Entschluß einen Sieg über sich selbst errungen. Er war Herr über seine eigenen und die Vorurteile seiner Gesellschaft und seiner Welt geworden. Dann aber mußte er erkennen, daß sein Ringen vergeblich gewesen war. Er fühlte sich um die Früchte seiner Selbstüberwindung betrogen – und seine Bereitschaft, alles wiedergutzumachen, schlug in Unversöhnlichkeit und Haß um. Von nun an war er nur noch von einem einzigen Gedanken besessen: den Mann zu töten, von dem er glaubte, daß er ihm Charlotta genommen hatte.

Er sah sie neben den Pferden stehen: einen Mann und eine Frau in enger Umarmung, ihre Silhouette hob sich scharf von dem blaßblauen Herbsthimmel ab, und er erkannte in der Frau Charlotta. Von diesem Augenblick an handelte der Graf wie ein von mörderischem, fremdem Willen besessener Automat. Mit seltsam eckigen Bewegungen saß er ab, ging auf das Paar auf der Hügelkuppe zu und gab sich keine Mühe, leise aufzutreten. Trotzdem hörten sie ihn erst im letzten Augenblick. Charlotta sah ihn über die Schulter des Fürsten zu Wied an, und ihre Augen weiteten sich entsetzt. Dann fuhr sie zurück und bedeckte mit flatternden Händen das kreidebleich gewordene Gesicht.

»Nein!« flüsterte sie. »Mein Gott – nein!«

Jetzt blickte sich auch der Fürst um.

»Hören Sie, Graf«, sagte er heiser. »Es tut mir leid… Aber mißverstehen Sie nicht die Situation. Ich kann es Ihnen erklären…«

»Ich habe Sie schon einmal gefordert«, unterbrach ihn der Graf, und seine Stimme schien genauso leblos wie sein Gesicht, seine Augen. »Damals haben Sie gekniffen. Diesmal nicht.« Dann hob er die Hand mit der Reitpeitsche und schlug mit aller Kraft zu.

Die Nacht verging… Charlotta saß angezogen am Fenster und sah unverwandt auf die Verbindungstür zwischen ihrem und dem Zimmer ihres Mannes. Kurz vor der Morgendämmerung hörte sie ihn hin und her gehen, und dann hörte sie ihn das Zimmer verlassen. Sie machte eine Bewegung, als wollte sie aufstehen. Doch sie tat es nicht, die Schritte des Grafen gingen draußen an der Tür vorbei und verklangen.

Etwas später begann es draußen zu dämmern. Der Himmel über der dunklen Masse der Baumkronen im Park verblaßte. Das laute Zwitschern der Vögel kündigte einen neuen Tag an: Es würde ein schöner, ein sonniger Tag werden, ein Tag, dem niemand anmerken würde, daß es ein besonderer, ein vom Fluch beladener Tag war.

Und noch etwas später hörte Charlotta draußen leichte, zögernde Schritte. Sie verhielten vor ihrem Zimmer, nach einer Weile klopfte es an, und dann trat die junge, blonde Frau ein, die mit Arthur hierhergekommen war, und schloß die Tür hinter sich behutsam wieder zu. Sie trug einen rosa seidenen, rüschenbesetzten Morgenmantel, ihre nackten Füße steckten in hochhackigen Pantöffelchen, und ihre blauen Augen waren fragend und ängstlich auf Charlotta gerichtet.

»Verzeihen Sie bitte, wenn ich so eindringe, Gräfin«, sagte sie, und ihre Stimme war dünn und verlegen wie die eines kleinen Mädchens. »Aber ich konnte nicht mehr schlafen. Ich – ich möchte sie etwas fragen. Darf ich hereinkommen?«

Charlotta nickte. Die junge Frau trat näher und setzte sich auf den Bettrand.

»Ich verstehe das nicht«, begann sie stockend. »Was geht hier vor? Es ist alles so – so merkwürdig. Diese schreckliche Strieme auf Arthurs Gesicht. Ich meine, auf dem Gesicht des Fürsten zu Wied ...« Und nach einer Weile weniger zaghaft, flüssiger: »Sehen Sie, Gräfin, ich bin nur eine kleine Tänzerin. Warum soll ich es nicht sagen? Und vielleicht nicht mal eine besonders gute. Ich weiß, daß ich dem Fürsten in Wirklichkeit nicht sehr viel bedeute. Vielleicht hätte ich nicht hierherkommen sollen. Aber ich wollte einmal sehen, wie – wie das ist ... Verstehen Sie mich?«

»Ich verstehe«, sagte Charlotta und wünschte sich diese Frau weit, weit fort, damit sie allein sein konnte mit ihrer Angst und Verzweiflung.

»Komm nur mit, und schau dir diese große Welt an! sagte er. Und dann sagte er auch, daß ich mich nicht einschüchtern lassen soll. Diese Leute kochen auch nur mit Wasser, auch wenn die meisten glauben, es wäre Champagner. Und – und es machte ihm nichts aus, weil ich mitkam. Ein anderer würde sich genieren. Ich weiß das. Er ist ganz anders. Als würde er nichts ernst nehmen. Nur heute abend… Er hat kein Wort mit mir gesprochen. Er hat sich in sein Zimmer eingesperrt, aber ich habe durch das Schlüsselloch…« Sie errötete und senkte schuldbewußt den Blick.

»Was hätten Sie denn sonst tun können?« fragte Charlotta gleichgültig.

»Ja, nicht wahr? Ich hatte doch Angst. Und ich sah eine Pistole, er hielt sie in der Hand und starrte darauf. So – und so merkwürdig. Leer. Und jetzt weiß ich…«

»Was wissen Sie?«

»Vorhin ging er weg. Ich bin ihm nachgeschlichen. Und dann sah ich, daß auch Ihr Mann wegging, und ich lief auf den Balkon und sah sie wegreiten. Zuerst der Fürst und dann Ihr Mann, und jeder hatte einen Begleiter, und alle waren schwarz angezogen. Und etwas später fuhr auch ein Wagen mit zwei Männern weg, in die gleiche Richtung. Den einen habe ich erkannt: es war der junge Arzt. Was geht hier vor? Sie wissen es, Gräfin, bitte sagen Sie es mir. Bitte!«

»Sie wollen sich duellieren«, sagte Charlotta.

»Duell… Sie meinen doch nicht…?« Die junge Frau sprang erregt auf. »Das ist doch Unsinn!«

»Das meinen wir«, sagte Charlotta. »Sie aber schießen aufeinander, um zu töten.«

»Aber – aber warum?« Die Frau rüttelte Charlotta an der Schulter, als wollte sie sie von ihrer seltsamen Starre befreien. »Man müßte doch etwas tun! Es verhindern! Man müßte ihnen nach, man müßte… Warum tun Sie nichts? Es ist doch auch Ihr Mann! So tun Sie doch etwas, antworten Sie mir!«

»Niemand kann sie daran hindern«, sagte Charlotta, und die junge Frau wich vor ihrer Stimme erschrocken zurück. »Sie nicht, ich nicht. Niemand. Wir können nichts tun als warten.«

Sie standen auf der Lichtung, der Himmel über der gezackten Baumlinie im Osten begann sich zu röten, Vogelgezwitscher erfüllte die dunstig-frostige Luft, Tau tropfte von den Zweigen.

Wie es den Regeln entsprach, hatte der Unparteiische versucht, eine Aussöhnung der Duellanten herbeizuführen. Und wie erwartet, war sein Versuch fehlgeschlagen. Dann maßen die Sekundanten fünfundzwanzig Schritte ab und kennzeichneten die Stelle, wo die Duellanten stehen sollten.

»Es wurde ein dreimaliger Schußwechsel ausgemacht«, sagte der Unparteiische heiser. Er war ein großer, dicker Mann, und sein Gesicht war trotz morgendlicher Kühle schweißnaß. »Nach jedem erfolglosen Schußwechsel wird die Distanz um fünf Schritte verkürzt. Entspricht diese Regelung den ausgemachten Bedingungen?«

Die Sekundanten bestätigten es.

»Dann bitte ich die Duellanten, ihre Plätze einzunehmen.«

»Duellanten… Plätze einnehmen… Unsinn! Ein gottverdammter, verfluchter Unsinn!« murmelte der junge Arzt, der mit offener Instrumententasche neben sich etwas abseits stand. Diese beiden Männer… Wie entsetzlich ruhig sie waren! Abwesend. Verschlossen. Und dabei mußten sie doch genau wissen, daß dieses so unwirklich anmutende Spiel im Morgengrauen tödlich enden würde. Dreimaliger Schußwechsel. Verkürzte Distanz. Sie werden vorbeischießen! sagte sich der Arzt, sich gleichsam an diesem Gedanken festklammernd, um das, was folgen würde, ertragen zu können. Sie wollen sich nicht *wirklich* treffen, ich kann es nicht glauben. Ich kann nicht glauben, daß dieser große, schöne, Mann mit dem wie versteinerten Gesicht sterben könnte: jetzt, im nächsten Augenblick. Oder der andere, ein Fürst, dessen spöttische Gleichgültigkeit so unnatürlich schien, obwohl – und das wußte der Arzt genau – sie nicht gespielt war: die Gleichgültigkeit eines Mannes, der mit dem Leben abgeschlossen hatte und nun fast neugierig darauf wartete, was *danach* kommen würde.

»Die Pistolen sind geladen«, sagte der Unparteiische. »Ich bitte die Duellanten, die Hähne zu spannen.«

Das kaum hörbare Klicken der Hähne erschien dem Arzt laut wie Pistolenschüsse.

»Gefeuert wird, wenn dieses Tuch den Erdboden berührt. Der Herausforderer – bereit?«

Der Graf nickte.

»Der Herausgeforderte – bereit?«

»In drei Teufels Namen – ja!« sagte der Fürst, und der Arzt sah in seinem kantigen, harten Gesicht die Zähne aufblitzen. Er lacht, dachte er entsetzt. Der nächste Augenblick kann sein letzter sein, aber er lacht…

Der Unparteiische hielt in der hocherhobenen Rechten ein weißes Tuch. Mit der freien Hand fuhr er sich über das schweißnasse Gesicht, als versuchte er die Benommenheit fortzuwischen, die seine Bewegungen und seine Entschlußkraft lähmte. Dann spreizte er die Finger, und das weiße Tuch fiel langsam zu Boden.

Im nächsten Augenblick fielen fast gleichzeitig zwei Schüsse, brachen sich an der dunklen, geschlossen wirkenden Wand des Hochwaldes, verhallten in der Ferne. Tiefe Stille folgte ihnen, die Zeit schien einen Herzschlag lang stillzustehen. Dann begann sie wieder mit ihrem endlosen Lauf aus der einen in die andere Unendlichkeit, und über den schwarzen Scherenschnitt der Baumwipfel stieg der obere Rand der riesigen, roten Sonne.

Charlotta und die junge, blonde Frau standen am Fenster, als der geschlossene Wagen in schneller Fahrt vorfuhr und vor dem Eingang des Gästeflügels anhielt. Sie sahen den jungen Arzt herausspringen und sich wieder in den Wagen beugen. Dann kletterte auch ein großer, dicker Mann mit schwitzendem Gesicht vom Kutschbock, lief zum Arzt, und dann hoben sie mit Hilfe eines unsichtbaren Dritten im Wageninnern den leblosen Körper eines Mannes heraus.

Charlotta spürte, wie sich die Finger der blonden Frau in ihren Oberarm krallten.

»Ist er tot? Großer Gott – er ist tot – wer ist es – ist er tot? Tot?«

Jetzt kamen noch zwei Reiter und saßen vor dem Gästetrakt ab. Einer von ihnen war Graf Stürgkh. Er blieb einige Schritte von der Kutsche entfernt stehen und sah mit bleichem, reglosem Gesicht zu, wie sich die anderen um den leblosen Körper bemühten.

»Arthur!« flüsterte die junge, blonde Frau, ließ Charlottas Arm los und lief aus dem Zimmer.

Nun wich auch von Charlotta die starre Ruhe, mit der sie die Szene unter dem Fenster beobachtet hatte. Mit einem rätselhaften Blick streifte sie die hohe Gestalt ihres Mannes, wandte sich entschlossen ab und ging der blonden Frau nach.

Das Duell auf dem ostpommerschen Gut des Barons von Rüxleben wäre im Normalfall sicherlich geheim geblieben. Die hohe Aristokratie fühlte sich über ihr Standesbewußtsein hinaus wie eine große Familie. Keine Familie bleibt von Meinungsverschiedenheiten verschont; man hängte sie freilich nicht an die große Glocke, sondern machte sie untereinander aus.

In der von Männern geprägten und auf sie zugeschnittenen aristokratischen Gesellschaft war das Duell die stillschweigend akzeptierte und unter gewissen Umständen die einzig mögliche Art, Differenzen aus der Welt zu schaffen. Es gab Situationen, in denen keine gütliche Einigung möglich war. Fühlte man seine Ehre verletzt, griff man zum Waffe, bereit, mit dem Leben für sie einzustehen.

Ein erheblicher Teil von – nicht selten tödlichen – »Jagdunfällen« ging in jenen Jahren auf das Konto solcher mit Waffen ausgetragenen Meinungsverschiedenheiten. Als Jagdunfall deklarierte man dieses Duell; dabei hatte man allerdings nicht mit der blonden Tänzerin gerechnet, die mit dem Fürsten zu Wied gekommen war. Sie brachte den Stein ins Rollen, der alsbald eine ganze Lawine auslöste. Schuld daran aber war die Ungeschicklichkeit der Männer, die gerade das unter allen Umständen verhindern wollten.

Kurz nach acht ließ Baron von Rüxleben den Kronprinzen wecken. Nervös lief er im Salon des Appartements auf und ab, das dem hohen Gast zur Verfügung gestellt worden war, bis der Kronprinz endlich erschien.

»Was, zum Teufel, ist denn los, Baron?« fragte der junge Mann ungehalten, als er eintrat.

Der Baron erzählte es ihm. Als er geendet hatte, blieb es sekundenlang still, bevor der Kronprinz fragte:

»Ist Arthur schwer verletzt?«

»Durchschuß der rechten Brusthälfte, Kaiserliche Hoheit.«

»Besteht Lebensgefahr?«

»Bei solchen Verletzungen immer.«

»Ich kann es nicht fassen!« sagte der Kronprinz, während er mit langen Schritten durch den Salon zu laufen begann. »Ich weiß, wie Arthur schießt. Es *kann* einfach nicht mit rechten Dingen zugegangen sein!«

»Es ging alles nach Reglement, Kaiserliche Hoheit.«

»Zeugen?«

»Graf Dickhoff als Unparteiischer, Oberstleutnant von Striebig und Major von Adlersleben als Sekundanten ...«

»Das genügt. Wer weiß es noch?«

»Außer den genannten Herren auch noch Dr. Springer, Gräfin Stürgkh und ...« Der Baron zögerte.

»Nun?« Der Kronprinz blickte den anderen ungeduldig an.

»Die Tänzerin, die Fürst zu Wied mitgebracht hat. Fanny Klein heißt sie.«

»Eine – Tänzerin? Das wußte ich nicht. Wenn Cäcilie erfährt, daß sie mit einer Tänzerin unter dem gleichen Dach …« Der Kronprinz blickte beunruhigt zur Schlafzimmertür und senkte unwillkürlich die Stimme, als er weitersprach: »Entfernen Sie diese Dame so schnell wie möglich, Baron! Sie muß zum Schweigen verpflichtet werden. Notfalls mit Nachdruck. Und sie muß fort. Und was diese kleine Gräfin anbetrifft… Hat sie mit der Geschichte etwas zu tun?«

»Sie scheint am Duell nicht ganz unschuldig zu sein, Kaiserliche Hoheit.«

»Natürlich«, seufzte der Kronprinz. »Frauen… Kennen Sie sonst einen Grund, weshalb sich Männer die Köpfe gegenseitig blutig schlagen? Ein hübsches Gesicht, eine nette Figur, ein runder Popo. Und schon verlieren wir den Verstand. Eine faszinierend schöne Frau. Frauen wie sie – sie lassen einen an Dinge denken, an die man um des lieben Friedens willen nicht denken sollte. Sie beunruhigen. Machen Männer zu Helden oder zu Narren. Meistens zu Narren. Kann ich nach Arthur sehen, Baron?«

»Er schläft jetzt, Kaiserliche Hoheit. Außerdem hielte ich es für angeraten, wenn Sie Ihre Abreise vorverlegten.«

»Sie werfen mich also hinaus, Baron?«

»Kaiserliche Hoheit!«

»Ja, ja, ich habe verstanden. Ich habe nichts gesehen, ich weiß von nichts. Und schon gar nicht darf mein Name im Zusammenhang mit Arthur erwähnt werden.«

»Aus sehr naheliegenden Gründen, Kaiserliche Hoheit. Nennen wir es Politik, Diplomatie. Seine Majestät, der Kaiser…«

»Sie müssen es mir nicht gleich wieder unter die Nase reiben!« unterbrach der Kronprinz den Baron heftig. »Natürlich haben Sie recht. Und, um ehrlich zu sein, fast – fast kommt mir die Geschichte mit diesem Duell gelegen. Sie schiebt die Entscheidung, die Sie von mir verlangen, hinaus. Ich habe noch etwas Zeit.«

»Es ist eine notwendige Entscheidung, Kaiserliche Hoheit. Die Gründe sind uns bekannt. Dem Fürsten zu Wied ist nicht vorzuwerfen, *daß* er sich duelliert hat, sondern daß er es *jetzt* getan hat. Aber...«, der Baron machte eine kurze Pause, als wollte er die Bedeutung seiner Worte unterstreichen, »...selbst der Tod des Fürsten könnte an der Tatsache, daß etwas geschehen muß, nichts ändern. Der Tod eines einzelnen ist ohne Belang, wenn es um die Sache geht. Das unglückselige Dazwischentreten des Grafen Stürgkh hat eine neue Situation geschaffen, Kaiserliche Hoheit. Daß es gerade *jetzt* geschah, sollte uns zu denken geben. Und auch *wie* es geschah.«

»Sie meinen – eine absichtliche Provokation? Aber das ist doch absurd!«

»Nichts ist unmöglich, Kaiserliche Hoheit. Wir werden uns gelegentlich mit dieser kleinen, schillernden Gräfin beschäftigen müssen. Aber...«, der Baron verbeugte sich mit einem kleinen Lächeln, »... das sind Einzelheiten, um die Sie sich nicht kümmern müssen, Kaiserliche Hoheit. Darf ich jetzt bitten, entlassen zu werden?«

Nachdem der Baron gegangen war, lief der Kronprinz noch lange unruhig auf und ab.

Eine verteufelte Situation! Was wurde hier gespielt? *Nichts ist unmöglich.* Sollte die kleine Gräfin tatsächlich...? Unsinn! Trotzdem: Er hätte lieber die Finger davon lassen sollen. Andererseits hatten die Leute um den runden, so harmlos aussehenden Baron recht: Es mußte etwas geschehen. Mit Sicherheit konnte man ihnen keine selbstsüchtigen Motive unterstellen. Macht, Einfluß, Geld? Davon hatten sie genug. Es ging ihnen um das Reich.

Nach außen hin sind wir so stark wie noch nie, dachte der Kronprinz. Glanz, Reichtum, Macht und Stolz. Wir können stolz sein... Aber wir sind nicht nur das. Anmaßend. Wir betrachten uns als allen anderen überlegen. Immer vornweg. Immer die ersten. »Deutschland erinnert mich an einen streberhaften Klassenprimus: Er will immer der Beste sein, alle erkennen seine Leistungen an, aber niemand kann ihn ausstehen.«

Das war einer der spöttischen Aussprüche des Fürsten zu Wied gewesen, des Mannes, der irgendwo in diesem Haus vielleicht mit dem Tod rang. Oder: »Ich bewundere die Leistung Seiner Majestät: Er hat es in kürzester Zeit fertiggebracht, Deutschland zu isolieren. Wir machen Politik wie ungeschickte Möbelträger: immer mit hau ruck – und die Scherben klirren.« Oder: »Europa taumelt von einer Krise zur anderen, geradewegs in einen Krieg. Es wäre töricht, uns die Schuld zuzuschieben. Aber die Konstellation, in die uns die Politik Seiner Majestät manövriert hat, begünstigt die Katastrophe. Wenn es mal soweit ist … Mannhaft werden wir untergehen.« Oder: »Der liebe Gott ist nach der Meinung unseres Kaisers ein Deutscher. Seine verdammte Pflicht und Schuldigkeit ist es, sich auch wie ein solcher zu betragen: diszipliniert, gehorsam und kaisertreu.« Und schließlich: »Ein unfähiger General wird belobigt, dekoriert und in allen Ehren in Pension geschickt. Von einem Souverän hängt nicht nur das Wohl einer Armee ab, sondern eines ganzen Reiches. Aber er kann über Jahrzehnte Unsinn machen, und niemand ist da, der ihm zu sagen wagte: Nehmen Sie den Hut, Majestät.«

Er, Arthur, hatte es gewagt. Und wenn der Kaiser von diesem Duell erfuhr … Er hätte endlich eine rechtliche Handhabe, gegen ihn vorzugehen. Und er würde sie weidlich ausnützen.

Warum, fragte sich der Kronprinz, warum mußte er sich ausgerechnet jetzt duellieren? Und wenn es schon sein mußte: Warum schoß er den Grafen nicht über den Haufen? Eines ist sicher: Wenn er dieses Duell hätte gewinnen wollen, hätte er es auch gewonnen. War der Grund am Ende tatsächlich bei der schönen Gräfin Stürgkh zu suchen?

Und dann wieder die Frage: Warum tue ich, was der Baron von

mir verlangt? Warum bringe ich es nicht fertig, einfach hinzugehen und nach ihm zu sehen? Wir nennen es Politik, Diplomatie, aber in Wirklichkeit ist es Feigheit: Wir alle haben die Hosen gestrichen voll vor ihm, meinem Vater. Anstatt daß einer vor ihn treten und ihm sagen würde: *So geht es nicht weiter,* wird konspiriert. Und der einzige, der zu so einem Wort imstande ist, liegt vielleicht im Sterben.

»Ich habe es genau gesehen, jede Einzelheit«, sagte der Arzt leise. Er blickte Charlotta an, doch er schien sie nicht richtig zu sehen, als wäre er noch immer dort auf der Lichtung. »Er hob die Hand und schoß als erster. Irgendwohin in die Gegend. Er zielte überhaupt nicht, sondern drückte einfach ab. Und die ganze Zeit über lächelte er.«

»Und mein Mann?« fragte Charlotta.

»Er schoß gleich darauf. Ich sah, daß der Fürst getroffen wurde. Er zuckte zusammen wie unter einem Schlag. Aber er blieb stehen. Und sein Gesicht... Kein Schmerz. Keine Überraschung. Nur dieses Lächeln. Und dann nickte er Ihrem Mann zu und sagte: *Jetzt sind alle Probleme gelöst, Graf, nicht wahr? Sie sind ein besserer Schütze, als ich gedacht habe.* Dann gaben seine Beine nach, aber die Besinnung verlor er erst später, während der Fahrt.«

Jetzt sind alle Probleme gelöst, dachte Charlotta, während sie dem Arzt zusah, wie er sich mit fahrigen Bewegungen eine Zigarette anzündete. Alle Probleme gelöst. Welch eine Ironie!

»Zwei gesunde, junge Männer stehen da, mit Pistolen in den Händen«, sprach der Arzt weiter. »Und von einem Augenblick zum anderen geschieht es. Warum schoß er einfach so in die Luft?« Er blickte Charlotta an, aber sie gab ihm keine Antwort. Warum? dachte sie. Ich weiß es. Ich weiß es.

»Er hatte eine Menge Glück«, sagte der Arzt sachlich. »Wäre er nur eine halbe Handbreit weiter links getroffen worden... Wenn keine Komplikationen auftreten...«

»Er wird wieder gesund«, sagte Charlotta bestimmt, ohne sich um den verwunderten Blick des jungen Arztes zu kümmern. »Ich weiß es. Ich habe Menschen sterben sehen. Er wird nicht sterben. Darf ich jetzt wieder zu ihm?«

»Er schläft ...«

»Ich möchte mich verabschieden. Auch wenn er schläft.«

»Bitte, leise!« sagte der Arzt, machte die Tür zum Zimmer des Fürsten auf und hinter ihr wieder zu, und sie war mit ihm allein.

Der Fürst schlief nicht. Er blickte Charlotta entgegen, und auf seinem bleichen Gesicht stand ein schwaches Lächeln. Sie ging zu ihm, kniete neben seinem Bett nieder, nahm seine Hand und drückte sie auf ihr Gesicht.

»Die Waldfee«, murmelte er. »Vorhin... Vorhin, als es mir die Beine wegzog, glaubte ich dich zu sehen. Und jetzt ...«

»Du sollst nicht reden«, sagte Charlotta, mit aller Macht gegen die Tränen ankämpfend, die ihr den Blick verschleierten.

»Als ich aufwachte, warst du *wirklich.* Aber – keine Waldfee mehr. Fast wie eine gelernte Krankenschwester ...«

»Ich habe nur ein bißchen dem Arzt geholfen. Und jetzt sprich nicht weiter ...«

»Wo ist Fanny?«

»Sie ist abgereist. Der Baron holte sie ab.«

»Das ist gut. Die arme Kleine... Für sie wird das eine große Enttäuschung gewesen sein.«

Charlotte hörte – ein wenig eifersüchtig – auf den Klang seiner Stimme. Aber sie verriet nichts als Erleichterung und unpersönliches Mitleid. War ihm diese junge Frau wirklich so gleichgültig?

»Soll ich ihr etwas ausrichten?«

»Nein«, sagte er, mühsam jetzt, langsam wieder in die Tiefen absinkend. »Du mußt jetzt gehen.«

»Ja«, sagte Charlotta.

»Waldfee«, murmelte er. »Einen Kuß zum Abschied.«

Er sah, wie sich ihr Gesicht über ihn beugte, und er spürte ihre

Lippen auf den seinen. Die Zeit stand still, sie war bei ihm, sie war immer bei ihm gewesen, ein unwirkliches Traumbild, wirklich jetzt und doch nur ein Traum, Wissen und Sehnsucht, Erfüllung und Schmerz, eine kleine Berührung, doch nicht nur ein Kuß... Er blickte sie an, bis ihr Gesicht hinter grauen Schleiern verschwamm. Er stürzte in den bodenlosen Abgrund, aus dem Worte wie große, dunkle Vögel aufstiegen: Unsere Sterne sind einander begegnet. Unsere Hände berührten sich. Doch wir wagten den Sprung nicht. Und die Finsternis des Nichts zwischen uns wird weiter und weiter. Jetzt ist es zu spät. Wir sind verloren.

Der Baron hatte sie aus dem Krankenzimmer gerufen und ihr auf seine liebenswürdige, doch unmißverständliche Art zu verstehen gegeben, daß sie ihre Sachen packen und verschwinden sollte. »In fünfzehn Minuten steht der Wagen für Sie bereit, Fräulein Klein. Sie werden den Zug nach Berlin gerade noch erreichen.«

Ihre Proteste hatte er mit einer ungeduldigen Handbewegung hinweggewischt. »Sie werden verstehen, daß Ihre Anwesenheit nicht mehr erwünscht sein kann. Der Chauffeur kümmert sich um Ihr Gepäck und die Fahrkarte.« Und schließlich, mit einer unüberhörbaren Drohung in der Stimme: »Ich darf Sie zum strengsten Stillschweigen verpflichten, mein Fräulein. Ein bedauerlicher Jagdunfall. Wir haben uns verstanden?«

Zuletzt hatte er ihr einen Briefumschlag in die Hand gedrückt, den sie verwirrt in ihre Handtasche gesteckt hatte – und an den sie sich erst jetzt, während der Fahrt zum Bahnhof, erinnerte. Sie holte den Umschlag hervor, öffnete ihn und sah darin fünf Hundertmarkscheine liegen. Das gab den Ausschlag.

Geld! dachte sie, während ihr zornige Röte ins Gesicht schoß. Mit Geld ist alles zu machen. Sie lassen sich's was kosten. Gut, ich kann es gebrauchen, aber... Aber ich bin keine Hure! Welch eine unerträgliche Anmaßung! Und – wie dumm!

Halt den Mund, Mädchen, erzähl niemandem etwas davon! hätte er gesagt, Arthur. Und ich hätte geschwiegen. Aber er lag da, hatte nur Augen für diese Gräfin, er lächelte sie an. Nie hat er mich so angesehen! Dabei ist sie schuld, daß er fast totgeschossen wurde.

Sie ist schuld! Ein Jagdunfall. Und ich soll schweigen. Aber ich werde es nicht tun!

Mit einer energischen Handbewegung wischte sie sich die Tränen des Zornes und der Eifersucht aus den Augen, stopfte das Geld in die Handtasche und beschloß, sofort nach ihrer Ankunft in Berlin einen befreundeten Journalisten aufzusuchen. Er war zwar nur Theaterkritiker, aber er saß in einer Redaktion und hatte sich schon immer um sie bemüht. Nun, jetzt konnte er beweisen, wieviel ihm wirklich an ihr lag.

Der schwere Wagen blieb stehen. Der Chauffeur drehte sich um und blickte sie über die Schulter grinsend an.

»Wir sind da, Fräulein. Sie können noch einen Kaffee im Bahnhofsrestaurant trinken. Inzwischen kümmere ich mich um Ihr Gepäck und besorge die Fahrkarte.«

»Nur das Gepäck«, sagte die junge Frau hochmütig. »Die Fahrkarte kaufe ich mir selbst.«

Der Graf stand ihr gegenüber: groß, mit zornigen Augen in dem bleichen, schönen Gesicht, und seiner Stimme merkte man an, welche Mühe es ihn kostete, sich zu beherrschen.

»Ich finde es unerhört!« sagte er gepreßt. »Was hattest du bei ihm zu suchen? Ich verbiete dir…«

»*Das* findest du unerhört«, unterbrach ihn Charlotta gleichgültig. »Aber daß du ihn beinahe umgebracht hast, *das* findest du ganz in Ordnung, nicht wahr?«

»Du weißt genau, warum.«

»Natürlich. Ich bin schuld.« Charlotta sagte es ohne Erbitterung. Die düsteren Ahnungen der vergangenen Tage, daß etwas

Unheilvolles geschehen würde, hatten sie nicht betrogen. Nun war es vorbei. Die Angst und die Unsicherheit hatten sie verlassen.

»Die Situation…«

»Die Situation war eindeutig. Du hattest keine andere Wahl. Und ich? So ein Biest! Bringt die Männer so weit, daß sie sich ihretwegen duellieren!« Sie wandte sich wortlos ab, um aus dem Zimmer zu gehen. Doch der Graf faßte nach ihrem Oberarm und hielt sie fest.

»Wohin gehst du?« fragte er mühsam. »Zu ihm? Gehst du zu ihm?«

»Vielleicht.«

»Du bleibst hier!« schrie er, schleuderte sie aufs Bett, stürzte ihr nach und hob die Hand, als wollte er sie schlagen.

»Warum tust du es nicht?« fragte Charlotta ruhig. »Und wenn du es tust, was würde es ändern?«

Aus seinem Körper wich die Spannung. Er ließ den Arm sinken. Mit hängenden Schultern, in der Haltung eines müden, alten Mannes, stand er vor ihr und blickte sie an. »Du hast recht. Was würde es ändern? Es ist nur… Was sollen wir tun?«

»Nichts«, sagte Charlotta. »Wir leben wie bisher.«

»Wie bisher? Danach?«

»Lebten wir vor diesem Duell denn nicht wie zwei Fremde? Warum, meinst du, ist das auf dem Hügel geschehen?«

»Ich hatte vor, es dir zu sagen, daß alles vergeben und vergessen sein soll. Ich schwöre es!«

»Vergeben und vergessen.« Charlotta setzte sich hin und glättete den Rock über den Knien. »Vergeben. Warum so spät? Es war wie ein Stein da drinnen. Immer schwerer. Ich konnte es nicht mehr ertragen. Reue erzwingt man nicht mit Grausamkeit. Und was kann grausamer sein als Kälte, wenn man – wenn man nach Verstehen und Liebe hungert?«

»Ich sah euch da stehen…«

»Ich habe mich ausgeweint, er putzte mir mit seinem Taschentuch die Nase, und dann sagte er: ›Du mußt es durchstehen. Er ist dein Mann.‹ Und dann kamst du: mein Mann. Und du schlugst mit der Peitsche zu, ohne zu fragen. Ihr seid so schnell mit eurem Urteil. Fruher einmal war's er. Und dann du. Ihr seid immer im Recht.«

Tiefes Schweigen folgte ihren Worten. Der Körper des Grafen sank in sich zusammen, er kniete hin, drückte das Gesicht in Charlottas Schoß und umschlang ihren Körper.

»Was soll ich tun?« fragte er gequält. »Was soll ich nur tun?«

»Es – überwinden«, sagte Charlotta weich und legte die Hände auf seinen Nacken. Doch sie blickte dabei hinaus, durch das Fenster, wo weiße Wolken langsam über den Himmel zogen. »Und vielleicht – vielleicht begreifst du, daß ich kein Kind mehr bin, kein Spielzeug, das dir gehört, sondern eine Frau.«

9

Vier Tage später – Charlotta und der Graf waren bereits wieder in Potsdam – platzte die Bombe. Eine Berliner Tageszeitung brachte ein Pamphlet vom »Hörensagen« unter dem Titel »Don Quichotte in Ostpommern.« Darin hieß es unter anderem:

> …Wir in Deutschland sind bekanntlich allen anderen voraus: Auch den Spaniern, die einen einzigen, armseligen Don Quichotte hervorbrachten; Ostpommern hat vom Hörensagen deren zwei… Und so standen sie vor Morgengrauen auf, rüsteten zum Kampf für alte Ideale (eine liebreizende Dame von edlem Geblüt soll dem Vernehmen nach auch im Spiel gewesen sein), stellten sich, wie der Brauch es befiehlt, auf einer Waldlichtung voreinander auf, durchbohrten sich mit unerschrockenen Blicken, felsenfest entschlossen, dasselbe auch mit den Kugeln aus ihren Pistolen zu tun. Und einen traf es tatsächlich;

vom Hörensagen erfuhren wir, daß er inzwischen überm Berg ist. Ob sich der solcherart verletzte Ritter die schmerzende Wunde als Lehre angedeihen lassen wird, daß in der Gefahr umkommen kann, wer sich darein begibt? Wir fürchten fast, er wird daraus so wenig lehrreichen Nutzen ziehen wie sein Vorbild aus dem Kampf mit den Windmühlen …

Als Charlotta das Pamphlet gelesen hatte – der Graf hatte die Zeitung nach dem Frühstück wortlos vor sie hingelegt und war bleich vor Zorn hinausgegangen –, wußte sie nicht, ob sie lachen oder weinen sollte. Und wie immer, wenn sie ratlos war, schenkte sie sich noch eine Tasse Kaffee ein, bestrich ein frisches Brötchen doppelt dick mit Marmelade und aß es heißhungrig auf. Merkwürdig, sinnierte sie dabei, daß Kummer oder unangenehme Nachrichten anderen Leuten immer den Appetit verschlagen. Bei mir ist's gerade umgekehrt. Dann ließ sie ein Pferd satteln und ritt trotz naßkalten Wetters aus.

Ärgerlich, so etwas. Der Zorn des Grafen war allzugut begreiflich. Er – ein Don Quichotte! Das ausgerechnet ihm! Charlotta ertappte sich dabei, wie sie verstohlen vor sich hinkicherte. Ärgerlich schon. Aber auch geistreich. Nun – vielleicht war das die einzig richtige Art, über solche Dinge zu schreiben. Ein ernster, empörter Artikel hätte sofort Gegenstimmen ausgelöst. Es zahlte sich nie aus, Kreuzzüge zu führen. Die beste Methode etwas zu bekämpfen war doch, es der Lächerlichkeit preiszugeben.

Ein gescheiter Mann, der das geschrieben hat. Wer es auch sein mochte. Was – fragte sie sich – was wird wohl Arthur darauf sagen? Wahrscheinlich – lachen. Und gleich darauf: Du sollst dich nicht immer fragen, was Arthur zu diesem oder jenem sagen würde. Du mußt ihn endlich vergessen. Es ist vorbei.

Ihre Laune besserte sich zusehends. Und als sie nach einem zweistündigen Ritt wieder nach Hause kam, juckte es sie in den Fingern, sich hinzusetzen und an den Autor des Pamphlets zu schreiben: *Sie sprechen mir aus dem Herzen. Erlauben Sie mir nur eine kleine Anmerkung: Ihre Befürchtung ist grundlos. Die ostpommerschen Ritter haben ihre Rüstungen abgelegt. Hoffentlich für immer.*

»Ist mein Mann zu Hause?« fragte sie den Diener, als er ihr in der Eingangshalle die Handschuhe und die Reitgerte abnahm.

»Im Salon, Gräfin. Es ist Besuch da.« Der Diener nahm eine Karte vom Tablett und gab sie ihr.

Charlotta las: *Eberhard Graf von Wellinghausen.* »Wellinghausen?« murmelte sie nachdenklich, während sie die Karte zurück auf das Tablett legte. Wellinghausen, das war doch… Das Bild des rundlichen, lebhaften Mannes mit hellen, gescheiten Augen und einem sorgfältig gestutzten Spitzbart tauchte vor ihr auf, so wie sie ihn in Rom gesehen hatte. Und später auf dem Gut der Baronin von Winthorst, als er nach dem verschwundenen Päckchen der Kaiserin Victoria fahndete. Ihre gute Laune war wie mit einem Schlag verflogen. Nicht doch schon wieder! dachte sie. Ich habe genug davon. »Wenn mein Mann nach mir fragt – ich gehe nach oben und ziehe mich um«, sagte sie dem Diener.

Aber sie tat etwas ganz anderes: Aus dem Gang vor ihren Räumen lief sie über eine Wendeltreppe in einen kleinen Alkoven neben dem Salon. Sie schloß hinter sich ab und trat dann lauschend an die Tapetentür, die in den Salon führte. Von hier aus konnte sie jedes Wort hören, das im Salon gesprochen wurde. Und sie erkannte auch sogleich die Stimme des Grafen von Wellinghausen. Er war es.

»… kenne Ihre alte Gegnerschaft. Abgesehen von seinen politischen Ansichten, ist mir der Fürst auch persönlich außerordentlich suspekt. Darin stimme ich mit Seiner Majestät überein.«.

»Na ja«, warf Graf Stürgkh ein, »ich denke da an etwas anderes.«

»Ich weiß. Der Vorfall im Offizierskasino. War das nicht vor drei Jahren?«

»Vor zwei. Aber das war es nicht allein. Ich kenne ihn länger. Lange genug, um ihn zum Teufel zu wünschen ...«

»Dann war dieses Duell ...«

»Reden wir nicht mehr über das Duell. Es hat sich so – ergeben.«

Die unerwartete Wendung des Gesprächs im Salon trieb Charlotta das Blut aus dem Gesicht. Bleich, mit brennenden Augen, lehnte sie an der Tür. Es hat sich so ergeben, dachte sie. Dann war ich gar nicht der Anlaß! Aber wenn das so ist ...

»Leider müssen wir gerade *darüber* reden!« sagte Graf von Wellinghausen. »Wie Sie wissen, ist Fürst zu Wied eine der führenden Persönlichkeiten der bedenklich starken Gruppe, die den Rücktritt Seiner Majestät erzwingen und den Kronprinzen zum Nachfolger proklamieren will. Während der Krise im Herbst vergangenen Jahres hat er das deutlich genug ausgesprochen. Wir hatten bisher jedoch keine Handhabe, gegen ihn vorzugehen.«

»Deshalb hat er sich früher immer geweigert«, hörte Charlotta ihren Mann undeutlich sagen – und sie erinnerte sich wieder an die Szene im Wintergarten des Hotels *Adlon.* Damals hatte sie den Grafen für einen edelmütigen Ritter, gehalten, der sie beschützen wollte. Großer Gott – ich Närrin! dachte sie fassungslos.

»Nun können wir gegen ihn vorgehen«, sprach Graf von Wellinghausen. »Mit allen Mitteln. Ehrengericht mit eingeschlossen. Er ist so gut wie ein erledigter Mann. Es wird ihm kaum etwas anderes übrigbleiben, als das zu vollenden, was Sie beim Duell nicht fertiggebracht haben. Eine Pistole und ... Sie verstehen?«

»Ich wünschte, *mir* wäre es gelungen«, sagte Graf Stürgkh.

»Nun, mein lieber Graf, Sie waren am Duell beteiligt. Und wenn Ihr Gegner belangt wird ... Kurzum, Seine Majestät würde es begrüßen, wenn Sie mit Ihrer Frau eine Reise unternehmen würden. Bis Gras über die ganze Geschichte gewachsen ist.«

»Eine kleine Weltreise? Warum nicht? Und – warum nicht gleich morgen früh?« Graf Stürgkh lachte, und Charlotta sah ihn gleichsam vor sich stehen: groß, vornehm. Dieser... dieser Kerl! dachte sie und ballte zornig die Fäuste. Und ehe sie sich's versah, machte sie die Tapetentür auf, trat in den Salon, setzte ein liebenswürdiges Lächeln auf und sagte:

»Guten Tag, meine Herren. Störe ich? Nein, nein, Stan, du brauchst mir den Grafen nicht vorzustellen. Wir kennen uns, nicht wahr?«

Sie nickte dem Grafen von Wellinghausen, der von seinem Sessel aufgesprungen war und sie verblüfft und fassungslos anstarrte, zu.

»Ich habe den letzten Teil Ihres Gesprächs belauscht. Unfreiwillig. Und ich muß sagen, daß ich nicht die geringste Lust zu einer Weltreise habe. Aber vielleicht gibt es eine Möglichkeit, Seine Majestät umzustimmen.« Charlotta lachte hell auf. »Mein Gott, Graf... Sie sehen im Augenblick nicht gerade geistreich aus!«

»Charlotta!« rief Graf Stürgkh.

»Laß nur! Wir sind alte Freunde. Nun – was meinen Sie, Graf? Sie wissen – das Päckchen der Kaiserin Victoria.«

Charlotta setzte sich auf die Lehne eines Portefeuilles, schlug die Beine übereinander, umspannte ein Knie mit den Händen und blickte den kleinen, runden Grafen spöttisch an.

»Ich könnte mir kaum vorstellen, daß Sie am Päckchen *kein* Interesse haben«, sagte sie sanft. »Ganz sicher aber gibt es Leute, die sich dafür sehr, sehr interessieren, meinen Sie nicht auch?«

Die Explosion einer Bombe hätte keine größere Wirkung erzielen können, als Charlottas so sanftmütig vorgebrachten Worte. Die beiden Männer starrten sie an wie ein Wesen von einem fremden Stern. Aber Charlottas Lage war keineswegs beneidenswert, ihre Sicherheit war nur gespielt. Sie spielte va banque. War das geheimnisvolle Päckchen der Kaiserin Victoria denn tatsächlich noch immer dort, wo sie es vermutete? Was hatte in diesen langen Jahren alles geschehen können!

»Das ist doch... Sie – Sie sind...« Graf Wellinghausen schielte verlegen zu Charlottas Mann. Es war unvorstellbar. Diese junge, hübsche Frau im eleganten Reitkleid, die er in Rom zum erstenmal gesehen und für eine Dirne gehalten hatte, sollte tatsächlich Gräfin Stürgkh sein? Die Frau, die er auf dem Gut der Baronin von Winthorst wiedergefunden und für ein naives, hilfloses, nicht gerade mit Geistesgaben gesegnetes Geschöpf gehalten hatte? Ganz offensichtlich hatte sie ihm damals Theater vorgespielt. Und er, der sich für einen mit allen Wassern gewaschenen Diplomaten und Menschenkenner hielt, ausgerechnet er war darauf reingefallen!

Aber nicht nur er. Sicher auch Graf Stürgkh. Wußte er überhaupt, wen er da geheiratet hatte? Undenkbar, daß dieser mehr als standesbewußte Aristokrat ein einfaches Mädchen zur Frau genommen hätte. Sie muß ihn genasführt haben, schloß Graf Wellinghausen aus diesen in wenigen Augenblicken angestellten Überlegungen. So wie mich. Und wahrscheinlich noch eine ganze Reihe anderer. Doch gleich darauf erwartete ihn ein neuer Schock.

»Sie haben recht, Graf«, nickte Charlotta ernsthaft. »Ich bin die Charlotte Wielcke, die Sie meinen. Das heißt – ich war es. Und er...«, sie blickte zu ihrem Mann, »... weiß Bescheid. So können wir ganz offen miteinander sprechen.«

»Sprechen – worüber?« fragte Graf Stürgkh scharf.

»Hast du es nicht gehört? Ich habe etwas, was der Graf gern besitzen möchte. Nicht für sich. Ist es so, Graf?«

»Und – Sie haben es wirklich?« fragte Graf Wellinghausen, der sich mittlerweile wieder gefangen hatte. »Oder bluffen Sie nur?«

»Bluffen Sie – wieder, wollten Sie sagen, nicht wahr?« Charlotta lachte. »Nein, diesmal nicht. Aber schließen wir doch einen Vertrag. *Wenn* ich Ihnen das Päckchen gebe, *dann*...«

»Dann – was?«

»Habe ich es Ihnen nicht gesagt? Unter diesen Umständen habe ich wirklich keine Lust, eine Weltreise zu machen. Andererseits finde ich es unfair, wenn der Herausforderer bei diesem unglückseligen Duell ungeschoren davonkommen soll, während dem Herausgeforderten ...« Sie hob die Hand an die Schläfe und krümmte vielsagend den Zeigefinger. »Sie sagten doch, daß dem Fürsten zu Wied nichts anderes übrigbliebe. Stimmt's?«

»Ich finde es wirklich unerhört, daß...«, fing Graf Stürgkh an, doch Charlotta sprang von der Sessellehne und funkelte ihn mit zornigen Augen an.

»Daß ich gelauscht habe? Das willst du doch sagen? Das ist unanständig. Das tut man nicht. Das aber, worüber hier gesprochen wurde, das ist ganz in Ordnung, nicht wahr? Das ist – Politik. Bei der Politik soll man die Moral vergessen. Sie ist ein Geschäft. Reden wir also lieber von unserem Geschäft. Einverstanden, Graf?«

Graf Wellinghausen verbeugte sich stumm. Wie verwirrend diese Situation auch war – sie begann ihm Spaß zu machen.

»Was ich zu bieten habe, wissen Sie«, sprach Charlotta weiter. »Und als Gegenleistung... Ich habe viel über Ihr diplomatisches Geschick gehört, Graf. Und ich bin sicher, daß Sie diese Affäre in Bahnen lenken können, wo sie versandet.«

»Überschätzen Sie nicht meine Möglichkeiten, Gräfin! Und das Päckchen?«

»Das Päckchen werde ich Seiner Majestät selbst übergeben. Und Sie werden das arrangieren.«

»Das – das geht unmöglich! Bedenken Sie doch, daß Seine Majestät... Nein, nein, ausgeschlossen!«

»Seine Majestät will nicht in Erscheinung treten. Das ist verständlich. Es wird also ein sehr geheimnisvolles Rendezvous werden.«

»Du bist verrückt!« rief Graf Stürgkh fassungslos.

»Wo bleibt deine sprichwörtliche Gelassenheit, Stan?« fragte Charlotta kühl. »Nun, mein lieber Graf?«

»Ich habe gesagt – unmöglich!«

»Auch gut. Dann geht das Päckchen an eine andere Adresse.« Charlotta zuckte mit den Schultern, drehte den Männern den Rücken zu und schickte sich an, den Salon zu verlassen.

»Das – das ist Erpressung, Gräfin!« rief Graf Wellinghausen.

»Erpressung?« Charlotta blieb mit der Hand auf der Klinke der Tapetentür stehen und blickte den Grafen über die Schulter an. »Ich dachte – Politik. Sie haben drei Tage Zeit, Graf.« Dann ging sie.

Graf Wellinghausen ließ sich schwer in seinen Sessel fallen und starrte mit nachdenklich gerunzelter Stirn auf die Tapetentür, durch die Charlotta verschwunden war.

»Donnerwetter«, murmelte er. »Ich glaube, jetzt brauche ich ...« Er schenkte sich ein Glas Cognac ein und trank es in einem Zug aus.

»Ich muß mich für meine Frau entschuldigen ...«, sagte Graf Stürgkh unsicher.

»Entschuldigen? Aber nein ... Sagen Sie – was wissen Sie von diesem Päckchen?«

»Wahrscheinlich nicht viel mehr als Sie. Charlotta erzählte mir nur, daß sie als Kind gesehen habe, wie der Mann starb, der es gestohlen hat. Dabei verlor er das Päckchen. Ihr Freund Gustaf – auch er ist mittlerweile tot – nahm es an sich und versteckte es wahrscheinlich. Das war alles.«

»Sie sagte Ihnen nicht, daß sie das Versteck kennt?«

»Nein. Und ich fragte sie nicht danach. Als wir ... Als wir darüber sprachen, konnte ich für solche Dinge kein Interesse aufbringen.«

»Was meinen Sie – hat Ihre Frau das Päckchen wirklich?«

»Tja ...« Graf Stürgkh zuckte hilflos mit den Schultern. »Es ist für mich schwer, darüber zu sprechen. Aber je länger ich Charlotta kenne, desto rätselhafter erscheint sie mir. Manchmal glaube ich, bis auf den Grund ihrer Seele sehen zu können. Und dann wieder ...«

»Gestatten Sie mir eine ganz private Frage: Wußten Sie von Anfang an, wer sie ist?«

»Nicht von Anfang an.«

»Dann sind Sie ihr also ...«

»Aufgesessen? So könnte man es nennen. Aber nicht unbedingt.«

»Und seit wann wissen Sie es?«

»Eines Tages kam sie und sagte es mir.«

»Von sich aus? Ohne einen zwingenden Grund?«

»Wenn sie gewollt hätte, wäre ich heute noch der Überzeugung, daß ich mit einer Gräfin Taffy-Palmanova verheiratet bin. Sprechen wir nicht mehr davon. Was wollen Sie unternehmen?«

»Das Angebot Ihrer Frau ...«, Graf Wellinghausen lächelte, »... hat natürlich eine völlig neue Lage geschaffen.«

»Das meine ich nicht. Ich möchte wissen: Was wollen Sie unternehmen, nachdem Sie wissen, wer meine Frau ist?«

»Nichts.« Graf Wellinghausen sprang lebhaft aus dem Sessel. »Absolut nichts. Verzeihen Sie mir das harte Wort – aber was würde geschehen, wenn man eine Gräfin Stürgkh als Schwindlerin entlarvt? Was würden die Leute sagen? Dieser arme Graf? Dieses bedauernswerte Opfer einer Hochstaplerin? Diese Frau muß bestraft werden? Keine Spur, mein Lieber!«

»Ich kann mir denken, was Sie meinen«, sagte Graf Stürgkh.

»Sehen Sie. Das Volk ist immer auf der Seite des Schwächeren. Eine junge Frau aus seiner Mitte hat es ganz allein mit den Mächtigen aufgenommen. Hat es fertiggebracht, den neunmalklugen Aristokraten auf der Nase herumzutanzen. Den gleichen Aristokraten, die von sich behaupten, die Elite des Volkes zu sein. Die Creme. Dann käme die Sprache auf das Duell. Welch ein homerisches Gelächter! Ein Fürst und ein Graf schlagen sich wegen einer gewissen Charlotta Wielcke ...«

»Ich habe Ihnen doch gesagt, daß der Fürst und ich ...«

»Entschuldigen Sie, daß ich Sie unterbreche. Kein Mensch würde sich darum kümmern, daß Sie eine alte Rechnung begleichen wollten. Das ist völlig nebensächlich. Man würde den Anlaß zur Ursache machen. Ich lese bereits die Kommentare des Herrn Maximilian Harden alias Witkowski in seiner *Zukunft.* Enthüllungen hält er für seine Lebensaufgabe. Also würde er enthüllen. *Die Mächtigen dieser Welt auf dem Kreuzzug gegen ein armes Menschenkind…«*

»Um Himmels willen – hören Sie auf!«

»Nein, mein Lieber, ein Skandal dieser Art würde uns zum allgemeinen Gespött machen. Und das können wir uns im Augenblick am wenigsten leisten. Skandale, mein Lieber…«, Graf Wellinghausen hob vielsagend die Augenbrauen, »…werden uns in genügender Zahl von anderer Seite beschert. Und jetzt entschuldigen Sie mich. Sie haben gehört: Ihre Frau gibt mir nur drei Tage Zeit.« Schon an der Tür, drehte sich Graf Wellinghausen noch einmal um. »Wenn ich Ihnen einen Rat geben darf, mein Lieber: Legalisieren Sie Ihre Ehe. Heiraten Sie ein zweites Mal. Diesmal unter ihrem richtigen Namen: Charlotta Wielcke. In aller Stille. Vorher wären noch einige Schwierigkeiten aus dem Weg zu räumen. Aber dann… Wenn Sie wollen, mache ich Ihnen den Trauzeugen. Eine Frau wie sie… Wie sie mit uns umgesprungen ist – imponierend.«

»Daran habe ich auch schon gedacht«, murmelte Graf Stürgkh. »Aber nach alledem… Ich bin nicht sicher, ob sie noch will.«

»Das ist Ihre Sache. Ich bin kein großer Frauenkenner. Ein Fehler, wie ich heute gemerkt habe. Aber ich könnte mir trotzdem denken…« Graf Wellinghausen hob die aufwärts gekehrte Handfläche an den Mund und blies darauf. »Sie ist wie – Rauch, verstehen Sie? Ein Traumbild.« Er schloß die Finger zur Faust. »Halten Sie es fest. Wenn das überhaupt möglich ist.«

Daß Charlotta beobachtet wurde, merkte sie, als sie aus dem Postamt trat, wo sie einen Brief nach England aufgegeben hatte.

Das kleine, unauffällige Coupé mit zwei vorgespannten Braunen, das jetzt nur wenige Schritte hinter ihrem Wagen stand, hatte sie zum erstenmal gesehen, als sie ihr Haus an der Havel verlassen hatte. Zum zweitenmal, als sie vor der Zweigstelle der Reichsbank vorgefahren war, über die ihr jeden Monat die von der verstorbenen Baronin von Winthorst festgesetzte Summe überwiesen wurde. Das hätte noch ein Zufall sein können. Aber jetzt kaum mehr.

Hinter der spiegelnden Scheibe konnte Charlotta die undeutlichen Umrisse eines Gesichtes sehen. Als spürte der Verfolger ihren Blick, zog sich das Gesicht langsam zurück, verschwand.

»Wohin, Gräfin?« fragte ihr Kutscher, als er ihr beim Einsteigen half.

Charlotta überlegte. Sollte sie ihren Plan fallenlassen? Jetzt wußte sie ja, daß sie beobachtet wurde, und konnte sich danach richten. Vielleicht irrte sie sich aber auch. Vielleicht sah sie nur Gespenster. Am besten, sie überzeugte sich zuerst, ob ihre Vermutung stimmte.

»Fahren Sie auf den Weinberg, Fritz!« befahl sie. »Setzen Sie mich am Haupteingang des Schloßparks ab.«

Während der Fahrt sah sie durch das Rückfenster, daß ihr das unauffällige Coupé folgte. Dann verlor sie es für einige Augenblicke aus den Augen. Aber es tauchte wieder auf, als sie zum Neuen Palais und zum Schloß von Sanssouci einbogen.

Wer, fragte sich Charlotta, wer mochte ihr den Verfolger auf die Fersen gesetzt haben? Stan, ihr Mann? Oder der so harmlos aussehende Graf Wellinghausen, der in Wirklichkeit wohl ihr gefährlichster Gegner war, nachdem sie ihm den Krieg erklärt hatte? Vielleicht bekam sie einen Anhaltspunkt, wenn sie den Mann erst einmal richtig sah. Und dafür gab es eine einfache Methode.

Der Schloßpark und das Schloß selbst waren für die Öffentlichkeit zugänglich. Bei dem trüben, naßkalten Herbstwetter gab es daher nur wenige Besucher.

Oberhalb der Terrassentreppe blieb Charlotta stehen. Schwere Tropfen klatschten von den vergilbten Blättern der Bäume, ein alter, gebeugter Mann schritt langsam über die sorgfältig geharkten Wege... Dort, hinter diesen Büschen, an denen er jetzt vorbeiging, hatten sie, Charlotta und Gustaf, damals gehockt: zwei Kinder, die mit großen Augen das Märchenfest auf dieser Terrasse beobachtet hatten.

Charlotta wandte sich entschlossen ab und ging hinauf zu der obersten Terrasse, wo Friedrich II. eine Gruft für sich und Gräber für seine Hunde Alcmene, Thisbe, Diane, Phillis und Gigas hatte errichten lassen.

»Ich habe als Philosoph gelebt und will als solcher begraben werden, ohne Pomp, ohne Prunk und ohne die geringsten Zeremonien«, hatte er in seinem Testament geschrieben. »Man bringe mich beim Schein der Laterne und ohne daß mir jemand folgt, nach Sanssouci und bestatte mich dort ganz schlicht auf der Höhe der Terrasse rechter Hand, wenn man hinaufsteigt...«

Man hatte ihm diesen letzten Wunsch nicht erfüllt: Sein Nachfolger, der ganz unpreußisch leichtlebige Friedrich Wilhelm II., hatte den Toten zur Garnisonkirche überführen und dort an der Seite seines Vaters beisetzen lassen.

Noch nicht bei der leeren Gruft angekommen, war es Charlotta, als hörte sie hinter sich verstohlene Schritte. Sie blieb stehen, drehte sich um und ging den gleichen Weg zurück. Und jetzt sah sie ihn. Er stand am Rand der Treppe zur obersten Terrasse und blickte in den Park. Ein mittelgroßer, unscheinbarer Mann in einem dunklen Überzieher, auf dem Kopf einen runden, steifen Hut. Als Charlotta an ihm vorbeiging, streifte er sie mit einem gleichgültigen – zu gleichgültigen Blick. Sie hatte diesen Mann noch nie gesehen. Sein Gesicht sagte ihr nichts.

»Fahren Sie zum Neuen Palais!« befahl sie dem Kutscher, als sie wieder zu ihrem Wagen kam. Ihr Verfolger interessierte sie kaum noch, an ihrem Vorhaben konnte er sie nicht hindern. Und je eher sie es hinter sich brachte, desto besser.

...Mein Vorschlag an den Grafen S., er solle diese ungewöhnliche Frau baldmöglichst zum zweitenmal heiraten und somit seine Ehe legalisieren, war ernst gemeint. Der Gedanke, ich hätte gegen sie schon einmal den kürzeren gezogen, gefiel mir zwar nicht sonderlich, doch es gelang mir bald, meine Mißstimmung zu überwinden... Nicht allein ihre Schönheit hatte auf mich einen nachhaltigen Eindruck gemacht, sie hatte ohne Zweifel Format... So nahm die abenteuerliche Geschichte der verschwundenen Dokumente der Kaiserin Victoria auf dem historischen Boden der kaiserlichen Residenz zu Potsdam ihren Fortgang. Im Augenblick befand ich mich klar im Nachteil; aber ich hatte meine Vorkehrungen getroffen, daß dem nicht so bliebe. So konnte ich einigermaßen beruhigt, und, wie man verstehen wird, aufs höchste gespannt, den nächsten Schachzug meiner schönen Gegnerin abwarten...

Diese Zeilen findet man in den nach dem Ersten Weltkrieg erschienenen Erinnerungen des Grafen Wellinghausen. Tatsächlich gaben die Vorkehrungen, über die er sprach, der Geschichte der verschwundenen Dokumente »auf dem historischen Boden der kaiserlichen Residenz zu Potsdam« eine neue, überraschende Wendung.

Charlottas Ziel waren die langgestreckten, villenartigen Gebäude, die den Schloßhof an dessen Westseite abgrenzten. Sie dienten zur Aufnahme des Gefolges und der Dienerschaft; außerdem befanden sich hier Wirtschaftsräume und Ställe.

Bei dem ständigen Kommen und Gehen bereitete es ihr keine Schwierigkeiten, die Schloßwache zu passieren: Die vorgespannten Vollblüter, das gräfliche Wappen an der Tür ihres Wagens und nicht zuletzt ihr hochmütiges Gesicht machten dem Wachhabenden klar, daß er es hier mit einer Dame zu tun hatte, die man nicht mit der Frage nach Passierschein belästigte. Die erste Hürde lag hinter ihr.

»Fahren Sie zu dem kleinen Seiteneingang links!« rief Charlotta dem Kutscher zu, als der Wagen in den Schloßhof einbog.

Vor dem Eingang, der zu den Privaträumen der Prinzessin Victoria Luise führte, blieb der Wagen stehen. Der Kutscher sprang ab und öffnete den Schlag. Aber Charlotta stieg nicht aus. In der langsam einfallenden Dämmerung des späten Nachmittags konnte sie drüben am Tor ein leichtes, elegantes Coupé einbiegen und zum Gästetrakt fahren sehen. Es war nicht der Wagen ihres Verfolgers.

»Und jetzt zu den Wagenremisen!« sagte sie schließlich zu dem Kutscher – und auch das paßte genau in das Alltagsbild des Hoflebens: Wie sie von früher wußte, warteten dort die Wagen der Besucher, bis sie abberufen wurden.

Die durchweg livrierten Kutscher der Besucherwagen scharten sich vor der Remise neugierig um ein schweres, dunkelrotes Automobil. So kümmerte sich niemand um Charlotta, als sie ausstieg und zu dem Treppenaufgang ging, der zu den Bedienstetenwohnungen führte. Hier weckte jeder Gegenstand Erinnerungen in ihr. Die uralte, wurmstichige Truhe in der Mauernische unter der Treppe. Die von vielen Schritten abgetretenen Steinstufen. Die blanke Handleiste des Treppengeländers. Hier waren sie und Gustaf bäuchlings abwärts gerutscht…

Dann bog sie in den schmalen, düsteren Gang im ersten Stock und lief zu der eisernen Tür an dessen Ende. Die Tür war verschlossen, das wußte sie. Aber sie wußte auch, wie Gustaf sie immer aufgemacht hatte. Aus der Tasche holte sie ein schmales Papiermesser, steckte die Klinge in die Ritze zwischen Tür und Rahmen und hob den altertümlichen Riegel auf. Laut knarrend schwang die Tür auf.

Charlotta horchte. Waren das nicht leichte, schnelle Schritte auf der Treppe? Sie zog die Tür hinter sich wieder zu. Das Knarren der Angeln erschien ihr unerträglich laut.

Eine schmale, steile Treppe führte hinauf auf den Boden. Durch die Dachluken fiel das trübe, graue Licht des schwindenden Tages.

Der altvertraute Geruch nach Staub und ausgetrocknetem Holz. Der Dachbalken, auf dem sie immer mit Gustaf gesessen hatte. Und jetzt die Holzstufen mit der schmalen, unverschlossenen Pforte zum Giebeldreieck über dem Haupteingang.

Automatisch ließ Charlotta die zweite Stufe aus: Hier oben schien sich in den vergangenen Jahren nichts geändert zu haben. Und wahrscheinlich knarrte die Stufe genauso laut, wie sie es damals getan hatte. Im Innern des Giebeldreiecks war es fast vollständig dunkel. Charlotta tastete sich weiter vor.

Dann hatte sie das Versteck erreicht. Auf den Knien kroch sie unter die Dachschräge, ihre suchenden Finger tasteten einen waagrechten Balken ab, fanden die Nahtstelle zu einem anderen, der schräg nach oben führte, und fanden auch die Nische dahinter.

In dieser Nische hatten sie und Gustaf ihre geheimsten Schätze versteckt. Wie diesen alten Dolch, über dessen kühles Metall ihre Finger jetzt glitten. Gustaf hatte ihn also hier liegenlassen! Die glatte Oberfläche einer Glaskugel mit der in sie eingeschlossenen winterlichen Märchenlandschaft: das Geschenk einer schönen, vornehmen Dame aus dem Schloß, deren kleine Tochter gestorben war.

Und ganz hinten in der Ecke die kühle, glatte Seide, in die das Päckchen der Kaiserin eingewickelt war. Sie hatte also Gustafs Blick kurz vor seinem Tod richtig verstanden. Charlotta steckte das Päckchen in die Tasche. Schon wollte sie zurückkriechen, als sie, einer plötzlichen Regung folgend, wieder nach der Glaskugel tastete, um auch sie mitzunehmen: eine kleine, wehmütig-süße Erinnerung an längst vergangene Tage.

Die Dunkelheit auf dem Dachboden war mittlerweile noch dichter geworden. Kurz bevor Charlotta die Treppe zum Wohngeschoß erreichte, blieb sie erschrocken stehen. Das Knarren der Türangeln und gleich darauf langsam emporkommende Schritte.

Lautlos wie ein Schatten huschte Charlotta zur Seite und drückte sich in die Nische hinter einem mächtigen Tragebalken:

Auch dieses Versteck kannte sie von früher. Von hier aus konnte sie die Treppe beobachten, ohne selbst gesehen zu werden. Die Gestalt eines Mannes tauchte auf. Zuerst der Kopf mit dem runden, steifen Hut, dann der Oberkörper in dem dunklen Überzieher... Oberhalb der Treppe blieb er stehen, blickte sich suchend um... Ihr Verfolger.

Es war still, so still, daß Charlotta seine Atemzüge hören konnte. Jetzt machte er einige Schritte weiter, lauschte, murmelte etwas vor sich hin. Schon schien es, als wollte er den Dachboden wieder verlassen, als die kleine Pforte zum Giebeldreieck im Durchzug mit einem leichten Knall zufiel.

Der Mann fuhr mit angespanntem Körper herum und starrte in die Dämmerung. Großer Gott! dachte Charlotta erschrocken. Ich habe die Pforte nicht wieder zugeriegelt! Langsam, Schritt für Schritt, mit lauschend vorgestrecktem Kopf, ging der Mann dem Geräusch nach. Seine Gestalt wurde undeutlich, verschmolz mit dem Zwielicht, verschwand in der Tiefe des Dachbodens. Das war ihre Chance!

Charlotta bückte sich, streifte die Schuhe ab, huschte lautlos aus ihrem Versteck, erreichte die Treppe, lief hinunter, rannte unten atemlos den Gang entlang und merkte erst jetzt, daß sie die Schuhe noch immer in der Hand trug. Am ganzen Körper zitternd, zog sie sie wieder an und lehnte sich an die Wand.

Aber dann hörte sie von unten langsame, schwere Schritte emporkommen, stieß sich von der Wand ab, ging den Schritten entgegen. Eine kräftige Frau mit einem großen Wäschekorb kam herauf, blieb stehen, um Charlotta Platz zu machen, und blickte ihr verwundert nach. Was mochte diese junge, vornehme Dame im Gesindehaus wohl gesucht haben?

Als Charlotta auf den Hof trat, atmete sie befreit auf. Wie herrlich die kühle, frische Luft! Drüben, im Hauptgebäude, wurden die ersten Lichter angezündet. Charlotta drückte die Tasche mit dem Päckchen an die Brust und lief zu ihrem Wagen.

»Los, Fritz – wir fahren nach Hause!« rief sie dem wartenden Kutscher lachend zu, machte selbst den Schlag auf, stieg ein – und erstarrte mitten in der Bewegung. Aus der Dämmerung im Innern des Wagens blickte ihr das Gesicht des Grafen Wellinghausen entgegen.

»Steigen Sie nur ein, Gräfin!«

Oh, wie sehr haßte Charlotta diese leise, freundliche Stimme! Es war alles vergeblich gewesen.

»Ich sehe, Sie sind überrascht, Gräfin. Aber ich maße mir nicht an, anzunehmen – freudig überrascht.« Er lachte leise. »Setzen Sie sich doch!«

»Ich konnte nichts machen, Gräfin«, sagte der Kutscher, der an den Schlag getreten war, unglücklich. »Ich mußte …«

»Schon gut, Fritz«, sagte Charlotta mühsam und setzte sich mit trotzig zusammengepreßten Lippen dem Grafen gegenüber. »Geh jetzt und warte, bis ich dich rufe.«

»Haben Sie's gefunden?« fragte der Graf unvermittelt, als der Kutscher außer Hörweite war.

»Was – gefunden?« fragte Charlotta lahm zurück.

»Meine liebe Gräfin – ich bitte Sie!«

»Ich bin nicht Ihre liebe Gräfin! Gut – ich habe es gefunden. Eine Glaskugel. Wollen Sie sehen?« Charlotta holte aus der Handtasche die Glaskugel und gab sie ihm. »Hübsch, nicht wahr?«

Der Graf drehte die Kugel nachdenklich zwischen den Fingern, hob sie gegen das Licht, nickte lächelnd. »Sehr hübsch. Ein Wintermärchen. Aber lassen wir jetzt das Märchen beiseite. Ich nehme an, Sie haben nicht nur das gefunden. Sehen Sie – ich brauchte jetzt nur nach der Wache zu rufen. Man würde Sie diskret in das Wachlokal bringen, unauffällig Ihre Tasche durchsuchen …«

»Wenn Sie so sicher sind – warum rufen Sie die Wache nicht?« fragte Charlotta mühsam.

»Ich mache Ihnen einen Vorschlag: begraben wir das Kriegsbeil.

Ein Mann in meiner Lage hat ohnehin so viele Feinde. Das bringt die Stellung mit sich. Er tut gut daran, Freunde zu gewinnen.«

»Wer hat schon etwas gegen – Freundschaft einzuwenden?« Charlotta lachte nervös auf. »Aber man kann Freundschaft nicht an Bedingungen knüpfen. Und das wollen Sie doch tun?«

Der Graf lehnte sich zurück und maß Charlotta mit einem kühlen, prüfenden Blick.

»Nun denn – sagen wir also: Partnerschaft. Nehmen wir an, ich rufe *nicht* die Wache. Nehmen wir weiter an, ich akzeptiere voll und ganz die Bedingungen, die Sie mir vor zwei Tagen genannt haben. Wäre mein Entgegenkommen – und das ist es ja wohl nach der Lage der Dinge – nicht Grundlage für eine gewisse Zusammenarbeit?«

»Und was müßte ich für dieses – Entgegenkommen tun?« fragte Charlotta wachsam.

»Nicht viel. Eigentlich nur Dinge, die einer vollblütigen Frau Spaß machen.« Der Graf lächelte. »Sir Ponsoby zählte doch zu Ihren guten Bekannten?«

»Ponsoby, der Engländer?«

»Der Privatsekretär Eduards VII.«

»Sie scheinen sehr gut informiert...«

»Dazu war nur ein Kabel nach London notwendig. Wollen wir jetzt nicht nach Ihrem Kutscher rufen? Während der Fahrt kann ich Ihnen alles erzählen.«

»Während der Fahrt können Sie nicht mehr nach der Wache rufen, Graf. Sie wissen ja nicht, ob ich Ihrem Vorschlag zustimmen werde.«

Graf Wellinghausen holte eine goldene Tabatiere aus der Manteltasche und zündete sich umständlich eine Zigarette an. Dann blies er den Rauch zwischen zugespitzten Lippen aus und sagte bestimmt:

»Sie *werden* zustimmen, Gräfin.«

Spätestens in Goldap merkte der kaiserliche Chauffeur, daß dies nicht eine gewöhnliche »Spazierfahrt Sr. Majestät mit dem Automobil in die Umgebung« war, wie es nachträglich im Hofbericht heißen sollte.

Es hatte seit Tagen geregnet. Vom ostpreußischen Jagdschloß des Kaisers in der Rominter Heide ging es auf schlammigen, von dichten Wäldern umsäumten Straßen in südwestlicher Richtung. Entgegen seiner Gewohnheit sprach der Kaiser die ganze Zeit über kaum ein Wort. Schweigend, steif aufgerichtet, saß er im Fond und hielt sich mit der gesunden Hand am Haltegriff fest, während der schwere Wagen über Schlaglöcher schaukelte.

In Goldap gab es einen unfreiwilligen Aufenthalt. Drei ineinander verkeilte Bauernwagen blockierten die Straße.

»Kein Horn!« befahl der Kaiser, als der Chauffeur auf die Hupe mit dem berühmten »Tatü-tata« des kaiserlichen Automobils drücken wollte.

Der Chauffeur kannte seinen Herrn. Er wußte, daß der Kaiser keine Gelegenheit versäumte, sich leutselig seinem Volk zu zeigen. Wäre dies eine gewöhnliche Ausfahrt gewesen, hätte er nicht nur das Hupen erlaubt; wahrscheinlich wäre er ausgestiegen, um die Lage mit knappen Befehlen höchstpersönlich zu bereinigen. Danach hätte er den verdatterten Bauern lachend auf die Schultern geklopft, sich zufrieden in den Wagen gesetzt und dem Grafen von Wellinghausen, der mitfuhr, weit und breit die Notwendigkeit einer starken Hand und eines klaren Überblicks bei der Führung des Volkes auseinandergesetzt.

Hinter Goldap fuhr der Chauffeur schneller, als es die schlechte Straße eigentlich erlaubte, um die verlorene Zeit aufzuholen.

»Miserable Straßen!« sagte der Kaiser mißmutig. »Wir werden etwas unternehmen müssen. Ist es noch weit, Wellinghausen?«

»Nur noch wenige Kilometer, Majestät.«

Etwas später blieb der Wagen des Kaisers an der Einmündung einer Seitenstraße vor Grabowen stehen. Der Graf stieg aus, lief zu einem dort bereits wartenden Coupé, half einer schlanken, dunkelgekleideten und tiefverschleierten Frau aussteigen und brachte sie zum Automobil. Die Frau schlug den Schleier zurück und verharrte in einem tiefen Hofknicks.

»Charlotta, Gräfin von Stürgkh, Majestät«, stellte Graf Wellinghausen vor.

Der Kaiser beugte sich vor und blickte prüfend in das zarte, blasse Gesicht der jungen Frau, das ganz von ihren großen, bangen Augen beherrscht wurde.

»Sie sind also die Dame, die auf einem heimlichen Rendezvous mit mir bestand«, sagte der Kaiser lächelnd. »Steigen Sie ein, Gräfin!«

Graf Wellinghausen half Charlotta einzusteigen. Während er selbst wieder abseits trat, setzte sie sich dem Kaiser gegenüber und wartete, bis er das Gespräch eröffnete.

Dies also war einer der mächtigsten Männer der Welt.

Seit sich Charlotta erinnern konnte, hatte sie tagtäglich von ihm sprechen gehört; er schien allgegenwärtig. Seine Person, oft zur Institution erhoben, ein Mythos bereits zu seinen Lebzeiten, schien die Menschen genauso zu beschäftigen wie ihre täglichen Bedürfnisse.

Das Bild, das man sich von ihm machte, hatte sich im Lauf der Jahre freilich gewandelt. Nach der Jahrhundertwende waren die Stimmen gegen ihn lauter und kritischer geworden. Den vorläufigen Höhepunkt hatte seine Unbeliebtheit nach der unglückseligen *Daily-Telegraph-Affäre* im vergangenen Herbst erreicht. Merkwürdigerweise, fand Charlotta, war man über das Interview des Kaisers in Deutschland weit mehr entrüstet – hier hatte man sogar seine Abdankung gefordert – als in England, wo man seine Entgleisungen mit echt britischer Gelassenheit hinnahm.

Hochfahrend, anmaßend, labil, geschwätzig, von einer krankhaften Eitelkeit, nannte man ihn. Er würde seine innere Unsicherheit hinter einem aggressiven Schneid und herrischer Pose verbergen, hieß es, könnte keinen Widerspruch ertragen und sei deswegen nur von kriecherischen Schmeichlern umgeben. Und manchmal schien es, als hätte er es geradezu darauf angelegt, diese ungünstige, ja feindselige Meinung über ihn zu festigen: durch Äußerungen und Handlungen, die manch einen an seinem Verstand zweifeln ließen. Schuld daran sollte ein altes Ohrenleiden sein, das niemals ganz ausgeheilt wurde.

Dieser Mann, der ihr, Charlotta, gegenübersaß – ein Verrückter? Er sah ganz anders aus als der kriegerische Mann mit hart aufeinandergepreßten Lippen, dem gesträubten Schnurrbart und drohendem Blick auf den unzähligen Bildern, die sie von ihm gesehen hatte. Er trug keine Uniform. Sein Gesicht war weich, ein bißchen aufgeschwemmt, seine Haut zart wie die einer Frau. Auf den weißen Händen glitzerten Ringe mit kostbaren Edelsteinen. An den Handgelenken goldene Armbänder. Seine Augen blickten sie an und sahen doch auch an ihr vorbei, und Charlotta erinnerte sich an die grollenden Worte eines ältlichen Generals: »Ich wollte es lange nicht glauben, aber es stimmt: Warum, zum Teufel, kann er einem nie in die Augen schauen?«

Dieser gleiche Mann sollte jedoch auch von einer überragenden Intelligenz und rascher Auffassungsgabe sein, talentiert, einnehmend und – wenn er wollte – faszinierend liebenswürdig.

»... Kommt er irgendwohin, erobert er die Herzen im Sturm – aber wehe, wenn er zu lange bleibt! Er macht sich selbst alles wieder kaputt«, hatte einmal eine Hofdame der Kaiserin gesagt.

»Trotz dieser ungewöhnlichen Umstände, unter denen wir uns treffen, freue ich mich, Sie kennenzulernen, Gräfin ...« So begann der Kaiser dieses Gespräch, bei dem Charlotta wußte, wie sehr es auf jedes Wort ankam, auf jede Betonung. War es denn da nicht am besten, jegliche Diplomatie und Berechnung beiseite zu lassen und zu sprechen, wie es ihr gerade in den Sinn kam?

»Ich bin zutiefst geehrt, Majestät ...«

»Ungewöhnlich sollen auch die Umstände gewesen sein, unter denen Sie in den Besitz dieser – Dokumente gekommen sind.«

»Das war reiner Zufall, Majestät.«

»Haben Sie die Dokumente bei sich?«

»Jawohl, Majestät.«

Charlotta holte aus ihrem Pompadour das Päckchen. Die glatte blaue Seide hatte auf einigen Stellen dunkle, harte Flecken: das längst eingetrocknete Blut des Diebes.

»Kennen Sie den Inhalt, Gräfin?«

»Nein, Majestät.«

»Wellinghausen deutete mir an, daß an die Rückgabe gewisse Bedingungen geknüpft seien.«

Charlotta erwiderte schweigend den kalten Blick des Kaisers. Und dann tat sie etwas, was sie noch vor wenigen Augenblicken für unmöglich gehalten hätte – und traf damit genau das Richtige: Sie appellierte an die Großzügigkeit eines Mannes, der stets für großzügig gehalten werden wollte, ohne es in Wirklichkeit zu sein. Mit einer spontanen Geste hielt sie ihm das Päckchen hin und sagte: »Nein, Majestät. Es sind keine Bedingungen daran geknüpft.«

Die Augen des Kaisers weiteten sich erstaunt. Zögernd nahm er das Päckchen entgegen und wog es nachdenklich auf der Handfläche. »Wellinghausen sagte mir doch ...«

»Graf Wellinghausen hat unser Gespräch sicher richtig wiedergegeben, Majestät. Ich stellte Bedingungen ... Ich bin zutiefst beschämt. Meine einzige Entschuldigung ist, daß ich mir nicht anders zu helfen wußte. Aber inzwischen ...« Und nach einer kleinen, atemlosen Pause klar und bestimmt: »Das Päckchen gehörte Ihrer Majestät der Kaiserin. Sie ist tot, also gehört es Ihnen, Majestät. Wie könnte ich da an eine Rückgabe Bedingungen knüpfen?«

Diese einfachen Worte brachten die Entscheidung. Charlotta wußte es, als sie ein kaum merkliches Lächeln um die Lippen des Kaisers zucken sah.

»Ich danke Ihnen, Gräfin. Sie haben mir einen großen Gefallen erwiesen. Lassen Sie uns trotzdem über das andere sprechen. Wollen Sie mir nicht Ihren Wunsch verraten, wenn wir schon von Bedingungen nicht reden wollen?«

Nach einer knappen halben Stunde verließ Charlotta das Automobil des Kaisers. Graf Wellinghausen begleitete sie wieder zu ihrem Wagen. »Es dauerte recht lange, Gräfin«, sagte er. »Unliebsame Gespräche pflegt seine Majestät ansonsten sehr kurz zu halten.«

»Vielleicht war ich gar kein so unliebsamer Gesprächspartner«, antwortete Charlotta lächelnd.

»Alles in Ordnung?«

»Es ist alles in Ordnung.« An ihrem Wagen blieb Charlotta stehen und blickte zurück. In der herabfallenden Dämmerung wurde am Fenster des kaiserlichen Automobils für einen Augenblick ein blasses, undeutliches Gesicht sichtbar, eine zum Abschied erhobene Hand...

»Wenn sich Ihr Kutscher beeilt, erreichen Sie noch den Nachtzug nach Berlin«, sagte der Graf, während er Charlotta beim Einsteigen half. »Sie fahren doch gleich zurück?« Charlotta nickte.

»Ja, ich fahre nach Hause. Und jetzt gehen Sie, Graf. Seine Majestät wartet...«

Wie der Kutscher, ein älterer, zuverlässiger Mann, später bezeugte, erreichten sie tatsächlich den Rastenburger Zug mit dem Anschluß nach Berlin über Allenstein und Bromberg. Der Stationsvorsteher habe mit der Abfertigung gewartet, bis er, der Kutscher, für die Gräfin ein Abteil gefunden und ihr Handgepäck verstaut hatte. Diese Aussage wurde vom Stationsvorsteher bestätigt.

Der Schaffner des Nachtzuges erinnerte sich sehr gut an die junge Frau; er selbst habe sie in das für sie reservierte Abteil erster Klasse gebracht. In Bromberg habe er ihr heißen Kaffee und etwas zu essen besorgt. »Und in Berlin habe ich einen Gepäckträger geholt... Nein, ich habe nicht gesehen, ob sie von jemandem erwartet wurde.«

In Berlin verlor sich Charlottas Spur. Nach einigen unbestimmten Aussagen soll sie nach Potsdam und von dort wieder zurück nach Berlin gefahren sein. Aber das ergab keinen Sinn. Warum sollte sie nach einer so langen, ermüdenden Reise wieder umkehren? Umkehren – wohin? Eines stand allerdings fest: Obwohl Charlotta dem Grafen Wellinghausen gesagt hatte, sie würde nach Hause fahren, kam sie dort nie an.

10

Land sehr interessant, besonders botanisch. Es ist sehr heiß. Jetzt geht es nach Mostar. Um drei sehe ich die Mami wieder. Gott segne Euch. Seid brav und fleißig. Umarme Euch innig.

Papi.

So lautete das Telegramm, das der österreichische Thronfolger, Erzherzog Franz Ferdinand, am 25. Juni 1914 an seine drei Kinder von der Reise zu den bosnischen Manövern schickte.

Pünktlich wie vorausgesagt, traf er – von Mostar kommend – im Kurort Ilidze ein. Dort wurde er am Bahnhof von seiner Frau Sophie, Herzogin von Hohenberg, geb. Gräfin Chotek, begrüßt. Das Hohe Paar quartierte man im Hotel *Bosna* ein, das für diesen Zweck geräumt worden. war, denn die Stimmen, die von einem möglichen Attentat sprachen, wollten nicht verstummen.

Zwei Tage später fanden die Manöver ihr Ende. Der Erzherzog war vollauf zufrieden. Die Armee, so fand er, hatte Fortschritte gemacht. Auf dem Reiseprogramm stand nur noch der abschließende Besuch in Sarajevo, angesetzt auf Sonntag, den 28. Juni.

Frühmorgens, vor der Abfahrt nach Sarajevo, wohnten Franz Ferdinand und seine Frau der Messe in Ilidze bei. Danach schickten sie ihren Kindern nach Chlumetz ein gemeinsames Telegramm: es ginge ihnen gut, sie freuten sich schon auf das Wiedersehen. Es sollte ihre letzte Messe und ihr letztes Telegramm werden, und ein

Wiedersehen mit den Kindern sollte es nie wieder geben: Nur wenige Stunden später waren sie tot. Ermordet von Schüssen, die den Ersten Weltkrieg und damit auch das Ende eines Zeitalters einleiteten.

Zwei Jahre später, mitten im Krieg, am 20. Mai 1916, legte auf der Fahrt von Le Havre der französische Passagierdampfer *Touraine* in Southampton an. Die meisten Passagiere gingen von Bord, in der Mehrzahl verwundete Soldaten des britischen Expeditionsheeres.

In den nächsten zwei Tagen arbeitete man fieberhaft, um das Schiff für die lange Reise und die bevorstehende Aufgabe bereit zu machen. Die Laderäume und selbst die Zwischendecks waren voll von Nachschubgut für ein englisches Flottengeschwader, das westlich der Azoren kreuzte, auf der Jagd nach deutschen U-Booten und einem Hilfskreuzer.

> »... Falls es den feindlichen Kräften gelingt, den Nachschub auch aus der südlichen Atlantikroute nachhaltig zu stören oder durch hohe Versenkungsziffern zum Erliegen zu bringen, würde das verhängnisvolle Folgen für die Versorgung unserer Armeen in Frankreich haben ...«, hieß es im Einsatzbefehl an den Geschwaderkommandeur, Admiral Jameson. »... Sie haben daher diese Gewässer zu sichern, von feindlichen Kräften freizuhalten und ... sie zu vernichten ...«

Die *Touraine* sollte die zur Neige gehenden Vorräte des Geschwaders auf hoher See ergänzen, um anschließend weiter nach New Orleans zu fahren. Damit dies möglichst gefahrlos geschah, hatte man einige Vorkehrungen getroffen. Das Schiff fuhr unter neutraler amerikanischer Flagge, der alte Name wurde überpinselt und durch *California* ersetzt, am Bug wurde ein Geschütz aufgestellt.

Die wenigen Passagiere, die in Southampton an Bord geblieben waren, wußten nichts von der bevorstehenden Aufgabe der *Touraine.* Sie hatten einen Revers unterschreiben müssen, wonach sie bei »Schadensfällen infolge kriegerischer Einwirkungen, von denen das Schiff betroffen werden konnte«, keine Rechtsansprüche an die Reederei stellen würden. Die gleiche Unterschrift verlangte man auch von Passagieren, die in Southampton an Bord kamen. Die meisten von ihnen waren Amerikaner.

Als das Schiff in den Abendstunden des 22. Mai ablegte, befanden sich an Bord 83 Seelen, davon 51 Passagiere und 32 Mann der stark reduzierten Besatzung. Unter den Passagieren acht Kinder unter vierzehn. Nach dem Auslaufen wurden die Kessel unter höchstzulässigen Druck gesetzt, die Maschinen liefen auf vollen Touren. Aus Rücksicht auf die wichtige Ladung hatte man der *Touraine* einen Zerstörer beigegeben; er sollte sie durch die gefährlichsten Gewässer etwa bis auf die Höhe des 40. Breitengrades begleiten. In der Biskaya mußte man die Fahrt wegen aufkommender Weststürme stark drosseln. Am 26. Mai flaute der Sturm ab. Mit dem Einfall der ersten Dämmerung signalisierte der Begleitzerstörer *gute Fahrt,* verabschiedete sich mit einem Salutschuß und drehte ab.

»Ein seltsames Gefühl, sich plötzlich so allein zu sehen – und schutzlos«, sagte ein untersetzter, graubärtiger, etwa fünfzigjähriger Herr, während er vom Oberdeck dem Kriegsschiff nachsah.

»Wir haben doch selbst so ein – so ein Ding dabei, mit dem man auf U-Boote schießen kann«, meinte die junge Frau, die an der Reling neben ihm stand.

»Meine liebe Marquise – mit diesem ausgeleierten Ding kann man nicht einmal einen Spatzen totschießen.« Der bärtige Mann blickte auf das mit einer Segeltuchplane abgedeckte Geschütz am Bug des Schiffes. »Kanonen dieser Art waren schon 70/71 veraltet.«

»Aber erschrecken, das wird es. Ich meine das U-Boot.«

»Und vor lauter Schreck das Weite suchen, meinen Sie.«

»Ich jedenfalls würde furchtbar erschrecken, wenn einer mit Kanonen auf mich schießt. Man weiß doch nie, ob er einen nicht *wirklich* trifft, nicht wahr? – Außerdem wird kein U-Boot kommen.«

»Ihr Wort in Gottes Ohr«, seufzte der Mann.

Der Fahrtwind zupfte an seinem grauen Bart, spielte mit einer seidigen, goldbraunen Haarsträhne, die unter der Reisemütze der jungen Frau hervorgeschlüpft war, preßte den Rock gegen ihre schlanken Beine.

»Der Admiral sagte, daß sich U-Boote nie so weit in den Atlantik wagen«, sagte sie. »Er muß es wissen. Wozu ist er Admiral?«

»Admiral Penbrooke ist ein alter Esel«, knurrte der Mann.

»Sie sind wirklich kein feiner Mann, Henri!« Das Lachen der jungen Frau erinnerte den bärtigen Mann an das silbrige Klingeln von Schlittenglöckchen in einer stillen Winternacht. Merkwürdig, daß ihm dieser Vergleich gerade jetzt einfiel, auf hoher See. »Außerdem benimmt er sich wie ein aufgeplusterter Gockel auf dem Misthaufen«, sagte er.

»Ich finde ihn charmant.«

»Weil er … Zum Teufel mit ihm!«

»Eifersüchtig, Henri?«

»Auf den alten Mann? Und wenn schon … Was würde mir das nützen?« Der bärtige Mann seufzte. »Ich eigne mich nicht zu einem Othello. Manchmal frage ich mich allerdings, ob es mir gelingen wird, Sie wohlbehalten in New Orleans abzuliefern. Aber nicht wegen der deutschen U-Boote.«

»Sondern?«

»Wegen dieser da.« Der Bärtige blickte auf eine Gruppe junger Seeoffiziere, die rauchend und plaudernd am Vordeck standen.

»Sie sind doch nett, Henri.«

»Mag sein. Ich frage mich allerdings, was sieben Offiziere der Royal Navy auf einem Dampfer suchen, der nach New Orleans fährt. Einmal habe ich sie von einem Treffpunkt sprechen gehört.

Aber das ist nicht das einzige Geheimnis dieses Schiffes. Was, zum Beispiel, bedeuten die Munitionskisten, die nachts in Southampton an Bord gehievt und im Schiffsbauch verstaut wurden?«

»Munition? Sie müssen sich irren, Henri!«

»Vergessen Sie nicht, Marquise, auch ich war Soldat.«

»Vielleicht war es Munition für unsere Kanone.«

»Aber Marquise! Einen einzigen Torpedo in den Laderaum und – pffft. Ich habe mich schon immer gefragt, wie die Wolken von oben aussehen.«

»Sie sind ein alter Pessimist, Henri!« Über das Gesicht der jungen Frau flog ein unwilliger Schatten. »Ein gebildeter Mann, ein wandelndes Lexikon, ein berühmter Schriftsteller, ein Philosoph … Aber vom Leben wissen Sie nichts!«

»Was, zum Teufel, soll das denn wieder? Hören Sie, Charlotta« – diese Anrede gebrauchte er nur, wenn sie ihn aus der Fassung brachte, was zu seinem Leidwesen ziemlich oft geschah – »was hat das damit zu tun?«

Aber Charlotta – sie war es, etwas älter geworden inzwischen, reifer, von einer betörenden fraulichen Schönheit, ohne jedoch den süßen Schmelz der Jugend eingebüßt zu haben – war mit ihren Gedanken schon wieder anderswo.

»Merkwürdig … Wie leicht könnte es sein, daß in einem dieser U-Boote, vor denen wir solche Angst haben, Männer sitzen, die ich von früher kenne. Vielleicht einer von den jungen Marineoffizieren, mit denen ich im *Adlon* getanzt habe. Sie redeten andauernd von ihren Schiffen, aber keiner sprach über den Krieg. Wußte auch nur einer von ihnen, was Krieg *wirklich* ist?«

»Niemand von uns wußte es«, sagte der Bärtige. »Nicht einmal wir, die Älteren.«

»Und jetzt? Jetzt könnte doch sein, daß einer von diesen jungen Männern einen Torpedo abfeuert und wir alle …« Sie zuckte hilflos mit den Schultern. »Ich versteh das nicht, Henri. Wir kennen ganz Europa. Sie, ich … Wir hatten überall Freunde. Gute und weniger gute. Man traf sich in Berlin, Paris, London, Rom. Mit Jacques war ich einmal auch in Petersburg. Was für eine herrliche, großartige Stadt! Und eines Tages werden diese gleichen Menschen von einem merkwürdigen Wahnsinn befallen, der sie tun läßt, was sie gar nicht tun wollen. Niemand *wollte* doch den Krieg. Er ist trotzdem ausgebrochen. Warum?«

»Darüber wird man sich wahrscheinlich auch noch in fünfzig oder hundert Jahren nicht einig sein, Marquise.«

»Was mag in einem U-Boot-Kommandanten vorgehen, der einen Torpedo auf ein Schiff wie dieses abfeuert?«

»Gar nichts«, sagte der Bärtige. »Er visiert an, gibt das Kommando zum Feuern, hofft, daß sein Torpedo trifft, und wenn er trifft, brüllt die ganze Mannschaft *hurra.*«

»Auf der *Lusitania* waren Kinder...«

»Kinder und Munition. So wie hier. Was hat Munition auf einem Schiff mit Kindern zu suchen? Aber sagen Sie – wollen wir nicht lieber von etwas anderem sprechen? Die Geschichte, die Sie mir da erzählt haben... Ist das wirklich *Ihre* Geschichte?«

»Habe ich das gesagt? Ich habe nur von einer gewissen Charlotta Wielcke erzählt.«

»Es erscheint mir unglaublich...«

»Das Leben *ist* unglaublich, Henri. Unglaublich, unwahrscheinlich, spannend und – schön. Schön ist es immer. Auch jetzt. Obwohl wir nicht wissen, ob wir unser Ziel je erreichen. Und wer weiß – vielleicht erzähle ich Ihnen diese Geschichte gerade deshalb. Kommen Sie, Henri. Hier oben wird es kalt.«

Sie schlenderten hinüber zum Treppenabgang. Der bärtige Mann hinkte dabei stark. Ein junger Leutnant, der sich auf dem Weg zum Steuerhaus befand, kam ihnen entgegen, grüßte.

»Frische Luft geschnappt, Marquise? Sehen wir uns zum Dinner?«

»Sicher, Herr Leutnant.«

»Auch einer von denen, die ich im Auge behalten muß«,

brummte der Bärtige, als sie weitergingen. »Aber erzählen Sie. Den Kaiser haben Sie also um den Finger gewickelt, wie ich es später oft bei anderen Männern gesehen habe. Mich eingeschlossen. Und weiter?«

»Aber Henri!« Charlotta legte die Hand auf seinen Arm. »Warum sollte ich ausgerechnet Sie um den Finger wickeln? Sie sind mein Freund. Der Kaiser war es in diesem Augenblick nicht. Ein merkwürdiger Mann. Er scheint immer, in jedem Augenblick, auf Eindruck bedacht. Nie ist er – er selbst. Das was er ist und das was er sein will, kämpfen in ihm unentwegt um die Vorherrschaft. Ich habe mit ihm nur eine halbe Stunde gesprochen, aber ich habe es ganz deutlich gemerkt.«

»Mag sein«, murmelte der Bärtige. »Eine gegen sich gerichtete Natur. Wir kennen das Bild, das er uns von sich zeigen will. Wie also ist er – wirklich?«

»Wer kann es genau wissen? Hilfsbedürftig, weich. Seine Menschensehnsucht und seine vergewaltigte Kindlichkeit verbirgt er hinter andauernder physischer Hochspannung, einer fieberhaften Aktivität. Er konnte bezaubern und war ein Gezeichneter. Als ich mit ihm sprach, empfand ich, daß man diesen Menschen nicht hassen oder bekämpfen sollte, sondern nur beschützen vor dem, was in ihm ist und was ihn zum Abgrund zieht. Nun, wir werden sein Geheimnis nicht lösen.«

»Und – Ihr Geheimnis, Marquise?«

»Haben Sie schon einmal das Gefühl gehabt, irgendwo ganz falsch am Platz zu sein, Henri? Ich hatte es, als ich nach dem Rendezvous mit dem Kaiser mit der Droschke vom Potsdamer Bahnhof zurück nach Hause fuhr und vor der Einfahrt anhalten ließ. Ich saß eine Weile da, schaute das Haus – mein Haus – an und sagte schließlich dem Kutscher, er solle wieder zurück zum Bahnhof fahren.«

»Und – dann sind Sie einfach abgereist?«

»Zuerst nach London, dann nach Paris…«

»Das müssen Sie mir näher erklären, Marquise! Was geschah mit Ihrem Mann? Was mit dem Fürsten zu Wied?«

Charlotta blieb stehen, lehnte sich an die Reling, blickte verträumt aufs Meer. »Der arme Stan… Ich habe ihm viel Kummer gemacht. Und *Waldgeist*… Ich schleppe seine kleine Holzfigur noch immer mit mir. Seien Sie nicht ungeduldig, Henri. Ich werde es Ihnen erzählen. Man wird uns gleich zum Dinner rufen.«

Zu diesem Zeitpunkt befand sich die *Touraine* auf 42° 27′ nördlicher Breite und 23° 16′ westlicher Länge. Etwa 35 Seemeilen nordwestlich davon stampfte das deutsche Unterseeboot U 21 durch die lange, schwere Dünung, Kurs Südsüdwest. Wenn es diesen Kurs und seine Geschwindigkeit beibehielt, mußte es in etwa zwei Stunden die *Touraine* sichten – vorausgesetzt, die Nacht war heil genug. Darüber gab es jedoch kaum einen Zweifel: Es war Vollmond.

»Die einzige erfolgversprechende Methode in der Kunst der Verführung ist die, daß man sich an keine Methode hält«, dozierte der Erste Offizier des U 21, Oberleutnant zur See Gottfried von Sassky. Er war ein schlaksiger, blonder Mann mit hellen Augen und einem langen, melancholischen Gesicht. Im Augenblick lag er in der Koje.

Am Klapptisch der kleinen Offizierskajüte saß der Leitende Ingenieur, ein vierschrötiger Mann um die Vierzig mit dichten, schwarzen Haaren und wulstigen Augenbrauen. »Wie ich Sie kenne, beherrschen Sie diese Methode ausgezeichnet«, sagte er über den Rand der dampfenden Teetasse.

Der Erste Offizier überhörte die feine Ironie in der Stimme des Ingenieurs. »Die Frauen sind so verschieden wie die Instrumente eines Orchesters«, sprach er weiter. »Es gibt Männer, die meinen, mit der Violine könnte man umgehen wie mit einem Waldhorn, oder man könnte auf die Tasten des Flügels trommeln wie auf die

Kesselpauke bei Fortissimo. Ein verhängnisvoller Irrtum! Jede Frau braucht eine besondere Behandlung. Mal muß man sich ihnen nähern wie der große Bruder, beschützend, ritterlich. Mal sind sie mütterlich, mal wiederum wie kleine Mädchen. Die eine will umgarnt werden, die andere schätzt mehr die direkte Art. Es gibt welche, die schon das Wort *Schlafzimmer* unanständig finden, und andere, die freudig zustimmen, wenn man sagt: Genug geflirtet, ausziehen und marsch ins Bett!«

»Und das Rezept?« fragte der Ingenieur.

»Es gibt kein Rezept. Nur Fingerspitzengefühl, Phantasie, Einfühlungsvermögen. Man steht einer Frau gegenüber, man schaut sie an, spricht mit ihr ein paar Worte – und schon weiß man, welches Paar Schuhe sie braucht. Da war zum Beispiel eine junge Person, schön wie Aphrodite, unnahbar wie ein Marmorblock. Wo, fragte ich mich, wo setze ich bei diesem Marmorblock den Meißel an?«

»Ich dachte, ihr vom *Garde du Corps* wüßtet das doch auf Anhieb.«

»*Garde du Corps*... Das war einmal. Als das Vaterland noch schneidige Reiter und keine Tauchenten brauchte. Können Sie sich vorstellen, daß ich mich freiwillig zur Marine gemeldet habe? Ich sah mich schon als Admiral auf der Brücke eines Schlachtschiffes, mit kühnem Auge das Meer nach dem Feind absuchend... Und dann steckte man mich in diese Sardinenbüchse!«

»Immer noch besser als an der Somme.«

»Pfui Teufel! Schützengräben! Und weit und breit kein Pferd.«

»Und wie ging das mit dem Marmorblock weiter?«

Die Ankunft des Zweiten Offiziers, eines blutjungen, großgewachsenen Leutnants, unterbrach die Unterhaltung.

»Thema Nummer eins?« fragte er, während er das triefendnasse Ölzeug abstreifte.

»Unser Michelangelo der Liebeskunst meißelt gerade an einer Aphrodite«, sagte der Ingenieur.

»Was macht er?« Der Leutnant blickte mit blauen, verständnislosen Augen von einem zum anderen.

»Nichts für Kinder«, sagte der Erste Offizier grinsend. »Wie sieht's draußen aus?«

»Windstärke drei bis vier, klare Sicht, noch immer schwere See. Kurs weiter Südsüdwest. Meines Wissens hatte sich noch nie ein Boot so weit hinausgewagt.«

»Ihr Wissen ist beschränkt!« sagte der Erste Offizier streng. »Was macht der Alte?«

»Was er immer macht: Er steht draußen und starrt durchs Fernrohr.«

»Auf einsamer Wacht. Und noch immer kein feindliches Schlachtschiff in Sicht – und kein Pour le mérite.«

»Malen Sie den Teufel nicht an die Wand!« sagte der Ingenieur.

In diesem Augenblick schrillte die Alarmglocke.

»Das ist Defätismus, mein lieber Monsieur!« rief der alte Admiral mit wütend gesträubtem Schnurrbart, wobei er das Wort *Monsieur* besonders betonte. Seine wäßrigen, rotumrandeten Augen funkelten den bärtigen Mann, der ihm gegenübersaß, zornig an. »Zu behaupten, der Krieg könnte mit einiger Anstrengung nicht spätestens in einem halben Jahr beendet werden, ist Defätismus! Was verstehen Sie davon? Sie – Zivilist!«

»Immerhin saß ich fast ein Jahr lang im Schützengraben«, antwortete der bärtige Mann milde. »Als Hauptmann.«

»Und – warum, warum …?«

Charlotta sah den alten Admiral zum erstenmal außer Fassung.

»Deswegen«, sagte der Bärtige und klopfte auf seine Unterschenkelprothese. »Ich meine – deswegen nicht mehr.«

»Aber meine Herren!« versuchte der Kapitän zu vermitteln. »*Wir* werden diese Frage nicht lösen. Und von uns hängt sie auch gar nicht ab. Obwohl wir natürlich alles tun, was in unseren Kräften steht.« Der Kapitän, ein älterer, rundlicher Mann mit einem gepflegten Spitzbart und freundlichen Augen, saß links neben Charlotta. Der große, nur notdürftig beleuchtete Speisesaal war fast leer. Zwei Stewards eilten hin und her und räumten Geschirr ab. Der Wein in dem halbvollen Glas vor Charlotta schwappte leicht hin und her im Stampfen der Schiffsmaschinen.

»Trotzdem – es ist Defätismus!« knurrte der Admiral.

»Aber mon Admiral!« sagte Charlotta. »Ich kann mich erinnern, daß Monsieur de Sevigné Ende 1914 der gleiche Vorwurf gemacht wurde. Damals meinte er, der Krieg würde erst Mitte 1915 zu Ende sein. Jetzt haben wir bald Mitte 1916. Erinnern Sie sich, Henri?«

»Damals war das etwas anderes, verehrte Marquise.« Der Admiral verbeugte sich leicht. »Jetzt sind die Hunnen erschöpft, ausgeblutet. Ein harter Schlag, ein energisches Zupacken ...«

»Vergessen Sie nicht, daß auch ich eine – Hunnin bin, mon Admiral!« sagte Charlotta mit jener schnurrenden Sanftheit, die Gefahr ankündigte.

»Aber, aber – Marquise!« Der Admiral blinzelte verstört.

»Ganz recht: Marquise de Liancourt. Französische Staatsbürgerin. Und trotzdem eine Hunnin. Aber es kommt noch besser: geboren in Potsdam, im Neuen Palais, der Residenz des obersten Hunnen.«

Einer der vier jungen Offiziere der Royal Navy, die am Kapitänstisch saßen, verbarg hinter der vorgehaltenen Hand ein breites Grinsen. Es gab wohl keinen hier, der dem alten Kommißhengst von einem Admiral diese Abfuhr nicht gegonnt hatte.

Zwei dumpfe, kurz aufeinander folgende Schläge ließen das Schiff erzittern. Irgend etwas riß, Geschirr polterte zu Boden, das Klirren zerbrochenen Glases – und eine tiefe, unheilvolle Stille. Charlotta war es in diesen kurzen Augenblicken, als hätte jemand die Zeit angehalten. Überdeutlich, mit einer kristallklaren Schärfe, sah sie die verständnislosen, erschrockenen Gesichter der Männer um den Tisch, die aufgerissenen Augen, die regungslosen Gestalten der wenigen Passagiere im Hintergrund.

Der Kapitän sprang als erster auf. Sein Stuhl fiel polternd um. Im Hintergrund fing eine Frauenstimme an zu kreischen. Und dann sah Charlotta unter einer Detonation, die den Schiffsrumpf entzweizureißen schien, unter betäubendem Bersten und Krachen die umherfliegenden Trümmer. Im gleichen Augenblick wurde auch sie von einer riesenhaften Faust gepackt und durch den Saal geschleudert.

Ich muß mich festhalten – ich muß mich irgendwo festhalten! dachte sie – und wunderte sich gleichzeitig darüber, daß sie kaum Angst empfand. Wie merkwürdig schräg plötzlich der Boden stand. Wenn ich mich nicht festhalte… »Festhalten!« rief sie sich zu, und dann sah sie sich gegen einen roten Feuerschein fallen.

Die Touraine wurde von zwei Torpedos getroffen. Der zweite Treffer ließ mittschiffs einen Teil der geladenen Munition explodieren. Die Detonation riß ein gewaltiges Leck in den Schiffsrumpf; brennend, von immer neuen Explosionen erschüttert, begann das Schiff zu sinken.

Die Alliierten bezeichneten später die Versenkung der *Touraine* als eine eklatante Verletzung des Kriegsrechts, da sie deutlich als ein neutrales amerikanisches Schiff gekennzeichnet gewesen sei. Demgegenüber hieß es im Bericht des U-Boot-Kommandanten, Kapitänleutnant Schröder, daß er sie in der hellen Nacht deutlich als ein Schiff der französischen D-Klasse erkannt habe, die nach Kriegsbeginn zu Truppentransportern und schnellen Frachtern umgebaut worden waren. Auch wären am Bug die Umrisse eines Abwehrgeschützes mit Alarmbesatzung erkennbar gewesen.

»… Da ich annehmen mußte, das Schiff hätte zu seiner Verteidigung auch noch andere Waffen, mußte ich auf eine Warnung vor dessen Versenkung verzichten… Das Resultat der Torpedierung bestätigte eindeutig, daß das Schiff… Munition geladen hatte… Die Detonation war so stark, daß in meinem Boot Wasser durch den Druckkörper eindrang… Aus einer Entfernung von anderthalb Meilen konnte ich die hastigen, doch offenbar ordnungsgemäßen Rettungsarbeiten beobachten…«

Was der Kommandant des U 21 »ordnungsgemäße Rettungsarbeiten« nannte, war in Wirklichkeit blinde Panik. Für Charlotta spielten sich die Ereignisse als eine Folge unzusammenhängender Bilder ab.

Bei dem Sturz durch den Speisesaal gegen die rotflackernde Dämmerung hinter den zerbrochenen Fenstern schlug sie hart gegen eine Säule und verlor für einige Augenblicke das Bewußtsein. Als sie wieder zu sich kam, fragte sie sich zunächst verständnislos, wo sie sei und was mit ihr geschehen war. Die spitzen, merkwürdig fern klingenden Schreie einer Frau, verworrene Kommandorufe, das rote, über die schrägen Wände huschende Licht, der scharfe Schmerz in ihrer linken Schulter… Was bedeutete das alles?

Benommen schüttelte sie den Kopf. Etwas Schreckliches war geschehen. Sie mußte irgend etwas tun, sie mußte den anderen nach… Wo waren sie nur alle? Warum kümmerte sich niemand um sie? So begann sie über den geneigten Boden des Speisesaals zu kriechen. Der Schmerz in der Schulter trieb ihr die Tränen in die Augen.

Etwas später fand sie sich – jetzt aufrecht gehend – auf dem Deck, inmitten einer sinnlos hin und her rennenden, laut schreienden Menschenmenge. Ein Matrose lief fluchend vorbei, stieß sie beinahe um, und seine Augen waren blind vor Todesangst. Die Bugtrossen eines brechendvollen und offenbar unsachgemäß gefierten Rettungsbootes gaben nach, rissen mit einem harten, peitschenden Knall, das Boot schlug um und streute seine zappelnde, um sich schlagende, vergeblich nach einem Halt suchende Menschenlast auf den geneigten Schiffsrumpf, von wo sie weiter nach unten fiel und verschwand: Doch immer noch klangen ihre Hilfeschreie aus der Dunkelheit empor, ferner jetzt, dünn, seltsam unwirklich.

Und wieder ein Bild: Ein bulliger Mann drängte sich rücksichtslos zu einem anderen Boot durch, schob ein älteres Ehepaar beiseite, schlug einer Frau, die sich mit vor Entsetzen irren Augen an den Bootsrand klammerte, mit aller Kraft ins Gesicht, zerrte sie an den Haaren zurück und kletterte ins Boot. Charlotta konnte für einen Augenblick sein triumphierendes Gesicht mit wild funkelnden Augen sehen, als er sich umwandte und den anderen zuschrie, das Boot sei besetzt und solle zu Wasser gelassen werden.

Wie unwürdig, dachte sie, wie unwürdig sind die Menschen in Todesangst! Dann fand sie sich in ihrer Kabine. Sie hatte den Mantel angezogen und blickte nun nachdenklich um sich, als suchte sie etwas. Der Schiffsrumpf erzitterte unter einer Explosion. Sie unterdrückte die in ihr aufsteigende Panik – und jetzt erinnerte sie sich auch, weshalb sie hierhergekommen war. Draußen rief jemand ihren Namen. Ihr alter, bärtiger Freund Henri? Charlotta tastete sich zielsicher zur Gepäckablage, fand ihre Reisetasche mit Geld und Papieren, drückte sie erleichtert an sich und verließ die Kabine. An das Geld und die Papiere dachte sie dabei nicht, sondern nur an die kleine Holzfigur, die vor Jahren Fürst zu Wied aus einer bizarr geformten Wurzel für sie geschnitzt hatte und die sie in der Tasche verwahrte.

Die Holzfigur war das einzige Andenken an den Mann, dem ihre erste – und wie sie sich manchmal ahnungsvoll sagte, einzige wirkliche Liebe galt, auch wenn sein Bild im Lauf der Jahre verblaßt war. Sie hatte die Figur immer bei sich getragen, eine Art Talisman und eine wehmütige Erinnerung. Jetzt, als vielleicht ein Stelldichein mit dem Tod bevorstand, war die Figur wichtiger als alles andere. Sie war ein Unterpfand auf die Zukunft: Verlor sie die kleine Holzfigur, dann verlor sie auch die noch immer in ihr glimmende Hoffnung, eines Tages wieder zu *ihm* zu finden.

Im Gang vor der Kabine fand sie Henri. Schwer atmend lehnte er an der Wand, über seine Schläfe zog sich ein langer, blutiger Riß, und Blut tropfte in seinen zerzausten, grauen Bart.

»Großer Gott – wo stecken Sie denn!« rief er erleichtert. »Ich suche schon die ganze Zeit... Schnell, wir müssen uns beeilen!« Er griff nach ihrer Hand und zog sie hinkend zum Deckausgang.

Draußen stand der junge Leutnant, der vorhin beim Dinner Charlotta gegenübergesessen hatte. »Zum Teufel – Sie haben Nerven, Marquise! Nichts wie weg! Wir sind die letzten. Das Schiff kann jeden Augenblick untergehen. Schnell ins Boot!«

In diesem Augenblick erbebte die *Touraine* unter einer neuerlichen Detonation, die weit stärker war als die vorausgegangenen. Wände schienen einzustürzen, irgend etwas traf Charlotta schmerzhaft in die Seite. Eine blendendhelle Feuerlohe schoß draußen über das Deck, und Charlotta fühlte ihre glühende Hitze wie einen harten, brennenden Schlag ins Gesicht.

Der Leutnant war verschwunden, als hätte er sich in Luft aufgelöst. Ein junger Matrose lief mit brennender Uniform schreiend und wild um sich schlagend vorbei, sprang über die Reling, sein Schrei erstarb in der Tiefe wie abgeschnitten.

Und jetzt kam die Todesangst auch über Charlotta. Sie klammerte sich an Henri, der sie über das mit brennenden Trümmern übersäte Deck zerrte, preßte mit der freien Hand die Tasche an sich. Dann erreichten sie das Rettungsboot. Hände streckten sich ihnen entgegen, sie fühlte sich hochgehoben, hineingezerrt, und sie sah Henris blutverschmiertes Gesicht über dem Bootsrand auftauchen. Sie fühlte, wie das Boot plötzlich jäh nach unten fiel, hart gegen den Schiffsrumpf schlug, irgend etwas brach, Männerstimmen schlugen durcheinander, sie kämpfte verzweifelt gegen eine neuerliche Ohnmacht und den unerträglichen Schmerz in der Schulter an, und es gelang ihr, die grauen Nebel vor den Augen zu vertreiben.

Der schwarze, vom blutroten Schein der Brände überstrahlte

Schiffsrumpf ragte haushoch über das Boot auf, Wellen brachen sich an den stählernen Wänden, die sie zu erdrücken drohten.

»Trossen kappen – ablegen!« schrie eine befehlende, merkwürdig ruhige und unbeteiligte Stimme, in der Charlotta die des alten Admirals Penbrooke erkannte. Henris Gesicht nickte ihr ermutigend zu.

»Der Admiral selbst hat das Kommando. Jetzt kann uns nichts mehr passieren...« Die harten Stöße des Bootes gegen die Bordwand hörten plötzlich auf, wurden zu einem langen Auf- und-Abgleiten auf der schweren Dünung. Ein Schwall kalten Seewassers prasselte auf Charlottas Gesicht.

»Pullt los, Leute!« schrie der alte Admiral, offenbar ganz in seinem Element, triumphierend. »Legt euch in die Riemen – one – two – three – one – two – three, stärker, Leute, bis die Dollen brechen!«

Jetzt war alles gut. Sie hatten diese brennende Hölle hinter sich gelassen. Sie waren gerettet.

Charlotta drückte die Tasche mit der kleinen Holzfigur an sich, und es war ihr, als sähe sie das braune Gesichtchen hintergründig lächeln, und dann sah sie, wie es durch *sein* Gesicht verdrängt wurde: Es lächelte auf die gleiche Art wie das Gesicht der Statuette, und es war so deutlich und scharf umrissen wie schon seit Jahren nicht mehr.

War ihr bisheriges Leben seit dem Abschied von ihm im Herbst 1909 nicht nur ein Irren und Suchen und ein trotziges Aufbegehren gegen ihre Sehnsucht, und wie sie jetzt zu erkennen glaubte, ihre Bestimmung gewesen? Wo war er jetzt? Gab es noch einen Weg zurück zu ihm? Sollte sie nicht... Ich werde es tun, dachte sie, ich muß es ja, ich muß es.

Charlotta hatte sich entschieden, hier in diesem kleinen, zerbrechlichen, ungenügend mit Proviant versorgten Boot, das über den Ozean einem ungewissen Schicksal entgegentrieb.

Die Nacht vor dem Angriff war hell und still. Durch das offene Fenster drang der Duft nach blühendem Jasmin und mischte sich mit dem Geruch von schweren Zigarren, die der General vor der Lagebesprechung herumgereicht hatte. Das Licht des Mondes glänzte silbern auf den Baumkronen des weitläufigen Parks, schimmerte auf den nackten, steinernen Figuren des großen Brunnens, glitzerte auf den aufgepflanzten Bajonetten der Wachtposten an der Freitreppe.

Major der Infanterie Fürst Arthur zu Wied blickte durch das Fenster und versuchte sich vorzustellen, wie es hier früher gewesen sein mußte. Im Mondlicht funkensprühende Wasserfontänen des jetzt stillgelegten Brunnens, keine Wachtposten, Mondlicht auf schimmernden Frauenschultern, leise Musik, Mozart.

Früher. Vor einer Ewigkeit. Vor dem Krieg. Und jetzt statt Mozart das belfernde Rattern eines Maschinengewehrs, in der Ferne das unentwegte Grollen der Front vor Verdun, und statt Männerstimmen, die Komplimente flüstern, die schnarrende Stimme des Generals.

»Unsere Division tritt als erste an, meine Herren. Ich brauche Ihnen die Bedeutung unserer Aufgabe nicht näher zu erläutern. Die Oberste Heeresleitung mißt diesem Angriff eine eminente Wichtigkeit bei. Falkenhayn sprach davon, daß sich vor Verdun eine Entscheidung anbahnt. Wir werden hier die noch verbliebenen französischen Reserven binden, wenn möglich die Front durchstoßen und zu einem Umfassungsangriff auf Verdun antreten.«

Wie oft wird sie durch diesen Park gegangen sein? fragte sich der Fürst. Wie oft hier in der Bibliothek gesessen haben, über ein Buch gebeugt, oder im Gespräch am Kamin, das Gesicht in den warmen Schein des Feuers getaucht, goldene Funken auf dem Haar, in den Augen... Charlotta Marquise de Liancourt. Ich wußte, daß wir uns einmal begegnen werden, dachte der Fürst. Ich wußte es seit damals, als sie sich in Pommern von mir verabschiedet hatte: Es konnte nicht endgültig sein. Doch nie hätte ich gedacht, daß ich sie ausgerechnet hier wiederfinden würde. Nein, nicht sie, sondern ihre Vergangenheit.

Er war schon am Nachmittag zu der festgesetzten Lagebesprechung gekommen. Um die Zeit totzuschlagen, hatte er sich von einem greisen Diener in ausgebleichter, doch peinlich saubergebürsteter Livree durch das Landschloß führen lassen, das zum Teil vom Stab der Division besetzt worden war.

»Das Schloß gehört seit vielen Generationen den Liancourts«, hatte der alte Mann in dem schönen Treppenaufgang vor der Ahnengalerie im ersten Stock erzählt. »Treten Sie bitte ein, Monsieur. Das hier ist der erste Liancourt. Er soll ein grimmiger Ritter gewesen sein, ganz wie auf diesem Bild ...«

Aber seine Worte waren nicht mehr zum Fürsten durchgedrungen, der wie gebannt auf das große Bild einer jungen Frau an der gegenüberliegenden Wand gestarrt hatte. Charlotta. Das zarte, leicht zur Seite geneigte Gesicht. Die großen, dunklen, auf ihn gerichteten Augen. Das Lächeln um die Mundwinkel. In der einen Hand ein blühender Jasminzweig, die andere auf ein Tischchen gestützt. Den Hintergrund des Gemäldes bildete ein schwerer, blauer Samtvorhang und ein Teil des Kaminsimses, auf dem ein Kerzenleuchter stand und eine kleine, bizarr geformte Holzfigur. Nein, es war kein Zweifel möglich. Charlotta. Und diese kleine Statuette hatte er selbst vor Jahren in Ostpreußen geschnitzt und ihr seine eigenen Züge gegeben: ein Waldmännchen, Waldgeist ...

Die Stimme des Fürsten war vor Erregung heiser gewesen, als er den Diener gefragt hatte: »Wer – wer ist diese Frau?«

»Marquise de Liancourt, Monsieur.«

»Charlotta de Liancourt?«

»Das ist ihr Name. Kennen Sie sie, Monsieur? Sie ist eine Deutsche.«

»Nur flüchtig. Und das ist wohl der Marquis?« hatte der Fürst, auf das Bild eines schlanken, gutaussehenden Mannes in Jagdkleidung blickend, gefragt, das neben dem Charlottas hing.

»Jacques de Liancourt, Monsieur. Der junge Herr.«

»Und – wo leben sie jetzt?«

»Der Marquis ist tot, Monsieur. Gefallen an der Marne in den ersten Kriegstagen. Er war Leutnant, ritt eine Attacke... Ein Held!« Stolz und Trotz klangen in der Stimme des alten Mannes mit.

Ein Held... Ein törichter, ahnungsloser Held, hatte der Fürst gedacht. Wie gut konnte er sich diesen jungen, hübschen Mann vorstellen, wie er an der Spitze seiner Leute mit hocherhobenem Säbel in die Maschinengewehrgarben ritt! Begeisterung. Todesmut. Blut fürs Vaterland. Vive la France. Heldenhafte, mörderische Kämpfe der ersten Kriegswochen. Inzwischen war daraus ein grauenvolles, langsames Sterben im Dreck der Schützengräben geworden. Trommelfeuer. Zerfetzte Leiber. Süßlicher Gestank nach Leichen und der schweißige Geruch nach Angst.

»Und wo ist die Marquise?«

»Kurz bevor die deutschen Truppen anrückten, ging sie nach Paris, Monsieur. Seit einem Jahr haben wir keine Nachricht mehr von ihr. Ich mache mir Sorgen. Sie ist allein.«

»Allein...«, hatte der Fürst gemurmelt, ohne die Erleichterung unterdrücken zu können, die er bei diesem Wort empfand.

»Marquis de Liancourt hatte nur noch Verwandte drüben in den Staaten. New Orleans.«

»Wann haben sie geheiratet?«

»Im Frühjahr 1912, Monsieur.«

»Kinder?«

»Nein, Monsieur.«

»Diese kleine Figur auf dem Kaminsims...«

»Das war ihr Talisman, Monsieur. Ein kleiner Waldgeist, sagte sie... Es war eine schöne Zeit. Damals dachte niemand an den Krieg. Was soll nur daraus werden, Monsieur?«

Wie hätte ich ihm darauf eine Antwort geben können? dachte der Fürst jetzt. Niemand weiß es. Nur eines ist sicher: Mit uns geht es zu Ende. Wir sprechen alle vom Sieg, von einer letzten, entscheidenden Schlacht. Wir. Die Franzosen. Die Russen, Engländer. Aber zuletzt wird es keinen Sieger geben, nur Tote. Wir alle haben den Krieg verloren, in dem Augenblick, als wir ihn angefangen haben. Was jetzt folgt, ist nur noch die Agonie des Todes.

»In wenigen Stunden beginnt die Artillerievorbereitung!« schnarrte die Stimme des Generals. »Ihre Angriffsbefehle haben Sie, meine Herren. Sie bilden mit Ihrem Bataillon die Spitze des Angriffskeils. Wie ist die Stimmung der Leute?«

Der Fürst löste den Blick vom offenen Fenster und sah den General gleichgültig an. »Miserabel, Herr General.«

In der Gruppe der Offiziere am großen Konferenztisch entstand leichte Bewegung. Einer von ihnen lachte leise.

»Tja...« Der General hüstelte nervös, zog ein großes, weißes Taschentuch hervor und wischte sich das fette, schwitzende Gesicht und den Nacken, der über den zu engen Kragen quoll, ab. »Diese Auskunft scheint bei Ihnen die Regel zu sein. Sie berechtigt nicht gerade zu Optimismus.«

»Sie *ist* auch die Regel, Herr General. Und zum Optimismus haben wir ohnehin keinen Grund. Andererseits...«

»Andererseits?«

Der Fürst blickte in die kleinen, hilflos blinzelnden Augen des Divisionskommandeurs – und fast so etwas wie Mitleid, aber auch ein dumpfer, ohnmächtiger Zorn, regten sich in ihm. Dieser fette, schwitzende Mann versuchte sicherlich sein Bestes zu tun. Nur war sein Bestes nicht viel wert. Forschheit als Ersatz für Fähigkeit. Forschheit, die Hilflosigkeit verdecken sollte. Aber was sollte er bei der Lage der Dinge auch tun? Und da man von ihm erwartete, daß er etwas tat, schickte er immer und immer wieder Menschen in den Tod: für ein paar Meter Graben, einen Maulwurfshügel, einen Granattrichter. Daraufhin befahl auf der anderen Seite genauso ein

General Gegenangriff, der eroberte Graben ging verloren, den Maulwurfshügel gab's nicht mehr, der Granattrichter war voller Leichen. Und so ging es hin und her, hin und her.

»Also?« fragte der General.

»Andererseits sind die Leute nicht selten froh, die Nase aus dem Dreck zu heben und angreifen zu können, Herr General. Nichts ist schlimmer, als untätig auf den Tod warten zu müssen. Und selbst wenn man dem Angriff nicht die geringste Chance gibt, man *tut* wenigstens etwas.«

»Wollen Sie damit sagen, daß Sie unserem Angriff keine Chance einräumen?« fragte der General in das angespannte Schweigen.

»Auch nicht die Spur einer Chance, Herr General.« Der Fürst stand langsam auf, sein hageres Gesicht mit der breiten Stirn, den harten, grauen Augen und dem kantigen Kinn, war ausdruckslos. »Neulich sang einer meiner Leute ein englisches Soldatenlied. *Willst du deinen Liebsten treffen, ich kann dir sagen, wo er ist: er hängt im Drahtverhau.* Auf also in den Drahtverhau! Darf ich mich jetzt verabschieden, Herr General? Ich habe von allen hier anwesenden Herren den weitesten Weg.«

Die angekündigte Artillerievorbereitung dauerte drei Stunden. Um sechs Uhr, hörte das Trommelfeuer für einen Augenblick schlagartig auf und setzte gleich darauf mit verstärkter Wucht ein.

Aus den Gräben und Unterständen des 157. Infanteriebataillons unter dem Befehl des Fürsten zu Wied kletterten Soldaten mit aufgepflanzten Bajonetten und stürmten gegen die französischen Stellungen. Ein apokalyptisches, doch für jene Tage alltägliches Bild. Schmutziggraue, schattengleiche, ihre Angst im Hurragebrüll ertränkende Gestalten, schwerfällig, stolpernd, fallend, weiterlaufend durch das trockene, ununterbrochene Schmettern der Abschüsse, durch das Orgeln, Jaulen und krachende Einschlagen der Granaten, in die dichter und dichter werdenden, hart einschlagenden Blitze des französischen Sperrfeuers, eintauchend in den bleiernen, bösen, graugelben Nebel, der immer dichter und höher wuchs, den hundertfachen und tausendfachen Tod in sich bergend: Sie rannten, fielen, krallten sich in die Erde ein, rannten weiter, und ihr Kampfgeschrei ertrank im brüllenden Gebrodel aus aufspritzender Erde und zerrissenen, emporgeschleuderten Menschenkörpern. Der erste französische Graben wurde genommen – und bereits hier schien sich der Angriff festgefahren zu haben.

Major Fürst zu Wied lehnte schwer atmend an der Grabenwand. Das erste Ziel war erreicht worden. Wie viele Soldaten waren ihm übriggeblieben? Die Hälfte? Wahrscheinlich nicht einmal das. Verdreckte, ausgemergelte Gestalten, mit weit offenen, nach Luft schnappenden Mündern und irren Augen inmitten gefallener Franzosen, die ihnen trotz verschiedener Uniformen aufs Haar glichen: Sie waren genauso ausgemergelt und verdreckt, und der einzige Unterschied zwischen ihnen war der, daß die einen bereits das waren, was die anderen in Kürze sein würden: tot.

Der Fürst blickte auf die Uhr. Noch eine Minute.

»Es geht gleich weiter, mein Junge«, sagte er zu seiner Ordonnanz, dem Gefreiten Stabinsky, der ihm wie ein Schatten gefolgt war; wie immer.

»Jawohl, Hoheit«, sagte Stabinsky, ein breiter, vierschrötiger Bauernbursche mit einem stets grinsenden Vollmondgesicht und treuen Hundeaugen.

»Sag nicht Hoheit, und sag nicht immer jawohl, du Narr!« herrschte ihn der Fürst zornig an. »Sag endlich einmal: verdammte Scheiße!«

Stabinskys Antwort ging in den krachenden Einschlägen des französischen Sperrfeuers unter, das sich jetzt auf den eigenen, von den Deutschen genommenen Graben einschoß. Er sagt doch wieder jawohl, Hoheit, dachte der Fürst resigniert.

Noch vierzig Sekunden. Augenblicke, in denen ich lebe. Jede Sekunde ein Augenblick, noch vierzig Augenblicke, aber vielleicht auch nicht, noch dreißig, noch zwanzig, es wird Zeit. Verschleudertes Leben. Zehn Sekunden.

»Los, Leute, wir müssen weiter!« schrie er, doch seine Stimme schien im Lärm der Schlacht kaum die nächsten neben ihm in der Grabensohle hockenden Soldaten zu erreichen. Sie starrten ihn von unten her an, ängstlich, verständnislos, feindselig. Bin ich denn nicht wie dieser fette General? fragte sich der Fürst. Tue ich denn etwas anderes? Auf, Leute, es geht weiter. Schnurstracks in den Soldatenhimmel. Keine Chance, Herr General.

Er beugte sich zu Stabinsky und rief ihm zu, während von einem Einschlag emporgeschleuderte Erde über seinen Stahlhelm rieselte: »Es hilft nichts, mein Junge. Es geht los. Bleib unten, verstanden?« Dann lief er einige Schritte seitwärts, kletterte aus dem Graben und stellte sich hochaufgerichtet und weithin sichtbar an den Grabenrand. »'raus – weiter! Los, 'raus!« schrie er, und schrie es immer wieder und zeigte dabei mit ausgestrecktem Arm gegen die zweite französische Verteidigungslinie, das Gesicht rückwärts gedreht zu den eigenen Leuten, bis die ersten von ihnen aus dem Graben stiegen, ihn ängstlich und scheu anblickend, als fürchteten sie diesen in seinem Zorn und seinem Mut schrecklichen Mann mehr als das feindliche Feuer. Andere taten es ihnen nach, es wurden immer mehr; und dann geschah es.

Der Fürst wurde plötzlich herumgeschleudert, er schwankte, sank in die Knie, und auf seiner rechten Brustseite breitete sich ein großer Blutfleck aus. Er fiel mit dem Gesicht auf die Erde, noch bevor ihn Stabinsky auffangen konnte.

Stabinsky trug den schweren Körper des Fürsten über das Niemandsland und spürte dessen Gewicht kaum. Er rief immerzu nach einem Arzt und nach Sanitätern, und über sein rundes Gesicht liefen Tränen und zogen schmutzige Spuren über seine Wangen.

»Der Major – Seine Hoheit«, stammelte er, als er die rückwärtigen Stellungen mit den bereitgestellten Reserven für die dritte und vierte Angriffswelle erreichte.

»Was für eine Hoheit?« fragte ein Soldat. »Hier gibt's schon lange keine Hoheiten mehr.«

»Ist er tot?« fragte ein anderer gleichgültig.

»Ich weiß nicht. Herr Jesus, wo ist ein Arzt?« rief Stabinsky.

»Weiter hinten. Hat's ihn schlimm erwischt?«

»Herr Jesus, ich weiß es doch nicht, ich weiß es nicht!« sagte Stabinsky und schleppte seine Last weiter, bis er zwischen den zerfetzten, schwarzen, reglos in den blassen Himmel ragenden Holzstummeln dessen verschwand, was früher ein Wald gewesen war.

Das geschah in den Morgenstunden des 2. Juni 1916. Zwei Tage später, am 4. Juni, traten die französischen Reserven zum Gegenangriff an und eroberten das verlorene Gelände nach zwölfstündigem Kampf wieder zurück.

Nach drei Tagen einer relativ ruhigen, ungefährdeten Fahrt westwärts wurde das Rettungsboot mit den Überlebenden der versenkten *Touraine,* in dem sich auch Charlotta befand, von einem französischen Zerstörer gesichtet. Die Schiffbrüchigen wurden an Bord genommen, das Boot ließ man treiben. Der Zerstörer *l'Aigle* befand sich auf dem Weg vom Einsatz vor der Küste Südwestafrikas nach Toulon, wo er überholt werden sollte. In dem Krankenrevier wurde auch Charlottas noch immer schmerzende Schulter behandelt.

»Ein bißchen ausgerenkt, eine starke Prellung, aber kein Bruch«, sagte der freundliche, spitzbärtige Marinearzt, nachdem er sie untersucht und einen elastischen Verband angelegt hatte. »Vielleicht auch ein paar Bänder angerissen. Der blaue Fleck allerdings, der wird noch in allen Farben schillern, bevor er verschwindet.«

»Er wird nicht allein schillern, ich hab' noch mehrere«, sagte Charlotta lächelnd.

Nach drei Tagen vergeblicher Kreuzfahrt, bei der man nach anderen Überlebenden der *Touraine* suchte, steuerte der Zerstörer die

Straße von Gibralter an. Noch auf hoher See wurden die Namen der Schiffbrüchigen weitergegeben, die sich an Bord befanden, unter ihnen auch der volle Name Charlottas.

Am 6. Juni 1916 legte *l'Aigle* in Toulon an.

»Was haben Sie vor, Charlotta?« fragte Henri de Sevigné, als sie, an Bord des Zerstörers stehend, das Anlegemanöver beobachteten. »Wollen Sie noch einmal die Fahrt über den Atlantik wagen?«

»Davon habe ich bis an mein Lebensende genug.«

»Bleiben Sie jetzt in Frankreich? Paris?«

Charlotta schüttelte mit dem Kopf. »Ich glaube nicht, Henri. Gut, daß es neutrale Staaten gibt, nicht wahr? Wie – die Schweiz.«

»Sie wollen hin?«

»Nur auf Durchreise.«

»Aber...« Henri starrte sie fassungslos an. »Sie wollen doch nicht... Jetzt, während des Krieges – nach Deutschland?«

»Warum nicht?« fragte Charlotta mit einem verträumten Lächeln zurück. »Ich glaube, ich bin schon viel zu lange weg gewesen. Ich bin in Deutschland zu Hause, warum also sollte ich nicht hin?«

Nachdem der Zerstörer angelegt hatte, kamen zwei Männer in dunklen Regenmänteln an Bord, meldeten sich beim Kapitän und wurden nach einer kurzen Unterredung in die winzige Kabine geführt, die man Charlotta zur Verfügung gestellt hatte. Sie wiesen sich als Beamte der örtlichen Polizeibehörde aus und baten Charlotta, mitzukommen.

»Polizei?« fragte sie verständnislos. »Aber – warum?«

»Darauf können wir Ihnen keine Antwort geben, Madame. Wollen Sie uns bitte folgen? Wir tun nur unsere Pflicht.«

Charlotta starrte in die kalten Gesichter der beiden Männer, zuckte resigniert mit den Schultern und sagte: »Nun gut, ich komme.«

So begann Charlottas Kreuzweg durch französische Gefängnisse, der sie schließlich auch zurück nach Deutschland führen sollte – allerdings ganz anders, als sie sich das je hätte vorstellen können…

11

Charlotta wurde noch am gleichen Tag in einem Extra-Abteil des *Express Méditerrané* nach Paris gebracht. Während der mehr als zwölfstündigen Fahrt sprachen ihre beiden Begleiter kaum ein Wort. Es ist ein Mißverständnis, sagte sie sich, während der Zug die Riviera mit dem bunten Postkartenpanorama hinter sich ließ. Vielleicht halten sie mich für eine andere. Vielleicht eine bösartige Denunziation. Es wird sich aufklären.

Hinter Nimes ließ der Zug die Rhônetiefebene hinter sich, keuchte über die Serpentinen der östlichen Cevennenabhänge hinauf, fuhr mit quietschenden Bremsen wieder bergab in das enge Tal der Allier. Langeac, Clermont-Ferrand, die Hügellandschaft der Bourbonnais, das grüne Wasser der Loire bei Nevers…

Wie oft war sie früher diese Strecke gefahren! Auf dem Weg zur Riviera, nach Monte Carlo, Cannes oder Cavalière-sur-Mere, wo Jacques ein Landhaus besaß. Früher: im Frieden. Jacques war tot. Sein fröhliches Lachen verstummt. Und sie befand sich in Begleitung zweier grimmiger Polizisten auf dem Weg nordwärts. Nach Paris.

Wohin – in Paris? In ein Gefängnis? Und wenn schon! versuchte Charlotta die trüben Ahnungen abzuschütteln. Sicher nicht für lange. Henri wird mich herausholen. Henri de Sevigné, Philosoph, Schriftsteller, Offizier, Ritter der Ehrenlegion. Er besaß ausgezeichnete Verbindungen. Er würde sie nicht im Stich lassen.

Der Gedanke daran beruhigte sie etwas, so daß sie eindöste und erst wieder erwachte, als der Zug metallisch polternd über die Brücke der Yonne vor Paris fuhr.

Am *Gare de Lyon* warteten Charlottas Begleiter, bis sich die anderen Reisenden verliefen, und führten sie dann zu einem wartenden Wagen an einem Seitenausgang. Aus Furcht vor deutschen Zeppelinangriffen war Paris verdunkelt worden. Während der Fahrt verlor Charlotta bald jede Orientierung. Schließlich bog der Wagen von der Straße ab, blieb stehen, und Charlotta sah im matten Licht der abgeblendeten Scheinwerfer das schwarze Filigran eines schmiedeeisernen Tores. Der Fahrer wechselte mit irgend jemandem ein paar Worte, das Tor glitt zur Seite, und sie fuhren vor den säulengeschmückten Eingang einer großen Villa.

»Wir sind da, Madame. Steigen Sie bitte aus!«

In der großen Eingangshalle nahm ein Mann Charlotta in Empfang, der mit seinem ausdruckslosen Gesicht und den gleichgültig prüfenden Augen ihren Begleitern aufs Haar glich. Er brachte sie in den ersten Stock, klopfte an eine Tür und wartete ein wenig, bevor er sie aufmachte. Charlotta blinzelte geblendet in grelles Licht.

Ein schmaler Gang mit Türen links und rechts, der an ein Privatsanatorium erinnerte. An einem Tischchen an der Tür zwei junge, bullige Männer in Hemdsärmeln, mit umgeschnallten Pistolenhalftern. Sie spielten Karten. Als Charlotta eintrat, blickten sie auf, und einer von ihnen fragte:

»Was für ein Vögelchen kommt denn da?«

»Marquise de Liancourt«, sagte Charlottas Begleiter.

Der junge Mann legte die Karten verkehrt auf den Tisch, stand auf und holte vom Wandbrett darüber ein Schlüsselbund. Seine eleganten, glänzend polierten Stiefel knarrten, als er ihnen durch den Gang voranging. Fast am Ende des Ganges schloß er eine Tür auf und sagte mit einem schiefen Lächeln:

»Treten Sie ein, Marquise. Fühlen Sie sich wie zu Hause auf Ihrem Schloß in der Champagne.«

Man hatte sich sehr beeilt, sie nach Paris zu bringen. Aber jetzt, als Charlotta hier war, schien man plötzlich über eine Unmenge von Zeit zu verfügen: Erst nach guten zwei Wochen wurde sie zum erstenmal verhört.

Zwei Wochen bohrender Fragen, Zweifel, ohnmächtigen Aufbegehrens, mutloser Resignation. Das Zimmer, in dem man sie festhielt, war mittelgroß, recht hübsch eingerichtet, mit billigen Farbdrucken französischer Impressionisten an den Wänden. Neben dem Zimmer befand sich ein kleiner Waschraum mit fließendem kaltem und warmem Wasser. Die Fenster waren mit außen angebrachten Sichtblenden vergittert. Das Essen war gut. Eine mürrische, knochige Frau servierte es. Während Charlotta aß, stand sie geduldig wartend an der Tür, bis sie das Geschirr wieder abräumen konnte. In diesen zwei Wochen vor dem ersten Verhör wechselte Charlotta mit ihr kaum mehr als zehn Worte.

Sonst sah Charlotta keinen anderen Menschen. Nachts lag sie stundenlang wach da, hörte auf das Stimmengemurmel der Wächter, auf Schritte, auf das Zwitschern der Vögel im Morgengrauen. Einmal wurde sie durch das Dröhnen von Zeppelinmotoren aufgeweckt, begleitet von bellenden Abschüssen der Abwehrgeschütze und drei oder vier Bombenexplosionen. Ein andermal lauschte sie halb aufgerichtet, mit wild pochendem Herzen, auf die dumpf dröhnenden Schläge gegen eine Tür und auf das zornige Schreien eines Mannes, das nach und nach leiser wurde und in ein verzweifeltes, hoffnungsloses Wimmern überging.

Sie war nicht die einzige Gefangene. Wer aber waren die anderen? Und wer waren die Männer, die sie hier gefangenhielten? Politische Polizei? Oder das geheimnisumwitterte *Deuxième Bureau*, der militärische Abwehr- und Nachrichtendienst?

Bei ihrem ersten Verhör kam Charlotta zu der Überzeugung, daß sie es tatsächlich mit dem *Deuxième Bureau zu* tun hatte. Man holte sie mitten in der Nacht ab. Im Halbschlaf hörte sie draußen knarrende Schritte. Die Schritte verharrten vor der Tür, das

Schlüsselbund rasselte, und als die Tür aufging, war Charlotta hellwach.

Diesmal trug jener junge Mann eine Leutnantsuniform, Offiziersmütze, und auf seinem Gesicht mit den kalten Fischaugen stand unverändert das schiefe Lächeln vom ersten Abend, als er sagte: »Aufstehen, schöne Marquise, Sie haben fünf Minuten Zeit!«

Charlotta zog sich mit fliegender Hast an und folgte dann dem bulligen Leutnant in die Eingangshalle und von dort zum Vernehmungszimmer. In dem hellen, nüchtern eingerichteten Zimmer, mit Bildern der Marschälle Joffre und Gallieni an der Wand, erwartete sie ein Hauptmann, mittelgroß, drahtig, ein scharfgeschnittenes, dunkles Raubvogelgesicht, kluge, prüfende Augen.

»Mein Name ist Maurice Dubois. Nehmen Sie bitte Platz, Marquise!« sagte er mit einer leichten Verbeugung und zeigte auf den Stuhl vor dem großen, leeren Schreibtisch. Seine Stimme war dunkel, angenehm, bestimmt, sein Auftreten zeigte die lässige Selbstverständlichkeit aktiver, langgedienter Offiziere.

Charlotta atmete auf. Mit Männern wie diesem Hauptmann kannte sie sich aus – ganz anders als mit den unheimlichen, billigen Wächtern, die aus einer Welt zu stammen schienen, die ihr fremd war. Der Hauptmann wartete, bis sie sich setzte, nahm dann ihr gegenüber Platz, holte aus der Schublade einen Aktendeckel, klappte ihn auf und legte seine schmalen, gepflegten Hände daneben.

»Darf ich Ihnen etwas anbieten, Marquise? Zigaretten? Tee? Kaffee?«

»Nein, danke. Vielleicht später. Vorerst…«

»Vorerst?«

»Vorerst möchte ich erfahren, warum ich hier bin«, sagte Charlotta. »Wo ich bin. Wer Sie sind, wer Ihnen das Recht gibt, mich seit mehr als vierzehn Tagen hier festzuhalten.«

»Viele Fragen auf einmal…« Der Hauptmann lächelte. »Ich

habe Ihnen meinen Namen genannt, Marquise. Und die Uniform, die ich trage, gibt mir das Recht, Ihnen gegenüberzusitzen und an Sie gewisse Fragen zu stellen. Dazu habe ich nicht nur das Recht. Es ist meine Pflicht.«

»Pflicht!« wiederholte Charlotta leise. »Wenn Sie wüßten, wie ich dieses Wort hasse! Seit meiner Kindheit höre ich nichts als – Pflicht. Zucht, Ordnung und über allem die Pflicht. Preußische Pflicht und französische Pflicht. Die Pflicht, Franzosen totzuschlagen, und die Pflicht, Deutsche totzuschlagen. *Ich tue meine vaterländische Pflicht,* sagte Jacques, zog den Säbel, ritt gegen deutsche Maschinengewehre und wurde pflichtgemäß getötet. Ein heldenhafter Pflichttod. Und dann gibt es noch eine ganze Menge von Pflichten. Zum Beispiel die Pflicht, Menschen einzusperren, sie zu schinden…«

»Wollen Sie damit sagen, daß Sie schlecht behandelt worden sind?« unterbrach sie der Hauptmann scharf.

»Nein, nein, natürlich nicht!« sagte Charlotta resigniert. »Verzeihen Sie bitte, vielleicht hätte ich es nicht sagen sollen. Tun Sie also Ihre Pflicht, stellen Sie die Fragen.«

Der Hauptmann blickte sie eine ganze Weile nachdenklich an, bevor er zu sprechen begann: »Lassen wir einstweilen Wertmaßstäbe und Begriffsbestimmungen beiseite. Im Augenblick haben wir es mit handgreiflicheren Dingen zu tun. Sie sind mir als eine bemerkenswert kluge Frau geschildert worden, Marquise. Um so besser. Es wird Ihnen also nicht schwerfallen, die Spielregeln zu begreifen. Mit Ihrem Mädchennamen heißen Sie Charlotta Wielcke, geboren in Potsdam, von Beruf Gärtnerin. Sie arbeiteten bei Marchesa Pansa in Berlin und in Rom, gingen von dort mit Baronin von Winthorst nach Ostpreußen. Ist das richtig? Korrigieren Sie mich bitte, wenn ich mich irren sollte.«

»Sie sind sehr gut informiert, Herr Hauptmann.«

»Im Frühjahr 1908 starb die Baronin, hinterließ Ihnen eine ansehnliche Summe, und Sie tauchten einige Monate später in London auf, unter dem Namen Gräfin von Taffy-Palmanova. Warum gerade unter diesem Namen?«

»Klingt er nicht hübsch?« fragte Charlotta zurück. Jetzt war sie ganz da. Hellwach, aufmerksam, jedes Wort abwägend.

»Stimmt es, daß Sie Eduard VII. vorgestellt wurden?«

»Er war ein netter Mann...«

»Aus England reisten Sie wieder zurück nach Berlin, lernten dort den Grafen Stürgkh kennen und heirateten ihn.«

»Ein Irrtum, Herr Hauptmann. Er heiratete *mich.*«

»Mag sein. Allerdings bei Ihrer bewegten Vorgeschichte nicht ganz glaubwürdig. Hochzeitsreise über Prag nach Venedig. Dann Potsdam, wo Sie noch immer ein Haus besitzen. Im Herbst 1909 verließen Sie den Grafen. Sozusagen bei Nacht und Nebel. – Warum?«

»Sie wollen in mir doch eine *femme fatale* sehen, Herr Hauptmann«, sagte Charlotta sanft. »Gehört es zu einer *femme fatale* nicht, daß sie ihre Männer bei Nacht und Nebel verläßt?«

»Ihre Spur verliert sich für fast zwei Jahre. Wollen Sie mir helfen, diesen Bericht zu ergänzen?«

»Wie tröstlich, daß Sie doch nicht allwissend sind! Aber es ist kein Geheimnis. Ich war mal hier, mal dort. Es war eine hübsche Zeit.«

»Als Gräfin Stürgkh?«

»Nein. Als Charlotta Wielcke.«

»Und als Charlotta Wielcke lernten Sie Marquis de Liancourt kennen?«

»In Monte Carlo. Er spielte sehr hoch. Zu hoch, fand ich.«

»Sie heirateten ihn 1912. Und Graf Stürgkh?«

»Ach Gott – Sie meinen Bigamie!« Charlotta lachte hellauf. »Halten Sie mich deshalb hier fest? Nein, nein, ich wurde von Stan geschieden. Es ging ganz schnell. Ich lief ihm ja davon, nicht wahr?«

»Die Scheidungsurkunde liegt vor. Erzählen Sie bitte weiter.«

»Was wollen Sie wissen, Herr Hauptmann?« Charlottas Augen funkelten spöttisch. »Soll ich Ihnen meine unzähligen Liebhaber nennen? Oder wie ich in Monte Carlo hunderttausend Franc gewonnen habe? Daß ich in Paris einem Maler Modell stand, mit nichts an als einem Hauch Parfum? Es war kein sehr gutes Bild. Jacques kaufte es später und verbrannte es, obwohl er es ganz gern mochte. Dafür ließ er mich in vollem Staat porträtieren.«

»Er muß ein großzügiger Mann gewesen sein.«

»Er liebte mich«, sagte Charlotta einfach.

»Und Sie? Heirateten Sie ihn aus – Liebe?«

»Sie würden es mir ja doch nicht glauben. Aber ich dachte, wir wollten über handgreifliche Dinge reden. Was werfen Sie mir vor?«

»Weshalb haben Sie Frankreich verlassen?«

»Ist das so schwer zu erraten?« fragte Charlotta zurück, mit einer Spur von Bitterkeit in der Stimme. »Solange Jacques lebte, akzeptierte man mich als seine Frau. Ich war nicht die einzige Deutsche, die einen Franzosen geheiratet hatte. Aber dann fiel er, die Deutschen besetzten die Champagne, ich mußte fliehen.«

Charlotta preßte die Lippen zusammen. »Ich wollte etwas tun... Meldete mich in Paris in einem Lazarett an, aber man wies mich ab: eine Deutsche. Ich schickte mein Mädchen nach Brot, aber sie kam weinend zurück und sagte: Kein Brot für eine Deutsche. Sie lief mir davon. Das arme Ding. Wer könnte es ihr verdenken? Eines Abends überfielen mich drei Dirnen auf der Straße, Leute schauten zu und lachten, und ein Polizist drehte uns den Rücken zu: Die Dirnen erfüllten ja nur ihre patriotische Pflicht, nicht wahr? Und dann – dann kam Henri und sagte, er müßte im Auftrag der Regierung nach Amerika reisen.«

»Henri de Sevigné?« fragte der Hauptmann.

»Ja. Er fragte mich, ob ich nicht zu Jacques Verwandten nach New Orleans gehen wollte. Können Sie sich vorstellen, wie schnell ich zugriff? Und wie erleichtert ich war, als das Schiff in Le Havre ablegte? Nun ja … Dann kam das U-Boot, und ich bin wieder hier. Und wahrscheinlich haben Sie mich nur aus diesem einen Grund verhaften lassen: eine verfluchte Deutsche.«

»Nein«, sagte der Hauptmann. »Das ist nicht der Grund. Wollen wir jetzt auf den Kern unseres Gesprächs kommen? Erzählen Sie, wann der deutsche Nachrichtendienst mit Ihnen Verbindung aufgenommen hat. Und erzählen Sie die Wahrheit.«

»Der – was?« Charlotta blickte den Mann verständnislos an.

»Sie haben richtig gehört«, sagte der Hauptmann kalt. »Seit wann arbeiten Sie für den deutschen Nachrichtendienst? Nach meinen Informationen seit Herbst 1912. Stimmt das? Und welche Aufgabe hatte man Ihnen in den USA zugedacht, nachdem Ihnen der Boden in Frankreich zu heiß geworden war? Allerdings auf eine andere Art heiß, wie Sie es vorhin geschildert haben. Erzählen Sie alles. Und ich sage noch einmal: Erzählen Sie die Wahrheit!«

Das war es also: Man beschuldigte sie der Spionage! Wie entsetzlich absurd! Glaubte denn dieser Hauptmann selbst daran, was er sagte? Offenbar ja; denn auf diese eine Nacht folgten noch viele andere, in denen sie stundenlang verhört wurde, nächtelang, mal von ihm, mal von einem anderen, dann wieder von zweien oder dreien gleichzeitig. *Seit wann arbeiten Sie für den deutschen Nachrichtendienst?* Wie viele Nächte? Zehn? Zwanzig? Hundert?

Charlotta zählte nicht mehr mit. Sie befand sich schließlich in einem fiebrig traumhaften Zustand, in dem sie das, was um sie herum vorging, nicht mehr von dem unterscheiden konnte, was in ihrer Einbildung geschah.

Seit wann spionieren Sie? Nennen Sie Ihre Verbindungsleute! Erzählen Sie uns von Ihren Kanälen nach Deutschland!

Sie verteidigte und rechtfertigte sich, sie beschwor die Männer, die sie verhörten, ihr zu glauben, sie verfiel in trotziges Schweigen oder begann zu reden, ohne aufhören zu können, irgend etwas, nur um sich vor ihren brutalen, bohrenden Fragen zu schützen.

Und dann war es plötzlich vorbei. Nachts hatte sie stundenlang wach gelegen und hatte fiebernd auf Schritte gelauscht, die zu ihrer Tür kommen würden, wie sie bisher jede Nacht gekommen waren. Aber die Schritte kamen nicht.

»Es war ein hartes Stück Arbeit, aber ich glaube, sie ist soweit«, sagte der Hauptmann mit dem dunklen Raubvogelgesicht zu dem kleinen, grauhaarigen Mann in Zivil, der mit auf dem Rücken verschränkten Händen am Fenster des Vernehmungszimmers stand.

»Sie scheinen von ihrer Intelligenz viel zu halten, Hauptmann?« fragte der grauhaarige Mann.

»Sie ist eine bemerkenswerte Persönlichkeit.«

»Wie beurteilen Sie ihre Aussichten?«

»Sie sind meiner Meinung nach gut«, sagte der Hauptmann vorsichtig. »Sie hat alle Voraussetzungen. Allerdings …«

»Allerdings?« Der grauhaarige Mann wandte sich vom Fenster und blickte den Hauptmann fragend an.

»Es ist schwer zu sagen, Herr Oberst. Hinter ihr müßte der Wille oder der Wunsch stehen, es zu tun. Sie voranzutreiben … Selbst wenn es nur Profitstreben oder Geldgier wäre. Das aber …«

»Davon war von Anfang an nicht die Rede gewesen«, unterbrach ihn der grauhaarige Mann ungeduldig. »Es gibt noch eine andere, zwingendere Möglichkeit. Den Selbsterhaltungstrieb. Die Angst.«

»Und wie wollen Sie das erreichen, Herr Oberst?«

»Sie haben Ihre *Ecole Polytechnique* glänzend bestanden, Hauptmann«, sagte der grauhaarige Mann mit einem dünnen Lächeln. »Mittlerweile verstehen Sie auch eine Menge von Psychologie. Aber Sie bleiben ein Techniker. Ihr Denken bewegt sich in mathematischen Kategorien. Aber die menschliche Seele ist keine mathematische Gleichung. Es gibt darin zu viele Unbekannte. Von

Logik keine Spur. Die Lösung kann man nur erahnen: mit Einfühlungsvermögen und Phantasie.«

»Und – haben Sie die Lösung gefunden, Herr Oberst?«

Der grauhaarige Mann überhörte den Hochmut des Pragmatikers. »Ich habe sie gefunden«, sagte er schon im Gehen. Und an der Tür, wieder mit dem dünnen Lächeln um die blutleeren Lippen: »Und ich würde fast jede Wette eingehen, daß es die richtige ist. Was macht Ihre kleine, gescheite Marquise jetzt?«

»Sie schläft, Herr Oberst.«

»Lassen Sie sie schlafen, solange sie will. Übermorgen früh braucht sie einen klaren, ausgeruhten Kopf. Sie hören von mir, Hauptmann.«

Am späten Nachmittag des nächsten Tages wurde Charlotta in das Militärgefängnis gebracht. Der raubvogelgesichtige Hauptmann begleitete sie. Während der Fahrt saß er schweigend neben ihr, und als Charlotta einmal seinen Blick auffing, war es ihr, als entdeckte sie in ihm eine Spur von Besorgnis, Mitleid.

Im Gefängnis führte sie ein Sergeant ins Büro des Kommandanten. Dort wurden sie von einem kleinen, grauhaarigen Mann erwartet, der Charlotta als Oberst Messmer vorgestellt wurde. Er musterte sie prüfend mit seinen blassen, ausdruckslosen Augen und nickte dann dem Hauptmann zu. »Wir können gehen.«

Ihr Ziel waren die unterirdischen Einzelzellen des Gefängnisses. Vor einer der schweren, eisenbeschlagenen Türen blieb der Sergeant stehen. »Er ist hier drinnen, Herr Oberst«, sagte er.

»Machen Sie weiter!« befahl der Oberst ungeduldig.

Der Sergeant schloß die Tür umständlich auf, trat in die Zelle, machte hinter sich die Tür wieder zu, und Charlotta hörte seine laute, herrische Stimme sagen: »Stehen Sie auf! Treten Sie hierher! Drehen Sie sich zur Tür!«

Der Oberst öffnete den Schieber, trat beiseite und blickte

Charlotta auffordernd an. »Schauen Sie sich den Mann an, Marquise!«

Charlotta ging zögernd zur Tür und blickte in die Zelle. Ein junger, blasser Mann mit wirrem Haarschopf starrte ihr direkt in die Augen. Er trug braune, um seinen mageren Körper schlotternde Gefängniskleidung, seine eingefallenen Wangen waren unrasiert, seine Lippen bewegten sich zitternd, als versuchte er etwas zu sagen, und seine Augen…

Nie würde Charlotta den Blick dieser Augen vergessen können!

Rot umrandet, unstet, voller Verzweiflung, einer namenlosen Angst. Und doch flackerte in ihnen auch eine irre Hoffnung.

»Kennen Sie diesen Mann?« fragte der Oberst.

»Ich – ich weiß nicht…«, sagte Charlotta unsicher.

»Baron Harald von Sternberg«, sagte der Oberst. »Er war zweimal Gast auf Ihrem Landgut in der Champagne. Erinnern Sie sich?«

Der Oberst hatte recht. Charlotta erkannte jetzt den Mann. Doch wie entsetzlich hatte er sich seit damals verändert! Damals war er ein junger, fröhlicher, im großen und ganzen recht nichtssagender junger Mann gewesen, wie es sie zu Hunderten in den Kreisen der Aristokratie gegeben hatte. Ein Elsässer. Hatte er sie bei einem Sommerfest auf ihrem Landschloß nicht auch zum Tanzen aufgefordert?

Die Hand des Obersten machte den Schieber vor Charlottas Augen zu. »Es ist gut, Marquise«, sagte er mit einem dünnen Lächeln. »Wir können gehen.«

Was diese rätselhafte Szene im Militärgefängnis zu bedeuten hatte, erfuhr Charlotta in aller Frühe des nächsten Tages. Sie wurde noch vor Morgengrauen geweckt und zum zweitenmal ins Militärgefängnis gebracht. Diesmal begleitete sie allerdings nicht der Hauptmann, sondern der junge, bullige Leutnant mit den knarrenden Stiefeln.

Wie am Vortag erwartete sie im Büro des Gefängniskommandanten der grauhaarige, kleine Oberst. »Wir haben noch eine Viertelstunde Zeit«, sagte er. »Eine Tasse Kaffee, Marquise? Zigarette?«

Charlotta lehnte ab. Eine dunkle, unerklärliche Furcht schnürte ihr die Kehle zu, die Ahnung eines nahen Unheils, das unausweichlich auf sie zukam.

»Sie bleiben hier, Leutnant!« sagte der Oberst. »Gehen wir, Marquise!«

Er führte sie in einen schmalen, düsteren Gang mit Fenstern zum rückwärtigen Gefängnishof. »Warten wir hier.«

»Warten – worauf?« fragte Charlotta beklommen. Doch der Oberst gab keine Antwort. In dem fahlen, kalten Licht des anbrechenden Tages sah Charlotta an der gegenüberliegenden Mauer acht oder zehn Soldaten stehen: dunkle, reglose Gestalten, Gewehre mit aufgepflanzten Bajonetten bei Fuß. Etwas abseits lief ein junger Offizier, nervös an einer Zigarette saugend, auf und ab.

Vor der Mauer stand ein kräftiger, in die Erde eingerammter Pfahl. Und plötzlich wußte Charlotta, was das alles bedeutete und was geschehen würde. Sie begriff, warum sie seit ihrer Verhaftung nichts von Henri gehört hatte. Sicher hatte er sich alle Mühe gegeben, um ihr zu helfen – aber was konnte er schon gegen diese Männer ausrichten, die dieses teuflische Spiel ersonnen hatten?

»Frankreich ist ein Rechtsstaat, der sich auch im Krieg über seine republikanische Verfassung und über die Grundsätze der Gerechtigkeit für jeden und die Unverletzbarkeit der menschlichen Würde nicht hinwegsetzen darf – wenn er sich nicht selbst aufgeben will«, hatte er einmal zu ihr, Charlotta, gesagt. Der arme Henri! Ein liebenswerter, weltfremder Träumer. Mit ihrem, Charlottas, Schicksal befaßten sich jetzt Menschen, die weitaus praktischer dachten. Gerechtigkeit und Unverletzbarkeit der menschlichen Würde waren für sie Schlagworte, die nichts mit der Wirklichkeit zu tun hatten; denn die Wirklichkeit besagte, daß sich Frankreich in einem verzweifelten Kampf auf Leben und Tod befand, in dem alle Mittel erlaubt waren, wenn sie nur einen Aktivposten in der blutigen Rechnung aufstellen, die Frankreich schließlich zum Sieg führen sollte.

Alles, was mit ihr geschah, gehörte zu einem Plan, den sie, Charlotta, noch nicht ganz durchschauen konnte. Ein abgekartetes Spiel. Und sie hatte keine, auch nicht die geringste Möglichkeit, sich aus dem tödlichen Netz zu befreien, das um sie geknüpft worden war.

Die Gefängnistür ging auf. Ein korpulenter, schnurrbärtiger Offizier trat mit merkwürdig stelzenden Schritten hinaus. Flankiert von vier Soldaten mit geschulterten Gewehren, folgte ihm der junge Mann aus der Einzelzelle. Er war nur mit einem Hemd bekleidet, seine Hände waren gefesselt, er ging wie in Trance. Als letzter kam ein Feldgeistlicher auf den Hof.

Der junge Offizier an der Mauer warf seine Zigarette weg und trat zu den wartenden Soldaten. Und während unten im grauen Licht des neuen Tages die schauerliche Zeremonie einer Hinrichtung ablief, exakt und ohne Stockungen, wie ein hundertmal geprobtes Theaterstück, während der schnurrbärtige Offizier mit monotoner Stimme das Gerichtsurteil verlas, während der Verurteilte an den Pfahl gefesselt wurde und der Feldgeistliche seine Totengebete sprach, während die lauten Kommandos des jungen Offiziers ertönten, hörte Charlotta hinten die atemlose, flüsternde Stimme des Obersten, und jedes Wort, das er sagte, war wie ein Peitschenhieb und ein scharfer Schmerz:

»Baron von Sternberg wurde als Spion und Saboteur über die Schweiz nach Frankreich geschleust. Hier hatte er mit Ihnen Verbindung aufgenommen. Verstehen Sie? Verstehen Sie, was ich sage? Nicht lange danach wurde er aufgegriffen und legte ein vollständiges Geständnis ab. Und jetzt hören Sie, Marquise, hören Sie gut zu: *Sie* haben dem *Deuxième Bureau* den Tip gegeben, der zu seiner Verhaftung führte. *Sie* haben ihn verraten, um Ihre eigene Position zu verbessern.«

»Aber – aber davon ist kein Wort wahr!« flüsterte Charlotta entsetzt – und wußte zugleich, daß es ihr nichts mehr nützen würde: es war vergeblich. Sie war genauso verurteilt worden wie dieser am Pfahl in seinen Fesseln hängende Mann, dem man jetzt eine schwarze Binde um die Augen legte.

»Sie werden nach Deutschland gehen, Marquise. Dort werden Sie alte Freundschaften erneuern, neue Bekanntschaften schließen. Man wird Ihnen mißtrauen. Aber Sie werden wieder das Vertrauen der Männer erringen, auf die es ankommt. Und eines Tages werden wir uns bei Ihnen melden. Und Sie werden tun, was wir Ihnen auftragen werden.«

»Mein Gott«, flüsterte Charlotta. »Mein Gott... Der Unteroffizier, der dem Verurteilten die schwarze Binde angelegt hatte, trat zur Seite. Der junge Offizier zog den Säbel, gab ein Kommando, die Soldaten luden durch. Der Feldgeistliche hob seine betende Stimme.

»Sie können sich weigern«, sprach die Stimme des Obersten. »Das ist Ihr Recht. Aber vergessen Sie nicht: Wir lassen eine kleine Nachricht durchsickern, zwei, drei Beweise. Und der deutsche Nachrichtendienst wird Sie finden. Selbst hier in Frankreich. Überall, wohin Sie auch fliehen würden. Eine Verräterin.«

Der junge Offizier unten hob den Säbel, die Soldaten entsicherten, legten die Gewehre an.

»Man würde Sie töten«, flüsterte der Oberst. »Sie würden sterben, genauso wie er stirbt. Jetzt. In diesem Augenblick. Ihretwegen. Und der deutsche Nachrichtendienst wird es erfahren, wenn Sie nicht...«

»Salve – Feuer!« kommandierte der junge Offizier mit einer dünnen, tonlosen Stimme. Das betäubende Krachen der Schüsse hallte von den Mauern des Gefängnishofes, der Körper des Hingerichteten wurde emporgerissen, sackte in seinen Fesseln zusammen, auf seinem Hemd erschienen kleine, rote Punkte.

»Sie haben keine Wahl, Marquise!« sagte der Oberst hart, endgültig. »Kommen Sie jetzt. Wir haben keine Zeit zu verlieren. In vierzehn Tagen reisen Sie über die Schweiz nach Berlin.«

12

Mitte September 1916 traf Charlotta nach einem dreiwöchigen Aufenthalt in der Schweiz in Berlin ein. Im überfüllten *Hotel Adlon* bekam sie nur mit Hilfe des weltmännischen Besitzers Lorenz Adlon ein kleines Appartement im dritten Stock.

»Sie werden selbst sehen, Marquise, mein Hotel ist nicht mehr wie früher«, seufzte er betrübt. »Dieser schreckliche Krieg! Aber wir wollen die Hoffnung auf andere Zeiten nicht verlieren.«

Lorenz Adlon hatte recht: Die Zeit, als sich hier die internationale Blut- und Geldaristokratie ein Stelldichein gegeben hatte, die Zeit der glanzvollen Gesellschaften und Feste, war endgültig vorbei. Die neuen Gäste waren zu einem Großteil leitende Beamte unzähliger Behörden. Nüchterne, vielbeschäftigte Männer mit Aktenmappen, übernächtigten Gesichtern, eilig von einer Konferenz zur anderen hastend. Dazwischen gereizte Industrielle, die an der Bar offen die um sich greifende Mißwirtschaft kritisierten. Offiziere, in Feldgrau auf Fronturlaub oder Durchreise, die noch schnell aus dem vollen Leben schöpfen wollten, bevor es zurückging, nach Ostpreußen, Polen oder Galizien, an die Somme oder vor Verdun.

Das dritte Kriegsjahr hatte begonnen. Lebensmittelkarten. Rübenmarmelade, klebriges Brot, faulige Kartoffeln, winzige Fleischrationen, Textilmangel, immer wieder Kriegsanleihen. Der triste Alltag hatte die patriotische Begeisterung der ersten Kriegsmonate erstickt. Zunehmende Skepsis machte sich breit. Konnte dieser

Krieg überhaupt noch gewonnen werden? Man sprach davon, daß allein vor Verdun die eigenen Streitkräfte über eine halbe Million Soldaten verloren hätten. Wofür?

Drei Tage nach Charlottas Ankunft meldeten sich bei ihr zwei Männer vom militärischen Abwehrdienst. Sie hatte diesen Besuch erwartet; ihre Erklärung, weshalb sie sich in Deutschland aufhalte, schien die Männer zu befriedigen.

»Ich habe die Fronten nicht gewechselt. Daß ich einen französischen Marquis geheiratet habe, ändert nichts an der Tatsache, daß ich eine Deutsche bin. Mein Mann ist tot, was soll ich also noch in Frankreich? Zu Hause bin ich hier.«

Am nächsten Tag kamen sie wieder. Sie blieben fast drei Stunden, ihre Fragen wurden präziser, dringlicher, und manchmal schwang in ihnen ein drohender Unterton mit. Doch Charlotta ließ sich nicht einschüchtern: Diese Verhöre verliefen genauso, wie es der kleine, grauhaarige Oberst vom *Deuxième Bureau* vorausgesagt hatte:

›Man wird Sie sehr genau ausfragen und man wird dabei nicht zimperlich vorgehen. Vielleicht wird man Sie sogar einige Tage lang beobachten. Schließlich wird das Interesse an Ihnen erlahmen. Für den Nachrichtendienst gibt es wichtigere Dinge zu tun, als sich um eine harmlose Heimkehrerin zu kümmern. Allerdings dürfen Sie diese Leute nicht unterschätzen. Sie sind etwas phantasielos, ansonsten aber tüchtig und gründlich. Wenn sie eine Spur finden, lassen sie nicht mehr locker. Bei Ihnen werden sie keine finden – vorausgesetzt, Sie halten sich an meine Instruktionen.‹

Schwieriger als die beiden ersten gestaltete sich für Charlotta das dritte und letzte Verhör. Der Mann, der sie diesmal aufsuchte, war trotz Zivilkleidung unschwer als ein höherer Offizier zu erkennen. Er stellte sich als Baron von Hallerstein vor. In leichtem Konversationston erkundigte er sich über Charlottas Reise nach Deutschland, über die Gründe, die sie dazu bewogen hatten, über Paris,

Frankreich, flocht Fragen über die Kriegsmoral der Bevölkerung ein, über ihre Freunde, Bekannten, vor allem französische Offiziere.

»Was kann ich Ihnen schon Neues erzählen, Baron?« sagte Charlotta schulterzuckend. »Anfangs wurde das Land von einem Taumel an Begeisterung überschwemmt. *Vive la France, Tod den Deutschen, auf nach Berlin!* An allen Ecken und Enden sang man die *Marseillaise.* Aber das hat sich inzwischen gegeben. Jetzt versucht man, mit dem Krieg fertig zu werden. Man muß ihn ertragen. Und was meine Freunde angeht... Ich hatte bald keine mehr. Plötzlich erinnerte man sich, daß ich eine Deutsche bin. Man mißtraute mir. So, wie man es offenbar auch hier tut.«

»Wie meinen Sie das, Gräfin?«

»Tut man es etwa nicht? Weshalb dann diese Verhöre?«

»Sie müssen verstehen, wie wichtig für uns Informationen sind, auch die scheinbar unwichtigsten. Haben Sie vor, in Berlin zu bleiben?«

»Einstweilen ja. Ich werde mir eine Wohnung oder ein Haus mieten. Mein Haus in Potsdam ist ja, wie ich gehört habe, von einer Behörde besetzt worden.«

»Ordnungsgemäß gemietet, Gräfin«, verbesserte sie der Baron mit einem flüchtigen Lächeln. »Ihr erster Mann, Graf Stürgkh...«

»Auch er ist tot«, sagte Charlotta leise. »Gefallen in Ostpreußen, wie man mir schrieb. Ein Reitertod... Dabei war er gar kein so besonders guter Reiter. Aus Pferden machte er sich nicht sehr viel.«

»Erlauben Sie noch eine ganz persönliche Frage. Es ist keine Neugierde. Wie steht es um Ihre Vermögensverhältnisse?«

»Schon gut, Baron, ich verstehe...« Charlotta lächelte. »Ich habe etwas Geld hier in Deutschland, dann die Miete von meinem Potsdamer Haus. Außerdem hat Jacques vorgesorgt. Er ging mit Geld ein wenig leichtsinnig um. Seltsamerweise hatte er dabei immer eine glückliche Hand.«

»Börsenspekulationen?«

»Auch das nehme ich an. Er spielte gern. Es machte ihm Spaß, und er hatte immer Glück. Kurz vor dem Krieg hatte er mir sein Schweizer Guthaben überschrieben. ›Falls mir etwas geschieht, wirst du es in Frankreich nicht leicht haben‹, meinte er. ›Du kannst in die Schweiz ausweichen und dort das Ende des Krieges abwarten. Die Schweizer sind ganz nette Leute – wenn du Geld hast.‹«

»Ein umsichtiger Mann... Dieses Schweizer Guthaben...«

»Es ist ansehnlich. Sogar sehr ansehnlich – und es bleibt dort!« sagte Charlotta entschieden. »Ich bekomme aus Genf jeden Monat einen Scheck. Und ich habe mir sagen lassen, daß Devisen hierzulande sehr begehrt sind.«

»Der Krieg kostet Geld, sehr viel Geld.« Der Baron stand auf, um sich zu verabschieden. »Sie haben meine Karte, Gräfin. Falls Sie etwas brauchen, wenden Sie sich an mich. Ich stehe gern zu Ihrer Verfügung.«

Ob ich ihn von meiner Harmlosigkeit überzeugt habe? fragte sich Charlotta, als der Baron gegangen war. Sie ging zum Fenster, schob die Gardine beiseite und blickte auf die Straße.

Unten zockelte eine Pferdedroschke vorbei, eine lange, reglose Menschenschlange vor einem Lebensmittelgeschäft, gerade gegenüber ein ungeduldig wartender Soldat... Warten, dachte Charlotta. Auf Brot, auf Nachrichten von der Front, auf das Ende des Krieges. Warten...

Charlotta starrte auf die Straße, und es war ihr, als hörte sie wieder die Worte des grauhaarigen Obersten, kurz bevor er sie verabschiedet hatte: ›... Mieten Sie eine Wohnung oder ein Haus in einer vornehmen Gegend. Am besten Tiergarten. Tun Sie, was ich Ihnen gesagt habe, und warten Sie. Zu einem bestimmten Zeitpunkt melden wir uns. Wir werden Sie nicht vergessen. Das *Deuxième Bureau* vergißt nie.‹

Gleichfalls im September 1916 wurde das sogenannte *Große Hauptquartier* des Deutschen Kaisers von Charleville in Nordfrankreich nach Pless in Schlesien verlegt. Hier feierte der Kaiser am 27. Januar 1917 seinen 58. Geburtstag. Die langjährige Hofdame der Kaiserin, Gräfin Keller, berichtet darüber:

> Pless, 26. Januar. Heute morgen um 9 Uhr traf Kaiser Karl (von Österreich) mit großem Gefolge hier ein. Prinz Heinrich und Prinz Waldemar kamen etwas später, der Reichskanzler usw. gestern abend... Um halb ein Uhr gemeinsame große Frühstückstafel... Bei der Tafel brachte er (Kaiser Karl) ein Hoch auf unsern Kaiser aus und schloß daran auch seine Wünsche für den morgigen Geburtstag. Der Kaiser dankte und trank auf das Wohl des Kaisers Karl... Ich saß zwischen Prinz Heinrich und dem österreichischen General von Marterer, gegenüber dem Grafen Czernin, der rechts von unserm Kaiser saß, neben ihm Reichskanzler Bethmann-Hollweg, links vom Kaiser Feldmarschall Conrad von Hoetzendorff, dem Kaiser gegenüber, zwischen unserer Kaiserin und Prinz Heinrich: Kaiser Karl... Bei dem Geburtstagsessen (am nächsten Tag) saß ich zwischen dem Generalfeldmarschall Hindenburg und General Ludendorff. Der Kaiser rief mir freundlich nickend über den Tisch hin zu: »Sie sind doch wohl sehr stolz auf diesen Platz!«

Bei der Sitzordnung scheint sich die Beobachtungsgabe der Gräfin erschöpft zu haben. Dabei hätte auch ein oberflächlicher Betrachter sehen können, unter welchen inneren Spannungen und nur mühsam unterdrückter Nervosität dieses Kaisertreffen in Pless stand.

Am 21. November 1916 war der sechsundachtzigjährige Kaiser Franz Joseph I. gestorben. Er hatte den österreichischen Thron mitten in den revolutionären Wirren des Jahres 1848 bestiegen.

Und er starb nach achtundsechzigjähriger Regierungszeit mitten in einem Krieg, der für die Donaumonarchie nicht weniger verhängnisvoll schien, als es jene längst vergangene Zeit gewesen war.

Sein Nachfolger, Kaiser Karl I., war der Sohn des berühmt-berüchtigten Erzherzogs Otto, des »feschesten Offiziers der k. u. k. Armee«, der an zu gutem und ausschweifendem Leben gestorben war. Der Apfel fällt doch manchmal weit vom Stamm; Kaiser Karl war gerade das Gegenteil von seinem leichtsinnigen und leichtlebigen Vater: Er führte eine vorbildliche Ehe, war nüchtern, einfach, gutwillig, auf eine wohltuende Art durchschnittlich. Und er verabscheute jede Form von Gewalt – so auch den Krieg.

Nach dem Regierungsantritt hatte er seinen Völkern den ersehnten Frieden versprochen. Das Versprechen ließ sich freilich nicht so leicht verwirklichen, wie er anfangs gedacht hatte. Die Alliierten stellten sich taub, und der deutsche Verbündete wollte von einem Frieden ohne Gebietszuwachs, ohne ein beträchtlich vergrößertes Deutschland auf Kosten seiner Nachbarn und ohne neue Kolonien nichts wissen.

Im kaiserlichen Hauptquartier hatte man von separaten Friedensbemühungen der Österreicher erfahren, und Wilhelm II. war entschlossen, dem »jungen Burschen bei erstbester Gelegenheit ordentlich den Kopf zu waschen«. Diese Gelegenheit schien nun in Pless gegeben.

Davon sprachen auch zwei Männer im Salonwagen des österreichischen Zuges, den man auf einem Seitengleis abgestellt hatte. Der eine von ihnen war Graf Wellinghausen, noch immer im Dienst des deutschen Kaiserhofes. Der andere war um einen Kopf größer, breitschultrig, mit einem hageren Gesicht, breiter Stirn, dichten, schwarzen Augenbrauen und einem kräftigen Kinn: ein eigenwilliges, kraftvolles Gesicht, das mehr noch als früher Entschlossenheit und Energie verriet. Fürst Arthur zu Wied.

»Es freut mich aufrichtig, daß Sie Ihre schwere Verwundung so gut überstanden haben, Hoheit – auch im Interesse unserer Sache!«

begann der Graf das Gespräch. »Ich darf Ihnen zu Ihrer Auszeichnung gratulieren ...«

»Ich bin dem Tod noch einmal von der Schippe gesprungen – aber lassen wir das.« Der Fürst sprach langsam, bedächtig, seine grauen Augen musterten dabei den Grafen mit einem kleinen Funken von Ironie in den Winkeln – als würde er die Tatsache, daß er mit diesem Mann, der vor Jahren zu seinen Gegnern zählte, nunmehr zusammenarbeitete, belustigend finden. »Wir haben nicht viel Zeit. Berichten Sie! Wie sieht es im Großen Hauptquartier aus?«

»Wollen Sie mir nicht einige Ansatzpunkte geben, Hoheit?«

»Noch immer – der geborene Diplomat«, lächelte der Fürst. »Gut denn. Wie Sie wissen, war ich in Wien. Kaiser Karl hat mich gebeten, ihn hierherzubegleiten. Während der Fahrt, so meinte er, hätten wir Gelegenheit, unsere Probleme zu besprechen.«

»Und haben Sie diese Gelegenheit gefunden, Hoheit?«

Der Fürst nickte. »Die Lage ist folgende: In Deutschland hatte man Falkenhayn, der unseren Bemühungen sehr viel Verständnis entgegenbrachte, kaltgestellt. Ludendorff hat an Boden gewonnen, Hindenburg ist zu seiner Marionette geworden, und Ludendorff ist dabei, seinen Einfluß auch auf die Regierung und den Kaiser auszudehnen. Ist das richtig?«

»Einen verhängnisvollen Einfluß, Hoheit!« murmelte der Graf.

»Wes Geistes Kind Ludendorff ist, wissen wir. Aber von seinen Charaktereigenschaften abgesehen – er ist ein strikter Gegner aller Friedensbemühungen. Er will den Krieg. Wir haben also keine Zeit zu verlieren: Bevor er noch weiter an Macht und Einfluß gewinnt, muß er ausgeschaltet werden.«

»Das wird schwerfallen, Hoheit. Wie ich die Verhältnisse hier kenne – fast unmöglich.«

»Jetzt zu Österreich«, fuhr der Fürst fort, ohne den Einwand des Grafen zu beachten. »Dort hat man sich mit einigen wenigen Ausnahmen zu der Ansicht durchgerungen, daß eine Weiterführung des Krieges den Untergang der Monarchie bedeutet. Man braucht Frieden, um mit den Schwierigkeiten im Innern fertig zu werden. Im Westen ist man halsstarrig. Die beste Chance für ernsthafte Friedensgespräche bietet sich in Rußland. Wie in Österreich scheinen auch dort Männer an Boden zu gewinnen, die ein bißchen weiter als bis zur Nasenspitze sehen können. Mit einigen von ihnen werde ich mich in den nächsten Tagen – vielleicht Wochen – treffen.«

»Das wäre Hochverrat!« wandte der Graf erschrocken ein.

»Wissen Sie einen anderen Weg?«

»Kaum«, murmelte der Graf. »Nein … Und – wo steht der Zar?«

»Der Zar ist ein Popanz. Er hat nichts zu sagen.«

»Ein Separatfrieden zwischen Österreich-Ungarn und Rußland. Und dann – eine Lawine!« Der Graf sprang lebhaft auf. »Italien müßte sich anschließen, wenn die österreichische Isonzo-Front mit dem Ostheer so gewaltig verstärkt würde. Wir müßten nachziehen … Das wiederum würde Frankreich und England nötigen …« Der Graf breitete die Arme aus und starrte den Fürsten aus großen, runden Augen an. »Eine Chance, Fürst! Tatsächlich – eine Chance!«

»Eine geringe Chance«, verbesserte ihn der Fürst nüchtern. »Verschwindend gering, wenn Ludendorff weiterhin in Deutschland kommandiert. In der Politik kann man bekanntlich nur dann etwas erreichen, wenn man zwingende Notwendigkeiten schafft – wer weiß das besser als Sie? Die Umstände müssen die Regierung und den Kaiser zwingen, auf Männer wie Ludendorff zu verzichten – und dann handeln.«

»Ein verdammt riskantes Spiel. Riskant für Sie, Hoheit! Warum erklärt Kaiser Karl unserem Kaiser nicht klipp und klar …«

Der Fürst winkte ungeduldig ab. »Kaiser Karl ist ein netter, liebenswerter junger Mann. Er ist guten Willens, er denkt modern. Der erste Habsburger, dem das Telefon nicht unheimlich ist. Aber er ist nicht sehr standfest, läßt sich beeinflussen. Und vor unserem

Wilhelm hat er eine Heidenangst. Hören Sie zu, Graf: Ich fahre jetzt nach Ostpreußen und warte dort auf Abruf. Ein Rekonvaleszent, dem die winterliche Waldluft guttun wird. Sie wissen, wo Sie mich erreichen können, falls sich hier etwas Neues ergibt. Halten Sie die Stellung. Sondieren Sie das Terrain.«

»Noch eine Frage, Hoheit: Der Kronprinz...«

»Verdun scheint ihm endgültig die Augen geöffnet zu haben. Er weiß Bescheid. Und außer ihm eine Reihe anderer. Nicht um meinen Auftrag. Das wäre zu gefährlich. Um unsere Bemühungen. Und sie sind bereit, sie zu unterstützen – auch der Kronprinz.«

»Wir werden Unterstützung brauchen, Hoheit... Also Hals- und Beinbruch in ostpreußischer Waldluft.« Der Graf lächelte. »Das erinnert mich übrigens... Wissen Sie, daß unsere kleine Gräfin von Potsdam wieder in Berlin ist? Sie erinnern sich... Die dumme Geschichte mit dem Duell.«

Der Fürst blickte auf, und sein Gesicht wirkte plötzlich wie versteinert. »Ich erinnere mich«, sagte er.

»Sie hat ein hübsches Haus am Tiergarten gemietet, die große Welt geht dort ein und aus. Ein verteufeltes Persönchen! Damals ließ sie mich einfach sitzen. Sie hätte in England etwas für mich erledigen sollen. Wie unwichtig das heute erscheint! Sie verschwand einfach. Wahrscheinlich hatte sie von uns allen genug.«

»Marquise de Liancourt«, sagte der Fürst versonnen. »Ich habe am Vorabend des Angriffs, bei dem es mich erwischt hatte, ihr Bild gesehen... Die kleine Waldfee in einer französischen Ahnengalerie. Wußten Sie, daß ich sie in der kleinen Hütte in Ostpreußen kennengelernt habe, wohin ich jetzt fahre? Damals habe ich mich dort versteckt – vor dem Unwillen Seiner Majestät. Wahrscheinlich werde ich auch jetzt seinen Unwillen erregen. Aber, wir haben uns ja mittlerweile daran gewöhnt, gefährlich zu leben, nicht wahr?«

… Ein wirklich bemerkenswerter, außerordentlich mutiger Mann, schrieb Graf Wellinghausen über dieses Gespräch in seinen nach dem Krieg erschienenen Erinnerungen. Der Fürst beurteilte die Lage so nüchtern, wie selten einer. Dennoch schien er nicht zu wissen, *wie* stark Ludendorffs Einfluß inzwischen geworden war. Und noch eine Frage bewegte mich, nachdem ich den Hofzug verlassen hatte: Wußte Fürst zu Wied, wie vielfältig die Querverbindungen der Geheimdienste über die Fronten hinweg waren? Falls es in Rußland eine undichte Stelle gab, falls die gefürchtete *Ochrana* von der Absicht, russische Unterhändler zu einleitenden Friedensgesprächen zu schicken, erfuhr, dann wußte es wahrscheinlich auch das französische *Deuxième Bureau,* und falls es der *Ochrana* opportun erschien, dieses zu informieren, auch der deutsche Abwehrdienst. Und damit General Ludendorff. Wie berechtigt diese meine Sorgen und Befürchtungen waren, sollte sich schon in naher Zukunft erweisen.

Charlotta starrte auf das Papier, bis die Buchstaben vor ihren Augen verschwammen. Das war es also. Der kleine, grauhaarige Oberst hatte sein Wort gehalten. Das *Deuxième Bureau* hatte sich gemeldet – mit einem einfachen Brief:

Liebe, teure Freundin, ich bin auf der Durchreise und möchte Sie unbedingt sehen! Was halten Sie von einem Rendezvous wie in alten, romantischen Zeiten? Morgen, am 5. Februar, erwarte ich Sie um 20.30 Uhr vor dem Café Bauer, Ecke Unter den Linden – Friedrichstraße. Ihr ergebener und sehr ungeduldiger Albert.

Ein Rendezvous wie in alten, romantischen Zeiten war das Kennwort. Man hielt jetzt offenbar die Zeit für gekommen, um sie, Charlotta, in die Arbeit des französischen Geheimdienstes einzuspannen. Charlotta strich sich unwillig über die Stirn. Sie durfte an die Worte des grauhaarigen Obersten und an das schreckliche Bild der Hinrichtung, das sie bis in die Träume verfolgte, nicht denken! Sie hatte keine andere Wahl, als zu gehorchen.

Vielleicht – vielleicht gibt es doch noch einen Ausweg, sagte sie sich in ihrem unverbrüchlichen, vielleicht auch ein wenig leichtsinnigen Optimismus, der sie niemals verließ, nicht einmal jetzt, während sie den Brief verbrannte, die Asche zerrieb und sie in der Toilette hinunterspülte – getreu den Anweisungen des französischen Obersten.

Als sie zur angegebenen Zeit vor das *Café Bauer* schlenderte, war es ihr, als sei sie ein einziges, vibrierendes Nervenbündel. Drei angeheiterte Soldaten kamen ihr entgegen und riefen ihr unflätige Bemerkungen nach. Das bleiche, grellgeschminkte Gesicht einer Dirne, das sie aus dem Schatten eines Torganges anstarrte, das matte Licht der Gaslaterne in den kalten, gleichgültigen Augen. Ein vorbeiratternder Armeelastwagen. Das klappende Geräusch eines bedächtig herantrabenden Droschkengauls. Der dünne Lichtspalt neben den zugezogenen Vorhängen des Cafés. Stimmengewirr.

»Kommen Sie!« sagte eine leise Männerstimme, und eine Hand legte sich leicht auf ihren Unterarm. Charlotta fuhr herum.

Ein mittelgroßer, mit unaufdringlicher Eleganz angezogener Mann stand ihr gegenüber. Er konnte vierzig, vielleicht aber auch schon fünfzig Jahre alt sein; Charlotta hätte sein Alter unmöglich schätzen können, genausowenig wie sie sein blasses, unscheinbares Gesicht mit dem freundlichen Lächeln um die schmalen Lippen später hätte beschreiben können.

»Wie in alten, romantischen Zeiten«, sagte er. »Ich bin Albert. Steigen Sie bitte ein.« Er führte sie zu der Droschke, die am Bordstein angehalten hatte, half ihr einsteigen, setzte sich ihr gegenüber, gab dem Kutscher das Zeichen, weiterzufahren. Charlotta fühlte erleichtert, wie sich ihre Erregung legte.

Dieser nette, unscheinbare Mann – ein Agent des *Deuxième Bureau?* Ein Spion? Der Gedanke daran erschien ihr fast lächerlich absurd – bis sie ihn sprechen hörte. Bis sie in seiner leisen, freundlichen Stimme den kaum merklichen Beiklang einer Härte und rücksichtslosen Entschlossenheit vernahm, die sie frösteln ließen.

»Ich freue mich, daß Sie gekommen sind«, sagte er, während sich der Wagen in Bewegung setzte. »Es gibt einige Dinge zu besprechen – eine Droschke erschien mir dafür der richtige Ort.«

»Es ist doch keine *richtige* Droschke, nicht wahr?« fragte Charlotta. Aus der Dunkelheit in der anderen Ecke erklang ein kurzes, leises Lachen. Erst jetzt sah Charlotta, daß dort ein zweiter Mann saß: ein blasser Fleck des Gesichts über dunkler Kleidung.

»Sie haben recht«, sagte der Mann, der sich Albert nannte. »Wir können ungestört sprechen. Erzählen Sie bitte... Was haben Sie heute getan?«

»Was ich getan habe? Wie meinen Sie das?«

»Sie sind um sieben aufgestanden, stimmt's? Kurz vor acht haben Sie gefrühstückt. Und – weiter?«

»Nun ja... Dann ging ich in den Garten. Aber warum wollen Sie das wissen?«

»Erzählen Sie!«

»Im Garten und Gewächshaus war ich bis kurz vor zwölf. Dann zog ich mich um...«

»Sie hatten Gräfin Schaub zum Mittagessen eingeladen. Leidet ihr Mann, Oberst Schaub, noch immer an Ischias?«

»Ja, aber...«

»Und – weiter?«

»Am Nachmittag war ich zum Tee bei Baronin Herkommen«, sagte Charlotta, die einen dumpfen Zorn in sich aufsteigen fühlte.

»Wie viele Leute waren da?«

»Etwa acht oder zehn.«

»General Stephan?«

»Ja.«

»Ein fähiger Mann. Wir werden gelegentlich über ihn sprechen müssen. Keine Abweichung von Ihrem normalen Tagesablauf also? Das ist wichtig! Denken Sie immer daran: keine Abweichung! Sie kennen den Grafen Stark? General von Adlersleben? Oberst Willig? Den Bankier von Müller? Baron Laponte? Ein französischer Name. Stammt von den Hugenotten ab. Und wenn ich richtig informiert worden bin, sind Sie dem Kronprinzen vorgestellt worden. Ist das richtig?«

Charlotta nickte.

»Kennen Sie den Fürsten Arthur zu Wied?«

»Nur – flüchtig«, antwortete Charlotta nach einigen Augenblicken mühsam. Ihre Kehle war wie zugeschnürt. Was bedeuteten diese Fragen? Und vor allem: Warum fragte er sie nach Arthur? Er konnte doch unmöglich wissen …

»Diese Männer gehören zu einem Kreis, der mit Rußland konspiriert. Ihr Ziel ist ein Separatfrieden. Dadurch würde Deutschland den Rücken frei bekommen. Aber die Beweggründe … Sie sind einstweilen unwichtig. Wir müssen erfahren, was sie vorhaben. Ihre Pläne. Ihr Programm. Ihre Absichten. Möglichst genau. Und das ist Ihre Aufgabe. Sie sind doch auch – friedliebend?« Diese leise, freundliche Stimme klang jetzt ironisch. »Es wird Ihnen nicht schwerfallen, das Vertrauen dieser Männer zu erringen. Habe ich recht?«

»Sie haben recht«, sagte Charlotta mit gespielter Gleichgültigkeit.

»Der wichtigste von ihnen ist Fürst zu Wied. Aber um ihn brauchen Sie sich nicht zu kümmern. Der Kronprinz … Er schwankt, ist unentschlossen, weiß auch nicht viel. Die Männer, an die Sie sich halten müssen, sind Graf Stark und General von Adlersleben. Vor allem Graf Stark ist eine der treibenden Kräfte. Seine Schwäche sind – Frauen. Aber das wissen Sie vermutlich bereits.«

»Ich kann es mir denken …«

»Es wird Ihnen nicht schwerfallen, notfalls sein Schlafzimmer zu besichtigen. Weiter: General von Adlersleben. Der Fall liegt komplizierter. Er sammelt pornographische Bilder und Bücher. Kein schlechter Ansatzpunkt. Aber vernachlässigen Sie die anderen nicht. Bankier von Müller: Er hat die Fäden nach Rußland geknüpft. Wer sind seine Verbindungsleute? Oberst Willig: ein Generalstäbler, ausgezeichneter Taktiker und rücksichtsloser Draufgänger. Ob auch bei Frauen? Sie bekommen es heraus. Baron Laponte: Lassen Sie sich von seiner zur Schau getragenen Bescheidenheit nicht täuschen. Er ist ein durchtriebener, ehrgeiziger Mann. Seine schwache Stelle ist Geld. Er ist in dürftigen Verhältnissen aufgewachsen…«

»Warum lassen Sie mich nicht bei dem Mann anfangen, den Sie für den wichtigsten halten – dem Fürsten zu Wied?« fragte Charlotta gleichmütig. »Dort wäre ich an der Quelle, wenn ich Sie richtig verstanden habe. Warum also die Umwege?«

»Eine gute – und verständliche Frage. Er ist jung, sieht besser aus als die anderen… Hätten Sie bei ihm Chancen?«

»Vielleicht…«

»Sie begreifen schnell – wir werden wahrscheinlich gut zusammenarbeiten. Nein. Der Fürst bedeutet für uns eine wirkliche Gefahr. Um ihn werden sich andere kümmern. Männer wie unser Freund hier.«

Der Mann in der anderen Ecke lachte wieder: ein kaum hörbares, grausames Lachen, voll tödlicher Kälte, das Charlotta einen eisigen Schauer über den Rücken jagte.

Das Lachen eines Mörders. Und dann sah sie im Licht einer Straßenlaterne sekundenlang sein Gesicht: bleich, knochig, regungslos, ohne jede Empfindung, mit Augen, die sie wie zwei blankpolierte Kieselsteine anstarrten. Jetzt verstand sie. Und obwohl sie glaubte, vor mühsam unterdrücktem Entsetzen und Grauen kein Wort mehr herausbringen zu können, klang ihre Stimme noch immer gleichgültig, als sie fragte: »Ich kann mich an ihn nur undeutlich erinnern. Es ist schon Jahre her … Ist er nicht an der Front?«

»Nein. In Ostpreußen. Und er kommt uns damit sehr entgegen. Haben Sie noch Fragen?«

»Nein.«

Der Mann klopfte an das Fenster zum Kutscher, und die Droschke hielt an. »Sie haben nicht viel Zeit zu verlieren. Nehmen Sie den Wagen drüben auf der anderen Straßenseite. Fahren Sie nach Hause. Sie hören von mir. Bald.«

Charlotta tat, was ihr der Mann befohlen hatte: Sie nahm den Wagen und fuhr nach Hause. Dort rief sie ihr Mädchen und bat es, die Reisetasche zu packen. Nur das Notwendigste für drei oder vier Tage. Inzwischen zog sie sich um. Als sie fertig war, legte sie die kleine, vom Fürsten zu Wied geschnitzte Figur obenauf in die Tasche, zögerte, nahm die Figur wieder heraus, drückte sie an die Lippen, und in ihren Augen stand ein verlorener, wehmütig verträumter Ausdruck. So stand sie sekundenlang da, bevor sie die Statuette wieder zurücklegte und die Tasche abschloß.

Wenn sich der Droschkenfahrer beeilte, würde sie noch den Nachtzug nach Ostpreußen erreichen. Sie wußte, wo sie den Fürsten finden würde. Sie wußte, daß sie mit dieser Fahrt zu ihm an den Rand eines dunklen, tödlichen Abgrundes trat. Daß es danach keinen Weg zurück geben würde. Sie wußte es – aber es war ihr gleichgültig. Sie mußte hin. Sie mußte ihn finden, bevor es dieser Mann mit dem bleichen, knochigen Gesicht und dem Lachen eines Mörders tat.

Langsam, gebückt, Schritt für Schritt, arbeitete sich Fürst zu Wied vor. Durch die Zweige des Ufergebüsches konnte er hin und wieder den Rehbock sehen. Ein alter, vorsichtiger Bursche. Seine Lauscher spielten, er sah immer wieder auf und blieb manchmal minutenlang sichernd stehen.

Noch zehn Schritte. Die Sonne hatte den Schnee aufgeweicht, außer an schattigen Stellen, wo er noch immer verharscht war. Bei jedem Schritt galt es aufzupassen, um nicht einzubrechen. Wann hatte er, der Fürst, zum letztenmal einen in Speckscheiben gebratenen Rehrücken gegessen? Hans, der einarmige Bauer, würde Speck besorgen. Und dazu der Rotwein, den ihm Dr. Schmitt geschickt hatte, der Besitzer der Blockhütte am Seeufer.

Der Fürst holte mit langsamen, vorsichtigen Bewegungen das Gewehr von der Schulter. In der dicken Schafpelzjacke war ihm warm geworden. Der leichte Wind kühlte angenehm sein erhitztes Gesicht: Der Wind stand nach wie vor gut. Nur noch fünf Schritte.

Jetzt konnte er den Bock wieder sehen: Er bearbeitete mit den Vorderläufen den Boden, um den restlichen Schnee wegzukratzen. Heiliger Hubertus, laß bloß jetzt nichts dazwischenkommen... dachte der Fürst. Aber es kam etwas dazwischen.

Von dem Waldweg näherte sich das Geräusch herantrabender Pferdehufe.

Der Rehbock warf den Kopf hoch, der Fürst entsicherte das Gewehr und riß es im Sprung nach vorn an die Schulter... Zu spät. Der Rehbock verschwand mit einem mächtigen Satz im Hochwald. Der Fürst sicherte, warf das Gewehr über die Schulter. Aus und vorbei. Seit Tagen hatte er in dieser Einöde außer Hans keine Menschenseele gesehen, und ausgerechnet jetzt mußte irgend jemand vorbeireiten; der Teufel sollte ihn holen!

Unter der flachen Hand, mit der er die Augen beschattete, konnte er gegen die schrägstehende Sonne einen herankommenden Reiter sehen. Bevor er aus dem Hochwald auf die freie Fläche ritt, verharrte er für einen Augenblick, verließ den Weg, das Pferd arbeitete sich durch eine alte Schneeverwehung und trat dann aus dem Schatten der Bäume in den hellen Sonnenschein.

Eine junge Frau. Der Fürst fühlte, wie sein Herz plötzlich hart und schwer zu schlagen begann. Die Reiterin trieb das Pferd an –

und riß es an den Zügeln erschrocken zurück, als sie am Ufergebüsch plötzlich den reglosen Mann sah.

Der Fürst löste sich aus der Erstarrung und ging ihr entgegen. Sie glitt aus dem Sattel, trat zwei, drei Schritte vor, wartete, bis er vor ihr stand, und in ihrem zarten, bleichen Gesicht brannten unnatürlich groß die dunklen Augen, in denen die Wiedersehensfreude und eine ängstliche Frage standen.

»Ich habe auf dich gewartet«, sagte er mühsam. »Hier, wo wir uns kennengelernt haben.«

»Es ist lange her… Sehr lange…«, flüsterte sie mit zitternden Lippen.

»Es war gestern«, sagte er.

»Ich erinnere mich… Ich fiel vom Pferd, und als ich aufwachte, sah ich den Waldgeist.« Und dann begann sie zu weinen. Er zog sie an sich, fuhr mit den Lippen über ihr tränennasses Gesicht, küßte ihre Augen, sie klammerte sich verzweifelt schluchzend an ihn, und dann weinte sie nicht mehr, und ihre Lippen fanden sich in einem langen, selbstvergessenen Kuß.

»Es schmeckt salzig«, murmelte er. »Meine kleine Waldfee… Damals hast du mir den Karpfen verjagt und heute den Rehbraten, wir werden hungern müssen in meinem Waldschloß. Nicht mehr weinen, nicht mehr…«

»Ich bin dumm, ich weiß«, sagte sie und preßte ihre Wange so fest an die seine, daß es ihr weh tat. »Aber ich muß einfach… Es ist so – so…. Ich hatte solche Angst…«

»Angst? Warum?«

»Jetzt nicht mehr. Ich habe dich ja gefunden. Nur fürchte ich…« Sie blickte ihn lächelnd an. »Vielleicht werde ich gleich wieder ohnmächtig, und du wirst mich tragen müssen…«

»So wie damals?«

»So wie – gestern. In dein Waldschloß. Ob du es noch fertigbringst?«

»Wollen wir's versuchen?« fragte er, und sie las in seinem Gesicht und in seinen Augen, daß ihre Angst grundlos gewesen war: Sie waren sich nicht fremd geworden. Die langen Jahre seit *damals* waren wie von einer Zauberhand weggewischt worden. Was sie in der Zwischenzeit auch erlebt haben mochten, es zählte nicht. Jetzt zählte nur noch ihre Liebe, die unter der Asche der vergehenden Tage nie verloschen war, bereit, hell aufzulodern – in einem Augenblick wie diesem. Der Kreis ihres Schicksals hatte sich geschlossen.

»Ja«, sagte sie, schloß die Augen und schmiegte die Wange an seine Brust. »Wir wollen es versuchen …«

13

In der großen Ulme hinter der Blockhütte rief ein Käuzchen. Der auffrischende, auf Südwest drehende Wind rauschte in den Bäumen. Das Pferd in dem kleinen, an die Blockhütte angebauten Stall stampfte hin und wieder auf, die große alte Uhr an der gegenüberliegenden Wand tickte gemächlich. In der Hütte war es anheimelnd warm, aber das Gefühl der Geborgenheit, das Charlotta erfüllt hatte, bevor sie eingeschlafen war, wollte sich nicht wieder einstellen.

Wie lange hatte sie geschlafen? Wie spät war es?

Sie versuchte auf die Uhr zu sehen, aber das vorhin hell brennende Feuer auf dem offenen Herd war zu einem Gluthäufchen zusammengefallen, und sie konnte die Zeiger nicht erkennen. Der erstaunlich wohnlich eingerichtete Raum war in ein mattes rötliches Licht gehüllt, es roch nach Holz, nach frischem Heu und noch immer ein wenig nach den in Glut gebratenen Kartoffeln, die sie vorhin gegessen hatten,

»Dieser Geruch erinnert mich immer an meine Kinderzeit«, hatte Arthur erzählt, als er die gar gebratenen Kartoffeln aus der Glut genommen, die harte schwarze Kruste abgeschält und die Kartoffeln auf einen Teller gehäuft hatte. »Nimm ein bißchen Salz und Butter dazu. Morgen früh bringt Hans frische. – Damals lief ich im Frühherbst, wenn ich nur konnte, von zu Hause weg und briet mit Dorfkindern frische Kartoffeln. Einmal trug ich dabei einen neuen weißen Matrosenanzug. Du kennst diese schrecklichen Anzüge, in die man Kinder steckt, um sie unglücklich zu machen. Schneeweiß… Aber als ich zurückkam… Die arme Mama! Es wollte ihr nicht gelingen, aus mir einen Märchenprinzen zu machen, der mit zierlichen Schritten Menuett tanzt. Ich kann es heute noch nicht…«

Wie gut konnte sich Charlotta den Fürsten als kleinen Jungen vorstellen, der mit eigenwillig-entschlossenem Gesicht und trotzig vorgeschobenem Kinn seinen Erziehern und der glanzvollen Enge eines fürstlichen Schlosses entfloh und mit Dorfbuben auf dem Feld Kartoffeln briet! Als Gleicher unter Gleichen. Nein – sicher als ihr Anführer. Aber nicht, weil er ein kleiner Prinz gewesen war. Männer wie er schienen dazu geboren; kraftvolle, eigenwillige Männer, die immer nur den Weg gingen, den sie sich selbst vorgezeichnet hatten. So wie er es auch jetzt tat.

Charlotta drehte den Kopf ein wenig zur Seite und fuhr mit den Lippen zärtlich über die Stirn des Schlafenden. Die dichten, schwarzen Augenbrauen. Die kräftige, schöngeformte Nase, die sie an die römischen Büsten im Haus der Marchesa Pansa erinnerte. Das harte Kinn und der energische Mund mit Lippen, die so überraschend zärtlich sein konnten…

Seine Hand umspannte ihre Brust, sein Atem ging leise, regelmäßig… Wie anders war dieser Mann von allen, die sie bisher kennengelernt hatte! Einige von ihnen hatte sie geliebt. Ja, sie hatte es getan, sie hatte sich keinem ohne Liebe hingegeben.

Heinrich, der tolle Prinz, der sie zur Frau gemacht hatte, und dem sie davongelaufen war, als er sie zu seiner Mätresse machen wollte. Stan, der ernste, steife Edelmann, das erzene, zum Leben erweckte Standbild eines Ritters ohne Fehl und Tadel. Ohne Fehl und Tadel? Nun, ganz so war's auch nicht gewesen. Sie hatte Stan geliebt. Und die anderen ... Nachher. Und Jacques, der genau das Gegenteil von Stan gewesen war: Stan, ein Kreuzritter, der von tiefem Ernst erfüllt auszog, um das Heilige Land von Ungläubigen zu befreien, und Jacques, ein fröhlicher Minnesänger, der sich in der Zwischenzeit mit den zurückgebliebenen Edelfrauen vergnügte.

Beide waren tot: der Ritter und der Minnesänger ... Aber, fragte sich Charlotta jetzt, hatte sie in Wahrheit nicht immer nur den eigenen Liebeshunger gestillt? Hatte sie sich denn nicht nur aus Sehnsucht nach wirklicher Liebe hingegeben, nach jener Liebe, die sie immer erahnt hatte und von der sie jetzt wußte, daß es sie wirklich gab? – Jetzt, bei *ihm*.

Sie hatte Zärtlichkeit zu schenken vermocht, doch keine wirkliche Leidenschaft. Die Leidenschaft, bei der das Glück zur lustvollen Qual wird, wenn es keine Grenzen mehr gibt zwischen den Liebenden, wenn die Zeit stillzustehen scheint und sich der Augenblick zur Ewigkeit ausdehnt, ein Brennpunkt der Unendlichkeit und die Unendlichkeit selbst: Diese Leidenschaft hatte sie nie kennengelernt und nie zu schenken vermocht. Das war erst jetzt geschehen. In dieser Nacht.

Sie hatte ihn gesucht und gefunden, und sie gehörte ihm: dem Mann, der schlafend neben ihr lag und von dem sie ein Kind bekommen würde. Sie wußte es ganz genau. Sie hatte Leben von ihm empfangen, er war in ihr mit seinem Kind, eine winzige Zelle nur, und doch schon ein Kind.

Sie war gekommen, um ihn vor Männern zu warnen, die ihn töten wollten. Wenn sie es getan hatte, würde sie wieder gehen. Für immer. Doch was später auch geschehen mochte, sie würde nie wieder allein sein. Sie nahm ein Stückchen von ihm mit: sein Kind.

Die Hand, die ihre Brust umspannte, zog sich mit einem zärtlichen Druck zusammen. »Warum schläfst du nicht?« fragte er, und seine Stimme war ganz wach.

»Ich liebe dich«, flüsterte sie, und er flüsterte die gleichen

Worte zurück: die Zauberworte, die so alt sind wie der Mensch, als er sie zum erstenmal gestammelt hatte, erst durch sie und durch das, was er mit ihnen auszudrücken versuchte, zum Menschen geworden. Die so oft mißbrauchten, in den Schmutz getretenen, doch immer neuen Worte, ohne die das Leben zu einer leeren, verdorrten Wüste werden würde, Wasser des Lebens, das Leben selbst. Sie fühlte seinen Atem an ihrer Wange, und seine Hand strich über ihren Körper, sie fühlte seinen Wunsch, und sie wünschte es selbst, und dann fühlte sie sein Gewicht auf sich, drängte ihren Körper dem seinen entgegen, preßte seinen Kopf an sich, fühlte seine festen, besitzergreifenden Lippen an ihrer Brust, er war in ihr, er gehörte ihr, es war ganz, ganz anders als je zuvor, es gab kein anders mehr, kein Zuvor, keine Vergangenheit, keine Zukunft, nur diese Augenblicke, es gab nur ihn und sie und ihre Liebe, die endlich den Weg zu ihrer Verwirklichung gefunden hatte.

Später stand er auf, legte Tannenreisig auf die Glut und blies das Feuer an, bis es hell flackernd sein Gesicht und seinen Oberkörper beleuchtete. Dann schichtete er ein paar dicke Holzscheite auf das Feuer, kam zurück, setzte sich auf den Bettrand, strich ihr das Haar aus der Stirn, und seine Hand roch nach Rauch und nach Harz. Sie faßte nach ihr, drückte die Handfläche auf die Lippen, und sie war ihm dankbar, daß er die Hand nicht zurückzog.

»Ich wußte es«, sagte er. »Ich wußte es, daß wir uns irgendwann treffen werden. Gleichgültig wo. Und ich wußte auch: für immer.« Sie legte seine Hand auf ihre Brust und nahm ihren ganzen Mut und alle Kraft zusammen, als sie sagte:

»Ich liebe dich. Aber ich kann nicht bleiben. Morgen werde ich gehen. Ich liebe dich. Trotzdem… Trotzdem wäre ich vielleicht nicht gekommen, wenn ich dich nicht warnen müßte.«

Tiefes Schweigen erfüllte die Hütte. Das Rauschen des Windes in den Bäumen. Der klagende Ruf des Käuzchens. Das Knistern des Feuers. Die huschenden Lichter der Flammen auf den Wänden, auf dem nackten Oberkörper des Mannes. Alles war wie bisher – und alles war von einer Sekunde zur anderen anders geworden.

»Warnen – wovor?« fragte er, und das Mißtrauen in seiner Stimme traf sie schmerzlich wie ein Peitschenhieb.

»Sie wollen dich töten«, sagte sie.

»Töten? Wer ist das – *sie?«*

»Männer vom *Deuxième Bureau.«*

»Deuxième Bureau…?« fragte er nach einigen Augenblicken langsam. »Woher willst du das wissen?«

»Ich – habe es erfahren. Ich habe zufällig ein Gespräch belauscht.« Charlottas Worte überstürzten sich jetzt, also wollte sie ihm keine Gelegenheit geben, weiterzufragen. »Bitte, glaub mir! Sie sprachen davon, daß du und deine Freunde Gespräche mit den Russen führen wollt. Wegen eines Separatfriedens… Ich verstehe ja nichts davon… Sie nannten deinen Namen und noch ein paar andere…«

»Welche Namen?« unterbrach er sie schroff.

»Graf Stark, Bankier von Müller, General von Adlersleben, Oberst Willig, der Kronprinz… Du mußt es mir glauben, bitte! Sie sagten, du seist der Gefährlichste, und daß sie sich um dich *kümmern* würden, und ich habe genau verstanden, was sie damit gemeint haben…«

Ihre Worte schienen kaum zu ihm durchzudringen. Er blickte sie an – und bevor er noch etwas fragte, wußte Charlotta, was er sie fragen würde: »Du bist eine Marquise de Liancourt. Du kommst aus Frankreich. Was hast du mit dem *Deuxième Bureau* zu tun?«

»Bitte, Liebster, glaub mir doch…«

»Was hast du mit diesen Leuten zu tun?«

»Nichts.«

»Ist das die Wahrheit?«

»Das ist die Wahrheit.«

»Und sie sagten, daß sie sich um mich *kümmern* würden? Wann – kümmern?«

»Sie haben keinen Zeitpunkt genannt. Aber sie wußten, daß du hier bist. *Er kommt uns damit sehr entgegen,* sagten sie. Ich habe es genau gehört.«

»Ich verstehe nicht ganz«, sagte der Fürst nach einer Weile grübelnd. »Unsere Absicht scheint verraten. Wenn das *Deuxième Bureau* davon erfahren hat, dann nur von der Ochrana. Aber warum soll sich ausgerechnet das *Deuxième Bureau* um mich kümmern wollen? Sie könnten es ja viel leichter haben. Unser Abwehrdienst würde es genauso gern tun. Ein kleiner Tip ...«

»Von deutscher Seite hat man gegen dich keine Beweise«, sagte Charlotta. »Nicht *vor* dem Gespräch mit den Russen. Du bist ein Fürst, ein Offizier. Wer würde es wagen, dich auf bloßen Verdacht hin festzunehmen? Das *Deuxième Bureau* muß um jeden Preis die Gespräche mit den Russen verhindern. Gibt es denn einen einfacheren Weg, als den führenden Mann zu beseitigen, der vielleicht selbst mit den Russen verhandeln soll?«

»Was weißt du davon?« fragte der Fürst.

»Liebster ... Warum wärst du sonst hier? So nahe an der Front? Und hier ist es für diese Männer ein leichtes, dich zu beseitigen. Man – man läßt dich einfach verschwinden. Wer sollte dich in diesen Wäldern je wiederfinden?«

»Du meinst – meine Leiche«, sagte der Fürst, und auf seinem Gesicht stand ein hartes und vielleicht auch grausames Lächeln, das ihn plötzlich fremd erscheinen ließ.

»Verstehst du jetzt, warum ich solche Angst um dich hatte?« flüsterte Charlotta. »Verstehst du, warum ich kommen *mußte?* Ich liebe dich. Und ich könnte den Gedanken nicht ertragen ...«

Das sagte sie. Und noch während sie sprach, kam ihr zum erstenmal, seit sie sich entschlossen hatte, hierherzufahren und Arthur zu warnen, die volle Tragweite ihres Tuns zum Bewußtsein. Falls der grauhaarige, kleine Oberst vom *Deuxième Bureau* erfuhr, was sie getan hatte, würde er nicht zögern, seine Drohung wahr zu machen. Damit wäre ihr Todesurteil unterschrieben.

Aber er mußte es ja nicht erfahren. Das Pferd hatte sie von einem ihr bekannten Offizier geliehen, der in Guttstadt stationiert war. Gegen das Versprechen, mit ihm auf dem Rückweg zu dinieren, hatte er es ihr gern überlassen. Auf dem Weg hierher war sie kaum jemandem begegnet. Die Leute vom *Deuxième Bureau* würden nie erfahren, daß sie Berlin verlassen hatte. Sie mußte dorthin zurück und so tun, als ob nichts geschehen wäre. Oder sollte sie es Arthur erzählen? Alles?

Der Wunsch, sich ihm anzuvertrauen, war einige Augenblicke so übermächtig, daß sie ihn nur mit Mühe bezwingen konnte. Nein, sie durfte es nicht tun. Sie war zwischen zwei Mühlsteine geraten, und sie mußte es allein durchkämpfen oder – durchleiden. Woher nur, fragte sie sich, während sein Gesicht hinter dem Tränenschleier verschwamm, der sich auf ihre Augen legte, woher nur soll ich dazu die Kraft nehmen – ohne ihn?

Sie waren zu zweit und kamen nur einige Stunden später als Charlotta in Guttstadt an. Die vielen Zugkontrollen in diesem frontnahen Gebiet machten ihnen keine Schwierigkeiten: Ihre Ausweise waren gut, und außerdem trugen sie bei sich ein amtliches Schreiben, in dem bestätigt wurde, daß ihre Arbeit als Holzaufkäufer für eine Kieler Werft von großer Wichtigkeit für die Kriegsrüstung sei.

Mit diesem Brief gelang es ihnen, in Guttstadt zwei recht ordentliche Pferde zu mieten, was zu dieser Zeit bereits sehr schwierig, wenn nicht unmöglich war. Die Wege übers Land seien gut passierbar, sagte man ihnen im Gasthaus, wo sie sich einquartiert hatten. Allerdings sollten sie sich in den Wäldern in acht nehmen; sie seien nicht ungefährlich. Deserteure, entlaufene Kriegsgefangene und ähnliches Gesindel triebe sich dort herum.

»Das ist uns nicht neu«, sagte daraufhin der ältere Holzaufkäufer. »Wir kommen viel herum. Und wir wissen recht gut, wie wir uns unserer Haut wehren sollen. Stimmt's?«

Diese Frage galt dem Jüngeren, einem schmalen Mann mit katzenhaften Bewegungen, bleichem, knochigem Gesicht und stechenden Augen. Zur Antwort nickte er nur und lachte leise auf; als man später über diese Männer sprach, erinnerte man sich, daß man von ihm kaum ein Wort, sondern immer nur dieses leise Lachen gehört hatte, bei dem es einem kalt über den Rücken lief.

In aller Frühe des nächsten Tages ritten die beiden Männer in nördlicher Richtung davon. Einige Stunden später sah man sie am Gut des Barons von Winthorst vorbeireiten, und noch vor Mittag näherten sie sich dem kleinen Waldsee, an dessen Ufer die Blockhütte des Fürsten zu Wied stand. Auf der Anhöhe, von der man bereits die weiße, zugefrorene Fläche des Sees erblicken konnte, zügelte der Ältere sein Pferd.

»Das dürfte der See sein«, sagte er. »Die Hütte muß rechts vom Weg liegen. Wäre es nicht besser, die Nacht abzuwarten?«

»Unsinn!« sagte der Jüngere, und seine Stimme klang genauso kalt und leise wie sein Lachen. »Wir fragen ihn nach dem Weg.«

»Und wenn er nicht allein ist?«

»Dann kommen wir nachts wieder.«

Der Ältere nickte. »Also weiter«, sagte er. »Machen wir es kurz und schmerzlos.«

Hans, der kräftige, derbknochige Bauer, trat in die Hütte, nickte dem Fürsten zu und sagte: »Sie reiten auf den Hügel zu.« In der Tannenbergschlacht hatte er den linken Arm verloren; sonst aber sah er genauso aus, wie ihn Charlotta in Erinnerung hatte.

Der Fürst legte das Holz, an dem er geschnitzt hatte, beiseite, stand auf, zog seine Schafpelzjacke an, holte aus der Schublade eine große Armeepistole, lud durch, sicherte und steckte sie hinter den

Hosenbund. Dann nahm er von der Wand eine Schrotflinte und warf sie dem Bauern zu, der sie mit der rechten Hand geschickt auffing und unter den Arm klemmte.

»Geladen?« fragte er.

»Schrot Nummer zwei«, sagte der Fürst.

Der einarmige Bauer nickte, sein Gesicht verzog sich zu einem breiten Grinsen des Einverständnisses: Dieses Grinsen war nur selten von seinem Gesicht gewichen, seit ihn der Fürst in aller Frühe, als er mit neuem Proviant gekommen war, gefragt hatte, ob er ihm bei einer kleinen Auseinandersetzung zur Hand gehen würde.

»Ich komme gleich nach«, sagte der Fürst, wartete bis der Bauer ging und trat dann zu Charlotta. Sie saß zusammengekauert auf dem Bett und beobachtete mit großen, erschrockenen Augen diese nüchternen Vorbereitungen: als ginge es hier um eine Hasenjagd.

Der Fürst hob Charlottas Gesicht an, zwang sie, ihm in die Augen zu sehen, und sagte: »Du darfst keine Angst haben. Es ist gleich vorbei.«

»Was willst du tun?« flüsterte Charlotta.

»Ich werde sie mit einem schönen Gruß an die Auftraggeber zurückschicken. Du bleibst hier. Geh nicht aus der Hütte – hast du mich verstanden?«

Charlotta nickte, er beugte sich zu ihr, küßte sie und ging, ohne sich noch einmal umzusehen. Es sah fast so aus, als machte ihm das Ganze Spaß, dachte Charlotta, während sie unverwandt zur Tür blickte, durch die er verschwunden war. Die unheimliche, unverständliche, grausame Welt der Männer. Kampf und Tod und Freude am Kampf. Es ist Zeit, dachte Charlotta. Ich kann nichts mehr tun. Ich muß gehen, jetzt gleich, bevor er zurückkommt.

Aber es dauerte noch eine ganze Weile, bevor sie die Kraft aufbrachte, aufzustehen und mit langsamen, wie abgezirkelt wirkenden Bewegungen anfing, ihre Reisetasche zu packen.

Kurz bevor sie vom Weg abbiegen und zur Blockhütte reiten wollten, sahen sie ihn. Er lehnte am Stamm einer großen, alten Kiefer und blickte ihnen entgegen. Die Hände hatte er in die Taschen seiner Pelzjacke gesteckt, und sein Gesicht drückte nur die mäßig neugierige Frage aus, was wohl zwei wildfremde Männer in diesen Wäldern suchten.

Sie erkannten ihn sofort, obwohl er auf den Fotografien, die man ihnen in Berlin gezeigt hatte, Uniform trug. Einige Schritte vor ihm zügelten sie ihre Pferde, der Ältere nickte grüßend und sagte:

»Ich fürchte fast, wir haben uns verlaufen. Wir wollten eine Abkürzung nehmen. Oder ist das der Weg nach Allenstein?«

Der ruhige Blick des Fürsten glitt von ihm weg, heftete sich auf das Gesicht des Jüngeren, der sich etwas weiter hintenhielt, und in seinen Augen glomm es kurz auf, sie waren es tatsächlich. Die Männer, die er erwartete. Charlotta hatte diesen jungen Mann mit dem bleichen, knochigen Gesicht und stechenden, zwei geschliffenen und blankpolierten Kieselsteinen ähnlichen Augen so genau beschrieben, daß kein Zweifel möglich war.

»Sie *sind* richtig«, sagte der Fürst, ohne seine Stellung zu verändern. »Sie wollten doch zu mir?«

»Zu – Ihnen – wieso?« fragte der Ältere verblüfft, während sich der Jüngere gespannt vorbeugte und den Fürsten prüfend ansah.

»Steigen Sie ab!« sagte der Fürst, öffnete seine Pelzjacke und tippte mit dem Zeigefinger auf den Griff der Pistole.

Der Jüngere richtete sich wieder auf und lachte auf seine leise, kalte Art. Er versuchte das Pferd etwas voranzutreiben, aber es gelang ihm nicht gleich.

»Sie sollten ein paar Reitstunden nehmen«, sagte der Fürst. »Steigen Sie ab! Und machen Sie keine Dummheiten. Sehen Sie – links!«

Jetzt trat der einarmige Bauer an den Rand der Böschung, die linksseits den Weg begrenzte. Die Läufe seiner Schrotflinte zeigten genau auf die Reiter, das Lachen auf seinem Gesicht war zu einem drohenden, hölzernen Grinsen erstarrt. Mit der Zunge fuhr er sich über die Lippen und sagte: »Soll ich euch herunterpusten?«

»Verdammt!« zischte der Ältere und blickte den Jüngeren fragend an. Dieser zuckte mit den Schultern, saß ab, trat etwas zur Seite und blieb mit hängenden Armen vor dem Fürsten stehen. Der Ältere tat es ihm schwerfällig nach. »Was, zum Teufel, soll das bedeuten?« protestierte er. »Ich werde…«

»Gar nichts werden Sie!« schnitt ihm der Fürst das Wort ab. »Nehmen Sie die Hände hoch. Stellen Sie sich an die Böschung! Umdrehen! Sieh nach, Hans, was wir für unsere Waffensammlung finden.«

Die beiden Männer standen jetzt mit erhobenen Armen an der Böschung, den Rücken zum Fürsten, der etwas seitwärts getreten war, so daß er sie gut im Auge behalten konnte. Der einarmige Bauer sprang von der Böschung, lehnte die Schrotflinte an einen Baum, trat zu dem Älteren, der ihm näher stand, und begann, ihn abzutasten.

»Donnerwetter – ein dickes Kaliber!« sagte er triumphierend, zog aus der Manteltasche einen kurzläufigen, großkalibrigen Revolver und steckte ihn ein.

»Mach weiter – das ist vermutlich nicht alles!« sagte der Fürst.

Jetzt sah der Jüngere seine Chance kommen: während sich der einarmige Bauer mit dem Älteren beschäftigte und die Aufmerksamkeit des Fürsten abgelenkt war. Gegen die Schrotflinte war er machtlos. Aber in dem Augenblick, als sie der Einarmige an den Baum gelehnt hatte, war die Situation grundlegend anders geworden. Bei Amateuren hätte man sich diesen Fehler erlauben können, doch nicht bei ihm: Das war seine Chance – die einzige Chance, diesen Mann mit der kühlen, ruhigen Stimme und dann auch den einarmigen Bauern zu töten. Nicht nur, weil es befohlen worden war. Töten war seine Leidenschaft.

Völlig übergangslos, ohne auch nur den kleinsten Ansatz zur

nachfolgenden Bewegung zu zeigen, warf er sich zur Seite, drehte sich noch im Sturz mit katzenhafter Geschmeidigkeit um, und seine Hand fuhr blitzschnell zu der Schulterhalfter unter der Jacke. Seine Bewegungen waren so schnell, daß man ihnen kaum zu folgen vermochte. Aber Fürst zu Wied war vorbereitet. Er wußte, wie gefährlich dieser Mann war, dessen lässig-gleichmütige Haltung die ganze Zeit über nur dem Gefühl der Überlegenheit in einer Situation wie dieser entspringen konnte, wenn es darum ging, zu schießen und zu töten.

Ein vom Staat bestellter Berufsmörder. Männer wie ihn hatte es zu allen Zeiten gegeben: gedungene Mörder, die im Dienst der Mächtigen oder Reichen mit Dolch und Pistole ihren tödlichen Geschäften nachgingen. Dem Anfang dieses Jahrhunderts war es jedoch vorbehalten geblieben, sie zu organisieren und ihre mörderischen Instinkte mit der Idee eines pervertierten Patriotismus zu bemänteln.

Der Fürst sah ihn fallen, zum Revolver greifen, ziehen – und seine eigene Reaktion war nicht nur vom Selbsterhaltungstrieb bestimmt. Zorn und Enttäuschung über den Verrat und das Fehlschlagen seiner Pläne machten ihn zu einem ebenbürtigen Gegner, und seine in den Kriegsjahren geschärften Instinkte halfen ihm dabei.

Der Agent schoß als erster. Sein kurzläufiger Revolver bellte mit tiefem Knall auf, noch bevor er im Fallen den Boden berührt hatte. Aber er wußte im gleichen Augenblick, als er abdrückte, daß er den großen, gerade noch so ruhig dastehenden Mann, der sich plötzlich in einen flüchtigen, seitwärts weghuschenden Schatten verwandelt zu haben schien, verfehlt hatte, und sein bleiches, knochiges Gesicht mit emporgezogener Oberlippe verzerrte sich zu einer Grimasse wütender Enttäuschung.

Hatte er tatsächlich einen der größten Fehler gemacht, die Männern wie ihm unterlaufen konnten, nämlich den Gegner zu unterschätzen? Die Antwort auf diese flüchtige, in Sekundenbruchteilen gestellte Frage kam nicht mehr zu seinem Bewußtsein.

Noch bevor er zum zweitenmal abdrücken konnte, wurde sein Kopf wie unter einem jähen Faustschlag zurückgerissen, und in seiner Stirn erschien ein kleines, an den Rändern nur wenig blutendes Loch. Als er mit dem Gesicht in Schnee und Lehm fiel, war er bereits tot.

Der Fürst blickte nicht hin. Er wußte, daß er getroffen hatte, und seine Pistole zeigte auf den zweiten, mit emporgehobenen Armen wie erstarrt dastehenden Agenten. Als er sah, daß dieser keine Anstalten machte, in den Kampf einzugreifen, richtete er sich aus seiner gebückten Haltung auf und steckte die Pistole wieder hinter den Hosenbund.

»Der Schlaumeier«, sagte der einarmige Bauer heiser. »Ich hätte es ihm vorhersagen können.«

»Mach weiter, Hans«, sagte der Fürst. »Wir müssen zusehen, daß wir die beiden loswerden.«

Das Echo der Schüsse brach sich am gegenüberliegenden Seeufer und verklang. Das Pferd warf den Kopf hoch, spitzte die Ohren, tänzelte aufgeregt seitwärts ab. Charlotta hielt es an den Zügeln fest und lauschte, vor Entsetzen keiner Bewegung fähig, durch die offene Stalltür. Wie lange stand sie so da? Hinter der Blockhütte zwitscherte eine Amsel dem Frühling entgegen, der sich mit einem warmen Südwestwind ankündigte. Das Pferd hatte sich beruhigt. Seine Nüstern stupsten an Charlottas Schulter, und sie fühlte an der Wange seinen warmen Atem. Sie ließ die Zügel los und ging langsam zur Tür. Was auch geschehen sein mochte, sie mußte hin

Als sie in die Tür trat, sah sie ihn kommen. Er ging nicht schneller als sonst. Die blasse Sonne stand hinter ihm, und sein Schatten wanderte über die weiße Schneefläche vor ihm her. Dann stand er vor ihr, und sie flüsterte so leise, daß er ihre Stimme kaum vernehmen konnte: »Du lebst?«

»Aber natürlich!« sagte er.

»Die Schüsse ...«

»Es ist vorbei.«

»Ist jemand – tot?«

»Der Mann, der mich töten wollte. Ich habe den anderen mit seiner Leiche weggeschickt. Immerhin – er hat eine Chance. Du wolltest – weg?«

Charlotta gab keine Antwort. Sie wich seinem Blick aus, ging zurück in den Stall und machte sich an den Sattelgurten des Pferdes zu schaffen. Der Fürst lehnte an der Tür, sah ihr eine ganze Weile schweigend zu, und als die Stille unerträglich zu werden begann, fragte er wieder: »Du wolltest wegreiten?«

»Ja«, sagte Charlotta.

»Man soll nie jemanden zurückhalten wollen, der weggehen will«, sagte er gleichmütig.

»Dann ...«, begann sie, aber er ließ sie nicht aussprechen.

»Ich habe schon zweimal den Fehler gemacht, dich für erwachsen zu halten«, sagte er. »Und habe dich zweimal gehen lassen. Laß jetzt diesen verfluchten Sattel und sieh mich an! Los, sieh mich an!«

Charlotta tat es. Ihre Hände kamen endlich zur Ruhe, sie hielt sich am Sattel fest und blickte ihn an.

»Du hast heute nacht gut gelogen – aber nicht gut genug«, sagte er. »Ich glaube dir kein Wort von diesem Gespräch, das du belauscht haben willst. Woher wußtest du wirklich, daß man mich erledigen wollte? Was hast du mit dem *Deuxième Bureau* wirklich zu tun? Erzähle!«

Charlotta verließ die bis jetzt mühsam bewahrte Haltung. Kraftlos, ein kleines Häufchen Unglück, lehnte sie sich an den Bretterverschlag und begann lautlos zu weinen.

Er kam heran, ohne sich um die Tränen zu kümmern, die über ihr Gesicht liefen. Mit wenigen Handgriffen nahm er dem Pferd den Sattel ab, hängte ihn über den Verschlag und sagte dann ungeduldig:

»Komm mit. Ich will es wissen. Alles. Und wenn du willst, kannst du nachher noch immer gehen.«

Als er aus dem Stall ging, sah er sich nicht mehr nach ihr um. Und Charlotta tat, was sie noch vor wenigen Minuten für unmöglich gehalten hätte: Sie ging ihm nach, langsam zunächst, Schritt für Schritt, schneller dann, und schließlich begann sie zu laufen, wie ein kleines Kind, das fürchtete, allein gelassen zu werden.

Die Entscheidung war gefallen. Sie würde es ihm erzählen: alles.

Und wenn er sie dann gehen ließ, würde sie gehen. Was er auch beschließen mochte, sie würde es tun. Aber sie wußte bereits jetzt, wie seine Entscheidung ausfallen würde.

Wie töricht von ihr, zu glauben, daß sie die Verantwortung weiterhin allein tragen müßte! In der vergangenen Nacht war es geschehen, was ihnen vorbestimmt war, seit sie sich zum erstenmal gesehen hatten. Er war zu einem Teil von ihr geworden, zu ihrem Leben und ihrem Schicksal. Sie gehörte zu ihm. Sie würde nie wieder allein sein. Was auch geschah: Sie würden es gemeinsam durchstehen. Wie ungewiß ihr Weg in die Zukunft auch war: Sie würden ihn gemeinsam gehen.

EPILOG

Die zierliche, weißhaarige Dame schnitt die letzte Rose ab, schnupperte daran und gab sie dem Gärtner.

»Das genügt, Jean. Stellen Sie die Rosen in die Eingangshalle.«

Der alte Gärtner nickte, schlurfte davon und begann schon im Gehen die Rosen zu einem Strauß zu ordnen.

Die weißhaarige Dame blickte ihm nach, bis er durch die offene Terrassentür des großen, weißen Hauses über dem Genfer See verschwand. Dann wandte sie sich zu mir, und ihre dunklen, ausdrucksvollen und immer noch jungen Augen blickten bekümmert, als sie sagte:

»Seine Kräfte lassen nach, er wird allmählich alt. Als er hierherkam, war er so um die Dreißig. Jetzt ist er schon über vierzig Jahre bei mir. Kommen Sie, setzen wir uns dort auf die Bank.«

Wenn sie im Sommer 1895, als sie das Gartenfest des Deutschen Kaisers im Park von Sanssouci belauscht hatte, fünf Jahre alt gewesen war, dann mußte sie doch erheblich älter als der Gärtner sein, rechnete ich in Gedanken nach, während ich ihr zu der kleinen, über und über mit wildem Wein bewachsenen Laube folgte. Aber ihr Schritt war schnell und leicht, und als sie in die Laube trat und sich hinsetzte, waren ihre Bewegungen noch immer von jener inneren Harmonie bestimmt, die angeboren ist und nicht erlernt werden kann.

»Setzen Sie sich!« sagte sie und klopfte mit der Hand neben sich auf die glatte Fläche der Steinbank. Von hier aus hatte man einen überwältigenden Blick über den Genfer See.

Weit im Südwesten lag unter einem durchsichtigen, grauen Schleier Genf. Gegenüber die weißen Häuser des Thonon-les-Bains, mit den steilansteigenden Höhen des Chablais im Hintergrund.

Im Südosten die langgestreckten Prachthotels von Montreux, winzige Spielzeughäuschen mit glitzernden Fensterflächen, und dahinter die gewaltigen, in den wolkenlosen Himmel aufsteigenden Bergmassive der Berner Alpen.

Ein schneeweißes Schiff pflügte sich seinen Weg über die tiefblaue Wasserfläche, Segelboote mit prallen Segeln glitten langsam dahin, das helle Singen eines schnellen, winzig kleinen Motorbootes war bis hier oben zu hören. Der Wind raschelte in den Blättern des wilden Weines, goldene Sonnenkringel tanzten auf dem zarten Gesicht der alten Dame neben mir, auf ihrem schneeweißen Haar, den schmalen, zerbrechlich wirkenden Schultern.

»Das hier ist mein Lieblingsplatz«, sagte sie. »Früher konnte ich von hier aus sein Motorboot sehen, wenn er aus Genf kam. Züge mochte er nicht. Er wollte selbst fahren, nicht gefahren werden.

Wägen, entscheiden, den Kurs bestimmen. Ein eigenwilliger Mann.« Für einen Augenblick verstummte sie, strich eine Haarsträhne aus der Stirn, ihre Hand senkte sich in den Schoß und blieb dort ruhig liegen.

»Aber Sie wollten von mir wissen, wie es damals weiterging... Ich lief ihm also nach – und es ist mir bestimmt nicht leichtgefallen, den Trotz zu überwinden, den falschen Stolz... Ich hatte ja nichts anderes. Wenn man als Charlotta Wielcke geboren wird und sich in eine Gesellschaft verirrt, die ihre Vorfahren zurück bis zum ersten Kurfürsten oder gar Karl dem Großen verfolgen kann, ist man von vornherein benachteiligt. Ich hatte keine Vergangenheit, meinen Vater kannte ich nicht einmal. So blieb mir nichts anderes übrig, als mich hinter einem übertriebenen, hochfahrenden und sehr leicht verletzlichen Stolz zu verschanzen. Ich mußte damals im Stall über meinen eigenen Schatten springen – und das war wohl die vernünftigste Tat meines Lebens.«

Sie blickte mich von der Seite her an, und in ihren Augen funkelte es übermütig.

»Wissen Sie? Wie Sie so zuhören, erinnern Sie mich an meinen alten Freund Henri de Sevigné. Nur der Bart fehlt. Er war ein glänzender Gesprächspartner: Meist ließ er nämlich die anderen reden und sagte selbst kein Wort. Zwischen den beiden Kriegen besuchte er uns oft hier. 1944 fiel er als Maquis. Ein alter, invalider Mann, der Gewalttätigkeit verabscheute und trotzdem noch einmal das Gewehr nahm... Verzeihen Sie mir. Ich schweife wieder ab. Ob ich tatsächlich alt werde, wie neulich mein Urenkel Jacques sagte? Der freche Bengel!«

Sie lachte leise auf – und ich mußte dabei an die Zeilen aus den sonst recht bissigen *Kommentaren und Begegnungen* denken, in denen Henri de Sevigné über seine Zeitgenossen, Freunde und Feinde und auch über Charlotta berichtet hatte:

... Ihr Lachen weckte in mir stets die Erinnerung an das fröhlich-zarte Klingeln von Schlittenglöckchen in einer stillen Winternacht, oder an einen jener unvergleichlichen, strahlend-heiteren Morgen in der Zauberlandschaft der Touraine, wenn man vom hellen Gesang einer Lerche aufgeweckt wird, noch befangen in dem Zustand zwischen Traum und Wirklichkeit, der es einem ermöglicht, der Lerche auf ihrem jubelnden Flug zur Sonne zu folgen. Der Leser möge mir bei diesem Ausflug in die Domänen der Lyrik zugute halten, daß ich stets zu den Bewunderern dieser erstaunlichen Frau zählte...

»Ich erzählte Arthur alles. Von meiner mißglückten Fahrt nach New Orleans, von der Verhaftung, den Verhören, der Hinrichtung auf dem Gefängnishof, von dem kleinen, grauhaarigen Oberst und seinem Plan, mich für das *Deuxième Bureau* arbeiten zu lassen, von meiner Rückkehr nach Berlin und meinem ersten Auftrag...

Wenn – wenn man älter wird, erinnert man sich wieder an Dinge, die man längst vergessen glaubte. Die Bilder der Vergangenheit werden wieder lebendig, man hat Zeit, ihnen nachzugehen... Ich kann mich an jede Einzelheit in der Hütte erinnern, an jedes Wort.

Als ich fertig war, sagte Arthur zunächst nichts. Er holte seine Pfeife, stopfte sie bedächtig und sorgfältig wie immer, ging zum Herd und steckte sie mit einem Stückchen Glut an. Dann sah er mich durch die blauen Rauchwolken an und sagte mit der gleichen, mir unfaßbaren Selbstverständlichkeit, mit der er vorhin hinausgegangen war, um die Agenten abzufangen, die ihn ermorden sollten: ›Und deshalb wolltest du *allein* weg? Wenn mich nicht alles täuscht, werden wir *beide* recht bald auf und davon gehen müssen. Unterwegs werden wir das tun, was wir schon längst hätten tun sollen: Wir werden heiraten.‹

Und so war es auch. Drei Tage später mußten wir fliehen.

Graf Wellinghausen schickte aus dem Großen Hauptquartier

einen Boten mit der Mitteilung, daß Ludendorff auf einer Vernehmung und anschließender Kriegsgerichtsverhandlung gegen Arthur bestehe. Der Kaiser habe bereits eingewilligt, wie in alles, was von Ludendorff kam. *Die Anklage wird auf Hochverrat lauten,* schrieb der Graf. Und weiter, daß ein erschossener oder zu einer langen Festungshaft verurteilter Fürst zu Wied der Friedensbewegung nichts mehr nützen würde. Märtyrer gäbe es in diesem Krieg bereits mehr als genug.

Wir reisten also über Prag nach Wien – im letzten Augenblick, wie wir später erfuhren. Aber auch in Wien gab man Arthur keine Chance mehr. Das russische Projekt hatte man abgeschrieben. In Rußland, hieß es, würde jeden Augenblick die Revolution ausbrechen, man müsse sich jetzt auf Verhandlungen mit den Westmächten konzentrieren. Man ließ uns wissen, daß man uns keinen Schutz gewähren lassen konnte, selbst Kaiser Karl, in dessen Auftrag Arthur ja gehandelt hatte... Der arme, von allen Seiten bedrängte Kaiser! Was hätte er denn tun sollen? Er war schon längst nicht mehr Herr in seinem eigenen Haus.

Ein deutscher Auslieferungsantrag lief bereits. Und so mußten wir Wien bei Nacht und Nebel verlassen. Auf unserer Reise in die Schweiz wurden wir ständig von einem kleinen, schmierigen Mann mit einem Wieselgesicht beobachtet, der sich kaum Mühe gab, unentdeckt zu bleiben. Ein österreichischer Agent.

›Die Österreicher wollen sich überzeugen, daß wir tatsächlich verschwinden‹, sagte Arthur – und er tat es ohne Bitterkeit. ›Man schickt Berufsmörder aus, heuert Taschendiebe oder Zuhälter an. Dieser Agent hier scheint genau der Typ zu sein. Eine Zivilisation, in der sich die Staaten durch ihre Organe der Methoden der Unterwelt bedienen, ist zum Untergang verurteilt. Und sie hat es nicht besser verdient. Wir haben dieser Welt des Hasses, der Willkür und des gewaltsamen Todes nichts entgegenzusetzen als unsere Liebe.‹

Unsere Liebe. Sie ließ uns alles leichter ertragen. Sie war wie ein schützender Panzer. Wir heirateten, und dann... Nun ja, dann kam unser erstes Kind. Und nach ihm noch eine ganze Reihe, sieben im ganzen... Wir scheinen sehr fruchtbar gewesen zu sein...«

Ein braun-weiß gescheckter Basset mit langen Hängeohren und einem sorgenvollen Faltengesicht trottete in die Laube, beschnupperte meine Hosenbeine und stupste mich mit der feuchten Schnauze ans Knie, bis ich sein glattes, seidiges Fell streichelte. Dann ließ er sich nieder, legte die Schnauze auf den Schuh der Herrin und schloß zufrieden seufzend die Augen.

»Ein liebebedürftiger, fauler Kerl«, sagte die alte Dame lächelnd. Dann blickte sie mich von der Seite an, runzelte die Stirn, kaute nachdenklich an der Unterlippe, und das Lächeln der Erinnerung auf ihrem Gesicht vertiefte sich.

»Sie dürfen nicht glauben, daß Arthur und ich wie zwei verliebte Tauben in den Tag hineingurrten!« sagte sie lebhaft. »Du lieber Himmel – keine Spur! Dazu war er zu eigenwillig. Und ich... Na ja, mit mir wird er es auch nicht immer leichtgehabt haben.

Sehen Sie, die meisten Männer erwarten von einer Frau, daß sie ihnen unentwegt etwas vormacht. Sie wollen sie nicht so haben, wie sie wirklich ist. Und sie sind zutiefst enttäuscht, wenn sich das Bild, das sie sich von ihr gemacht haben, als Illusion herausstellt. Stan, mein erster Mann, wollte gar nicht die wirkliche Charlotta haben, sondern eine anmutig-hoheitsvolle, ihm stets ergebene Edelfrau – und ich spielte sie ihm vor, so gut ich konnte. Jacques, mein französischer Marquis, sah in mir ein kapriziöses Luxusgeschöpf, er wollte mich nicht anders sehen – und ich war auch das. Eine Frau hat viele Gesichter, sagt man. In Wirklichkeit hat sie nur eines, allerdings ein sehr wandelbares. Sie kann sich anpassen... Wenn sie will. Bei Arthur aber konnte ich endlich das sein, was ich wirklich war. Einfach – Charlotta Wielcke. So liebte er mich. Und ich brauchte ihm nichts vorzuspielen. Na ja... Manchmal versuchte ich es. Welche Frau tut das nicht? Allerdings ohne den geringsten Erfolg: Er lachte mich einfach aus. Er versuchte nie, mich zu *behandeln,* ein Fehler, den die meisten Männer machen, die meinen, mit der einen Frau müßte man so und mit der anderen so umgehen. Eine Frau, die sich *behandelt* fühlt, wird gehemmt, unfrei. Ich war zum erstenmal in meinem Leben frei. Durch meine Liebe enger an ihn gefesselt als je zuvor an einen Menschen – und trotzdem frei. Und er... Er kam gar nicht auf den Gedanken, sich anders als frei zu fühlen.«

Die alte Dame hob ein wenig ratlos die Schultern. »Ich wurde aus ihm nie ganz schlau. Himmel – hatte ich vor ihm einen Respekt! Er machte immer nur das, was er wollte und was er für notwendig hielt, und niemand konnte ihn davon abbringen.

Ende 1917 reiste er illegal nach Deutschland, – nahm Verbindung zu seinen alten Freunden auf, fuhr mit einem falschen Paß nach Frankreich und versuchte zu vermitteln, zu retten dort, wo es kaum noch etwas zu retten gab. Er kam wieder, ging... Im Sommer 1923 suchte uns ein Fremder auf. Arthur sperrte sich mit ihm ein, und als der Fremde nach zwei Stunden wieder ging, sagte Arthur, es sei ein Mann vom *Deuxième Bureau* gewesen, und die Sache mit mir sei erledigt. Was er mit dem Agenten besprochen hatte, weiß ich nicht. Tatsächlich hatte sich später nie wieder jemand gemeldet. Die Sache war eben – erledigt. Können Sie sich vorstellen, wie beruhigend es für eine Frau ist, die bereits das zweite Kind erwartet, einen Mann zu haben, hinter dessen Rücken sie sich geborgener und sicherer fühlt als hinter den dicksten Festungsmauern?

Schließlich kam der Frieden. Und damit begann unser *wirkliches* Leben. Wir kauften dieses Haus. Und sehen Sie...« Die alte Dame streckte den Arm aus und zeigte auf die blauen Höhenrücken auf der anderen Seite des Sees, die jetzt langsam im silbrigvioletten Dunst des anbrechenden Abends verschwammen.

»... Dort drüben. Ich weiß nicht genau, wieviel, aber ein paar von diesen Bergen gehörten ihm. Wälder. Und Land in Pommern, in Ostpreußen... Weiß Gott, er hatte immer eine Menge zu tun. Er reiste, plante, projektierte, baute, modernisierte, kaufte Landmaschinen ein, probierte sie selbst aus, wir fuhren nach Afrika, wo er eine Kaffeeplantage einrichtete. Was für ein großartiges, weites Land! Er hatte nie Zeit, und trotzdem hatten wir immer Zeit füreinander. Oft war er wochen- oder monatelang unterwegs, und ich blieb hier – aber wir waren immer zusammen. Er war immer bei mir. Ich weiß nicht, ob Sie das verstehen können. Manchmal glaubte ich vor Glück ersticken zu müssen, wenn ich in seinen Armen lag, oder auch, wenn ich ihn nur ansah, wie er mit ausgestreckten Beinen in den schweren Stiefeln vorm Kamin saß, seine Pfeife rauchte, mit zusammengezogenen Augenbrauen irgend etwas überlegte, plötzlich aufsprang und von einem neuen Projekt zu sprechen begann. Oder wenn er mich anblickte, mit dem kleinen Lächeln in den Augenwinkeln, das immer auch wie eine verborgene, nur mir verständliche Liebeserklärung war.

Als der Zweite Weltkrieg ausbrach, war er in Afrika. Die Engländer internierten ihn und ließen ihn erst nach drei Jahren wieder frei. Sie behandelten ihn sehr streng, wohl weil er zweimal zu fliehen versuchte. Das zweite Mal schlug er sich bis nach Angola durch, heuerte als Heizer auf einem portugiesischen Schiff an, aber das Schiff wurde auf hoher See von einem englischen Zerstörer gestellt und untersucht... Die Reise war zu Ende.

Und sehen Sie... Selbst das faßte er nur als ein neues Abenteuer auf. Das war für ihn das Leben: ein gewaltiges, herrliches Abenteuer, kein Tag war wie der vorausgegangene, jeder war neu, bunt, voller Überraschungen und Wunder.

Die Internierung hatte ihn sehr mitgenommen. Dazu kam irgendeine tropische Krankheit. Aber er wollte es nicht wahrhaben. Und ich – ich brachte es nicht über mich, zu sagen: Du bist nicht mehr der alte. Wie er es immer getan hatte, zündete er die Kerze gleichsam an beiden Enden an. Und eines Tages – war die Kerze abgebrannt.«